教育部重大攻关课题：跨界民族与中国地缘安全研究中期成果（项目批准号：07JZD0004）
中央民族大学"985工程"资助项目

跨文化新论

文明观

文明与跨文化新论
New Exposition About Cross Civilization and Culture

吴楚克 著

中央民族大学出版社
China Minzu University Press

图书在版编目（CIP）数据

文明与跨文化新论/吴楚克著.—北京：中央民族大学出版社，2009.10
ISBN 978-7-81108-779-6

Ⅰ.文… Ⅱ.吴… Ⅲ.比较文化－研究 Ⅳ.G04

中国版本图书馆 CIP 数据核字（2009）第 184116 号

文明与跨文化新论

作 者	吴楚克
责任编辑	戴佩丽
封面设计	布拉格工作室·乌日恒
出 版 者	中央民族大学出版社
	北京市海淀区中关村南大街 27 号　邮编:100081
	电话:68472815(发行部)　传真:68932751(发行部)
	68932218(总编室)　　　68932447(办公室)
发 行 者	全国各地新华书店
印 刷 者	北京宏伟双华印刷有限公司
开 本	880×1230（毫米）　1/32　印张:11.75
字 数	300 千字
印 数	1000 册
版 次	2009 年 10 月第 1 版　2009 年 10 月第 1 次印刷
书 号	ISBN 978-7-81108-779-6
定 价	30.00 元

版权所有　翻印必究

目　录

前言 …………………………………………………………… (1)
第一章　文明与自然 ………………………………………… (1)
　一、人——从自然进化到劳动进化 ……………………… (1)
　二、神——从自然之子到万物之主 ……………………… (8)
　三、意——从驾驭自然到超越自然 ……………………… (20)
第二章　文明与历史 ………………………………………… (26)
　一、界线——文明的历史与历史的文明 ………………… (26)
　二、道德——历史的旁观者与文明的产儿 ……………… (31)
　三、选择——文明对历史的挑剔 ………………………… (37)
第三章　文明与文化 ………………………………………… (45)
　一、先后——文明是文化的基础 ………………………… (45)
　二、成熟——文化是文明的典型 ………………………… (51)
　三、误区——文化包容了人类历史 ……………………… (54)
第四章　文明与民族 ………………………………………… (61)
　一、差异——自然的必然与社会的必然 ………………… (61)
　二、多元——文明进步的民族基础 ……………………… (72)
　三、统一——文明的统一与民族的融合 ………………… (76)
第五章　文明与宗教 ………………………………………… (81)
　一、宗教——人内心的渴望与叹息 ……………………… (81)
　二、诸神——矗立于不同文明圈内 ……………………… (86)
　三、信仰——既是宗教的更是科学的动力 ……………… (94)
第六章　文明与时代 ………………………………………… (103)
　一、无极——文明的共生发展 …………………………… (103)

二、多极——主导文明与区域文明……………………（114）
三、一极——东方文明与西方文明……………………（120）
第七章　文明与伦理……………………………………（130）
一、情理——自然人与文明人的统一…………………（130）
二、知欲——人的探索与探索人………………………（139）
三、协调——人与自然的和谐…………………………（146）
第八章　文明与科学……………………………………（153）
一、科学——文明的自豪………………………………（153）
二、文明——科学的园地………………………………（161）
三、疑惑——科学驶向文明的动力……………………（173）
第九章　文明与艺术……………………………………（185）
一、标志——从不同的人到共同的文明………………（185）
二、价值——不同文明的共同标准……………………（190）
三、永恒——艺术通向文明的顶峰……………………（199）
第十章　当代文明与冲突………………………………（202）
一、亨廷顿——新文明冲突的定义者…………………（202）
二、民族主义——狭隘文明观的对应物………………（209）
三、社会主义——准确把握中国国情…………………（223）
四、文明"生态"——人类共同发展的前提……………（229）
第十一章　跨文化与东亚文明…………………………（232）
一、交流融通——跨文化研究的理解…………………（232）
二、典型案例——北美印第安人与东北亚蒙古人的关系……………………………………………（253）
三、理性联想——远古跨文化猜想与东北亚原始民族………………………………………………（263）
第十二章　神器的积淀…………………………………（275）
一、游牧文明——岩画、青铜：一种流动文化的固定…………………………………………………（275）

二、英雄史诗——游牧民族的族源传说……………………（284）
三、原始器形——符号意义的比较……………………………（306）

第十三章 通天巨神——萨满……………………………………（315）
一、梦幻——蒙古萨满和印第安萨满…………………………（315）
二、关于蒙古萨满和印第安萨满的礼仪………………………（321）
三、关于蒙古萨满和印第安萨满的医术………………………（327）
四、与萨满相关的蒙古和印第安习俗和语言…………………（329）

第十四章 结束语…………………………………………………（333）
一、西双版纳土地制度与东方专制主义的思考………………（333）
二、重新理解和认识中国的民族与跨界民族…………………（344）

后记…………………………………………………………………（354）
参考书目……………………………………………………………（356）

前　言

　　从 1998 年在中国人民大学为硕士研究生开设"文明论"课程以来，我一直坚持研究文明和中国民族文化的关系。我后来发现，实际上这是一个哲学问题，因为，只有从哲学的高度才能真切理解人类文明和民族文化的关系，把哲学的思维方法应用到跨文化研究中的确是一种新的探索。在 2007 年申请教育部重大攻关课题"跨界民族与中国地缘安全研究"的时候，我明确地意识到自己知识结构的优势在于"跨哲学与跨民族"的文明理论建构，把关于文明的哲学思考与中国跨民族的文化政治研究结合起来，形成对跨界民族和中国地缘安全的独特认识角度。承担了这一课题后，我把文明与跨文化研究作为课题研究的理论基础，加以提升和系统化，完成了本课题中期研究计划，同时，我也把具体的跨界民族和周边国家关系的研究作为理论的应用和深入，完成了本课题的前期成果《东蒙史述与周边关系》。

　　事实上，文明和跨文化的实质和最终结果就是"认同"，不管是文化认同，还是民族认同，还是国家认同，其基础就是对文明类型和跨文化差别的理解与确认。从人类发展史看，不同的文明类型之间事实上存在高低之分，这是导致跨文化交流的客观因素，因为，人类不自觉地会向往更高的文明类型。然而，当几大文明类型的界线明确以后，文明之间的矛盾和冲突也就趋于激烈，跨民族之间的交流也就在激烈的世界政治、经济和文化冲突中不断演进和变化，导致跨界民族认同的危机。这应该就是"跨界民族与中国地缘安全研究"的核心理论问题。

　　但是，关于跨界民族的认同意识研究，属于文明和跨文化研究的进一步成果，也就是说，在完成理论研究和具体应用研究之后，才接近跨界民族和中国地缘安全的核心问题。不过，作为学术研究的探索，也是作为与最终研究成果的一个衔接，我更愿意在这里谈谈关于"跨界民族认同意识的心理适应度"，这完全是从《文明与跨文化新论》的研究中获得的一个新的研究角度。

跨界民族在地缘安全领域中产生复杂作用的原因及其表现，都与跨界民族的认同意识直接相关。在以往的研究中，我们一般遵循存在决定意识和经济决定政治的原则，对跨界民族问题进行理论的或实证的探讨，取得了大量可贵的成果。然而，随着全球经济更加紧密的联系和世界性文化交流的广泛深入，跨界民族问题已经超出经济作用的范围，具有自己的特殊性和规律性。我们认为，跨界民族的认同意识是保持跨界民族判断力的一个基本因素，而这种认同意识的心理适应度是决定认同判断力的重要指标。

在环境学中有一个关于人对环境舒适度的测定，其中，人的居住环境中属于自然环境部分是被动选择，也就是说喜欢热带还是温带、喜欢海边还是山区、热爱森林还是草原，在我们出生时是无法选择的，我们只能从前辈那里承接下来。由此培养起来的居住在一个特定自然环境中的人们的精神气质和生活习俗也会自然地进入出生在那里的人的精神文化中。至于成人以后出于各种各样目的而选择的生活居住地，虽然与成长环境并不直接相关，但影响作用是毫无疑问的。这种地域与民族结合在一起而形成的文化不单纯是我们通常理解的精神文化或者物质文化，而是一种适应了地域环境特点并长期生活在那里的人们不断满足生产力发展的前提下形成的一种相对稳定的民族文化。

事实上，文化绝非非物质，也不是仅属于思想范畴，把文化分为精神文化和物质文化时，我们已经偏离了正确理解文化的轨道，正如我们把文明分为精神文明与物质文明时也已经偏离正确理解文明的轨道一样，这种可以传承的并体现在一代一代人身上的"历史的"、"民族的"、"地域的"特征标识，显然是物质与精神的合二为一，也就是内容与形式的统一，把它们纯粹归属于精神还是物质完全是形而上学的问题，正如梦境和大脑的关系一样，可以研究梦境，但都是没有离开大脑的梦境，离开大脑的梦境属于幻想范畴。如果说地域环境是一个相对不变的大的外部环境，那么，个人居住环境包括社区、居室、陈设、颜色、节日等，也就是说你喜欢平房还是楼房，喜欢白色还是蓝色，热爱火炕还是席梦思床，或者是朝鲜式的格局还是藏族式的土楼，都是可以营造的，在一定范围内可以主动创造出来的。这两种环境含义构成了不同地域人们的生存环境，并努力创造让自己感到舒适的更加好的生存条件。

我们把环境学中关于人对环境舒适度的概念应用到认同意识的研究中，创造出认同意识的"心理适应度"这样一个术语，为深入研究跨界民族认同意识开拓领域。我们发现，跨界民族的认同意识的存在依赖两个因素：一个因素就是依赖居住环境中的自然环境，它无法改变，只能被动接受。另一个因素就是依赖居住环境中的个人居住环境，它可以改变，可以主动接受或拒绝。

前一个因素对跨界民族认同意识的作用，类似一个座标图的轴心。如果一个国家的主体民族，即是以该地域为起源地并建立民族国家，那么，不仅这个民族，包括这个国家其他次要民族都会以此为认同意识的"心理适应"地域。在很多情况下，这种"心理适应"地域表现为人的一种心理本能，一种动物的"回归方向感"，比如生活在草原的民族，对辽阔和荒凉有一种"天然的"喜爱，而生活在热带海洋地区的民族对温热和永久的绿色有一种天然适应力。忽视存在于每个人身体里的这种心理认知的自然烙印，你就不能够充分了解跨界民族认同意识的复杂性和固执性。同样，完全消除这种"回归方向感"至少需要三代人以上生活在异域文化和民族中。

后一个因素对跨界民族认同意识的作用，如同"定时叫醒器"。如果一个移居到异域国家和非本民族的跨界民族个体，或者以少数跨界民族群体生活在另一个国家，他们会自觉地或者不自觉地营造一个使自己感觉如同在家乡的居住环境。尽管大的外部地域环境无法改变，但每天回到家里或者社区当中，心理感觉就会舒服多了，因为，这里的摆设和颜色、结构和样式、身材和肤色，可能更接近于你过去已经培养起来的认同心理基础。这种营造出来的用来满足异域生活的跨界民族认同意识需求的居住环境，以"符号"特征的方式提醒他们：你是一位跨界民族，你的心理喜爱和当地民族不同。

这两种影响跨界民族认同意识的外部环境因素的作用力是不同的，它们的变化曲线，我们用"心理适应度"来描述。那么，来自相对稳定的自然环境方面的影响因素的作用力，可以进行以下的分析。

对自然环境有强烈依赖感的民族，其居住和生活习惯往往也带有强烈的心理依赖性。也就是说，生活在自然环境特征突出的地域的民族，其自然特征明显并深刻地影响人们的体貌和生活方式，因而，他们对生活在相同地域的民族有较强烈的认同感，而对异域民族的特征和生活方式也是比较敏感的。因此，对于特征比较接近的地域建立的民族国家来说，即使存在跨界民族问题，也不是来自民族认同方面的，而是来自国家认同方面的，他们之间的跨界民族问题是如何区分，而不是如何融合，是如何解决国家之间政治经济发展不平衡而导致的国家利益冲突。如中亚五国、北欧四国。另外一种情况是，当一个自然环境特征明显的主体民族国家的部分人以少数民族的状态居住在不同国家，就成为典型的跨界民族，这类跨界民族的认同意识表现为民族认同与国家认同的分离。如果我们把相同民族却分别以少数民族状态居住在不同国家与主体民族国家的部分人以少数民族状态居住在不同国家加以比较，我们就会发现，他们在认同意识方面明显不同于其中一个是主体民族国家的民族成分。当今世界发生的国家间跨界民族冲突或国家内部民族矛盾，主要是由其中一个是主体国家民族的跨界民族造成的。

导致这种情况发生的原因，首先需要我们了解近代民族国家产生的基础。民族的自觉区分肯定要晚于种族的自觉区分，在相同种族内部出现不同族群差别是在国家产生以后，近代以前，这种不同族群之间的彼此消长都表现为一种自然的历史融合过程，以民族战争或土地兼并逐步扩大或者缩小某一民族的力量，民族间的特征和生活方式在一个相对自然的状态下融合着。而近代以后，民族国家的性质首先表现为民族以独立国家的形式，受到该民族几乎所有人的支持并保护这个民族以统一的声音与其他民族交往，当一个民族被赋予国家的形式，也就意味着她可以通过国家来有效地保护自己，并可以不断扩大本国家的主体民族。近代以来，那些最先建立起自己的民族国家并以此凝聚国家力量进攻其他民族和地区的民族基本上都生存和发展下来了，而那些弱小的民族和国家却遭遇了人类历史上最残酷的种族灭绝和最疯狂的国家吞并。世界近代史就是伴随着资本主义工业化的脚步，一幅充满血腥殖民史和民族压迫史的画卷也逐步展开，原来画卷上已经存在的民族国家以"达尔文式"的"优胜劣汰"争先恐后地开展工业化竞争，以工业化武装起来的军事力量来瓜分世界。我们不对这幅"血腥"画卷提出道德上的评价，单纯以黑格尔的"历史总是以恶的方式推动人类进步"的观点出发，我们当然可以肯定资本主义产生以来的所取得的生产力的巨大飞跃和伴随而来的"全球化"，因为，人类从来没有把自己的智慧像现在一样投入到如何征服自己的同类方面，也从来没有像现在一样把最珍贵的物品投入到杀人武器的制造方面。因此，能否使一个民族发展成为国家就成为这个民族能否独立存在下去的基本原因,那么,一个国家的主体民族对以本民族建立的国家有强烈的认同心理是完全正常和可以理解的。

其次,我们需要注意到,俄罗斯彼得大帝开始的斯拉夫人的征服计划和拿破仑领导的法国革命,结果是欧洲各国开始承认彼此的主权。但是,各国也意识到两个民族国家的你争我夺的时代已经过去了。因为,在一个强大国家的面前,另一个国家是无法战胜侵略的,所以,国家间的联合就成为必然。那么,哪些民族国家可以联合?容易联合?甚至可以组成联邦国家?相同种族、相近民族、相似语言、相邻而居就成为首选因素,只有像日本这样的"文明边缘"民族才会出现识别误区,成为别国的帮凶却并不被认同。这种"生存联合"到第一次世界大战时期就已经具有了政治和意识形态的划分,而第二次世界大战世界则被划分为东西两方。东方代表一种颜色,西方代表另一种颜色,先前形成的跨界民族规则被颜色的对立所取代,种族、民族和地域都不能取代政治颜色的区分。世界性的国家政治联盟压倒了民族国家间的文明类型联盟,这个历史时期为苏联解体以后各国跨界民族的冲突埋下了隐患。

其三,由于主体民族国家建立的历史时机不同,他们的规模、制度、民族构成、政治经济发展水平等都不相同,这就使跨界民族在国家间矛盾冲突中首当其冲提供了条件。在世界格局划分的几次重大历史时代,民族国家的出现除了原来就是重要的封建帝国转化为近代工业化国家以外,很大一部分都是在近代以来出现的反对殖民主义的民族解放和独立运动中诞生的,这些国家一般都属于落后和发展中国家,当初民族解放和独立是整个民族革命运动的核心,民族认同意识也就带有强烈的排他性,一旦独立成功,国家的政治经济和文化发展问题就提到了议事日程。在东西方分裂的时代,跨界民族的认同选择被意识形态的对立所区就是跨界而不是跨国了，特别是在中国，跨界民族主要是指边疆少数民族；另一方面，跨国民族更倾向于以国民身份区分，而边疆政治学强调边疆少数民族跨界而居并包括了由于迁徙和移民形成的跨界民族，汉族移居国外应该属于华侨，不能用跨界民族来看待。显然，从跨国民族角度去研究中国少数民族中的跨界民族存在一定偏差，不能准确反映跨界民族的性质和状况。

因此，我们研究的跨界民族，第一个条件是非主体民族，也就是他们在居住的国家中属于少数民族；第二个条件是该民族有以本民族为主体构成的国家或者为区域自治民族；第三个条件是分治区、争议区或未统一区域居住的非主体民族。中国朝鲜族、蒙古族、哈萨克族、傣族、德昂族、苗族，以及区域自治民族维吾尔族、藏族、壮族，他们具有跨界民族典型特征，因而，在联系中国与周边国家关系中扮演着重要角色。这些跨界民族除了自然环境给他们的认同意识带来不可选择和不可轻易消除的影响外（移居原出生地第二代以后影响不同），他们还会创造一个使自己感觉舒适的社区环境和居住环境，这就是我们要探讨的第二种影响因素。

对跨界民族认同意识的"心理适应度"产生作用的第二种影响因素即"社区特征和居住特征"，分属两个层次。我们先来研究"社区特征"，它主要是指跨界民族居住区域由于小聚居而形成的具有该民族特点的社区环境。显然，我们不能给出多大或者多小才属于这类社区环境，但起码我们会从感官上感觉这个地方不同于周围其他民族居住区。社区环境比居住环境影响更大，但也更难形成，然而，一旦出现就会对其他分散居住的跨界民族产生强烈的吸引力，从而又会强化社区环境的民族特征。如此不断地循环往复，这个民族社区就会演化为具有鲜明民族文化意义的特殊社区而存在下来。因此，跨界民族在异域形成居住社区的动力是同族人不断地加入，而吸引他们不断加入的原因又是多方面的。

从历史上讲，可能长期以来该地区就一直存在跨界民族移居的情况，因为相互曾经发生战争，而导致当时人口流入流出，后来就此定居下来。此种情况是形成早期跨界民族的一个普遍原因，当然，如果我们继续追寻更为久远的历史原因，那么，从部族通婚到民族差别形成，再到民族国家产生，再到人类历史上屡见不鲜的大规模征战，都是导致全球人口不正常迁徙和移居他乡的原因。

从外部讲，迁入国家相对宽松的政治环境是一个重要因素。比如中华文明的巨大包容性，使其绵延数千年而不衰，形成广大的国土和多民族共同生活的一个伟大国家，并直接影响周边国家的文化传统，这已经充分证明从封建时代的羁縻怀柔到今天的改革开放，中国文明特征和和谐共生的生活方式始终是吸引各民族的重要因素。在这个问题上，纯粹的经济因素并不是最重要的选择，特别是那些单一民族国家的排他性，成为无法容忍非本国国民长期居住的内在原因。

从宗教上看，非宗教民族或宗教信仰宽松的民族国家，其跨界民族居住选择会比较自由。宗教产生以后，特别是西方国家在中世纪宗教黑暗统治时期，基督教和其他宗教冲突加剧，致使宗教仇杀和排斥成为领土扩张和种族屠杀的理由，宗教因素导致的民族迁徙也是形成跨界民族的一个重要原因。此外，近代西方宗教改革引发的宗教冲突，也是一些西方人流落他乡异国，或迁入北美大陆的一个重要原因。当然，在中国历史上，最典型的还是流落异域的土尔扈特人的回归，他们感动了几代人，说明族源文化和宗教宽容的吸引力。

从内部讲，一个民族在其强大或者衰落的不同时期，都容易出现民族输出或输入，如果该民族的主体部分依然独立和强大，就容易出现一定范围的民族聚居而成为跨界民族；如果该民族的主体部分衰落，就可能促使输出或输入的部分民族成员与当地民族融合。因此，跨界民族的发展轨迹是与该民族的主体部分的是否兴旺发达有直接的关系。当然，任何一个民族和国家的发展历程都是一个曲折的波浪形，这是事物发展的规律，因此，我们只能在一个相对的历史时段，就已经存在了的历史和现实情况做出判断，并不说明一个民族和国家发展的未来趋势。

除此以外，令人感到惊奇的是一些飘流异域的民族却长期保留和坚守着自己民族的文化传统，也没有什么主体民族在吸引、鼓励或者召唤着他们，如犹太人、吉普赛人、库尔德人等。尽管宗教信仰可能起到一定作用，但应该肯定其民族自身精神气质和文化传承特征产生重要作用，而这方面的研究并不充分。事实上，在民族迁徙和移居日益频繁的时代，过去保留民族特征的自然环境条件基本上限制在当地，更多地却表现为民族精神气质和文化传承，也就是以更为个性化的特点存在于每个人身上，即"就是这样的人"。

因此，在异域生活的跨界民族会不自觉地营造具有自己民族特点的社区居住环境，以便使自己原有的认同意识得到一定程度的"环境"肯定，使认同心理得到一定程度的适应。这就是我们强调的"认同意识的'心理适应度'"，事实上，认同意识和认同心理是两个不同概念，尽管它们的概念范畴有所交叉，但认同意识更多的是指认同的思想方面，认同心理更多的是指认同的心理基础，而认同的心理基础一方面来自外部时空环境，一方面来自内部生理构造，两者相互作用，共同形成认同心理，并成为认同意识的心理基础。所以，认同心理的"适应度"在一定范围和程度上决定了认同意识的积极或消极，顺应或反抗，接受或拒绝。因此，来自大的民族社区环境或者是小范围的居住社区环境在认同意识方面的影响主要有：

首先是长期性。跨界民族已经脱离了民族起源地自然环境的影响，势必努力营造一个小范围的社区环境或者是居住环境，来满足认同心理的自然要求，这种心理的自然要求表现为一种心理倾向，会以潜意识的方式长期存在。根据心理学关于潜意识的理解，它是人们行为方式特点的决定因素，潜意识在平时的日常活动中并不突出地表现出来，但在形式选择、行为方式、爱好、审美等方面，会表现出固有的倾向。跨界民族为了缓解特有的"认同焦虑"心理而在特定的生活范围长期表现出认同意识的倾向性，是非常自然的。

其次是简易性。由于不可能完全创造一个本民族的生活环境，跨界民族只是在可能的方面，或者生活习惯方面营造一个使自己感到舒服的适度氛围，因而，经常表现为简易性。在一个完全不同的环境中，如由寒冷的北方到温暖的南方，你根本无法在过去感受过的相应季节度过那些具有民族特色的传统节日，只能在允许的条件下，创造一个简单的环境来满足自己的认同意识和审美要求。在北美过圣诞节显然要超过在南美，其中一个重要原因就是冬季北美白雪皑皑，提供了圣诞节的氛围。

第三是宗教性。宗教往往是跨界民族保持认同环境的一个重要因素，特别是当宗教信仰本身需要一定的客观条件时，特定的形式或者物品就带有十分鲜明的民族宗教特点，这就构成民族认同意识的标志物，具有特殊的跨界民族认同心理对应意义。尽管回族并不是一个跨界民族，但我们可以从回族社区发展的历史，看出跨界民族社区环境的发展变化。比如内蒙古呼和浩特回民区。据记载，解放前围绕一座古老的清真寺，形成回族聚居的一条街，叫回民街；解放后，以这条街为中心逐步扩大为回民区；改革开放后，这条回民街建成伊斯兰大道。现在，当你走在这条布满穆斯林金顶建筑的宽阔的大街上时，你仿佛置身于某中东伊斯兰国家。这是一个典型的由小范围民族社区环境逐步成为具有相当规模的民族社会生活环境的例子。

第四是传承性。如果跨界民族社区环境一旦形成，即使是十分简易和狭窄范围内，也会具有传承性，只要不发生较大变动，居住在这里的同一民族会保持有特色的部分环境，因为，它们会主动带来跨界民族心理上的适应感，唤起一种久违的认同意识，因而，如果不是主动搬迁或拆掉，象征性的存在物会一直存在下去。直到有一天，当周围环境都已经发生巨大变化时，人们会忽然发现，原来存在在这里的这个东西有着特别的意义。在哈尔滨旧城区改造时，人们突然发现白俄罗斯留下来的几处建筑还立在那里，它们代表的意义在其他建筑都还存在时并不突出，当周围都已经是高楼大厦时，这些建筑的"符号"意义就凸显出来。

第五是非理性。在一些情况下，跨界民族认同心理的环境标志是其他民族看不出来的，或者体会不到的，它可能完全是一种非理性符号，或者是普通建筑，或者是普通颜色，或者是某种格局，总之，只有本民族的人才能够体会出其中的含义。如阿拉法特头巾为样式的所有装饰，代表着解放巴勒斯坦运动一样。

当今世界，跨国居住和移民浪潮日益兴盛，促使这些跨界民族利用居住社区或者居住环境，来营造让本民族认同意识得到肯定的标志物，提高民族认同心理的适应度。这种行为，无论是自觉的还是不自觉的，都属于民族认同心理为适应新环境而创造的，它为认同心理提供一个可以接受的范围，即一定的适应度。如果低于这个适应度，他们可能就要面临不是彻底改变自己，就是再次迁徙的命运；如果高于这个适应度，跨界民族范围就可能扩大并形成固定的民族社区。完全正好适中的状态是没有的，或者适中永远是短暂的。

综上所述，跨界民族认同意识的"心理适应度"所代表的是跨界民族认同心理认可范围的程度，这个范围包括来自民族起源地的自然环境特征所积淀在跨界民族潜意识当中的心理适应倾向性，也包括跨界民族在异域主动营造满足认同心理需求的社区环境，还包括使跨界民族认同心理舒适和放松的居住环境。这三条曲线的波动构成跨界民族认同意识心理适应的"度"。完全清楚地表明这个"度"所包含的全部内容是我们今后研究的范围，起码从现在开始，我们知道探索跨界民族认同意识的诸多内容事实上还只是初级阶段，过去的认识方法和范围有很大局限性。

一个让我们不能忘记的跨界民族脱离主体民族的悲剧是前南斯拉夫的科索沃。无论导致今天这种局面的根源是什么，就它所造成的国家分裂和民族灾难来说，无疑是近现代欧洲史及至世界史都应该牢记的民族悲剧。任何倒退都不符合人类历史发展的规律，尽管可能存在跨界民族的自主性要求，但它违背了民族国家发展的正常规律，带有浓厚的种族血缘色彩和意识形态对抗的含义，这就是被利用了的跨界民族认同意识的倾向性。所以，清醒地了解跨界民族的认同意识是一个重要问题。

第一章 文明与自然

一、人——从自然进化到劳动进化

> 一个拥有巨大物质财富但生存在一个极端恶劣的自然、社会环境中的民族是贫穷的、不文明的。

人类文明的不断发展，使人类的家园——地球不断被人类的劳动和智慧所改变，如今，在人类与自然的关系上，人已打破了自然规律的限制，超出了自然对人、人对自然矛盾平衡发展的约束。人类渴望成为自然的主宰，但自然并不是一个无止境的、顺从的"被奴役者"，自然对人类盲目行为的"报复"，已经迫使人类重新思考自己创造的"文明"到底应该是个什么东西？或者说，人类在今天才真正开始思考人在自然中的位置，而不是人如何主宰自然。

事实上，人类社会是自然界分化的结果，但生命并不是自然界的偶然事件，而是其组织过程的结果，是宇宙中地球天体发展的合乎规律的阶段。但生命最终以人类的形式占据地球生命界的主宰，却是生命运动的突变，人类以高于自然的社会性物质手段，最终从动物自然界中升华出来，成为地球的主人。

与其他生活在地球上的动物相比，人类是非常年轻的一支，如果我们把出现文字的历史作为人的文明历史的正式开端，那么人在地球生物界只是一个年幼的孩童，他刚刚摆脱自然的羁绊，却试图控制自然。

　　从客观性角度看，人就是自然的一部分，无论人今天能如何超越和控制自然，他依然建立在"他的存在"的基础上，而在人类产生的最初阶段，人自身与自然是基本同一的，这种同一性表现为：

　　一是没有自觉的感觉对象。此时的人类生活在完全被动的自然环境中，他没有选择自然对象的能力，只有被自然所选择；生活在什么样的环境中，就必然带有独特环境留下的特征。

　　二是没有自觉的自我意识。人之初，他还不能意识到自己与他类的不同，他受着生命的自然驱使，本能地满足生存的需要；他没有明确地意识到自我与别人的区别，只是在群体生活中自然地成为其中的一员。

　　三是没有自觉的生命意识。人类早期与自然的关系中，一个明显的特征就是人把生命与自然万物的规律运动看作是一回事，正如他们把其他动物的生命运动看作自然的一部分一样，人把自己周围万物当作自己生命的一部分。

　　因此，人类与自然的原始关系，实质就是自然关系的一种，处在自然规律运动当中。正确认识这个问题的意义在于：它确定了人类来源于自然，而不是神或某种外星文明的产物。考古及对人类基因的研究证明，人类生命的起源源于自然界，是自然物质运动变化的产物，正如所有生命的产生都依赖的共同条件一样，人类产生之初也处在同一水平上。

　　那么，人为什么会从所有动物界与自然的一般关系中"走"出来，形成一种特殊的人类与自然的关系？人类为什么具有了所有其他动物不具有的思维能力和创造能力？

　　无论如何，目前科学还没有对这个问题做出令人满意的解释，尽管哲学似乎已经解释了这个问题，那就是劳动创造了人自身。毫无疑问，这个观点是正确的。问题在于，为什么人类能够通过自身的劳动而创造了人本身,而那些古老的、甚至不乏聪明的动物却没有在自然的进化中通过自己的"劳动"而成为"万物的灵长"?

如果我们把人类放在地球生命系统的演化过程中,就会发现人类具有"唯一"性,并不是所有具有细胞、心脏、大脑的动物都在向着不断"高级"的进程进化,不断向高级发展的规律似乎是针对人类,而平衡运动才是所有事物的共同规律,但运动对于有些动物来说只是重复,或者是生命特征上为适应自然环境的变化而产生的遗传性变化,而没有向与自然分离的方向进化。"物竞天择"这句话显然是人类对自己"唯一"的竞争优势而沾沾自喜的表露。

的确,人有自己"唯一"的竞争优势——脑物质。最新的科学研究进一步证明了人类的大脑的物质性,然而,这种物质具有一种特殊的"图式"能力,它能把知觉、感觉、印象留存下来并储存在脑物质的有机联系中。在这个问题上,如果说劳动创造了人类自身,那么,大脑的"天生图式"能力,是劳动创造人的"人的机遇"条件,没有这个条件,人的劳动正如所有其他动物的"劳动"一样,只具有维持生命活动的意义。如果进一步追问脑物质的这种"图式"能力又是从哪里来的,这只能从人脑物质的发生和来源上获得答案,但目前生命科学还没有找到它的准确答案。人对人自身的了解远远不如他对外部世界的了解。这一步是决定性的,却没有得到科学的解释,哲学和宗教发挥它们想象的能力,以期解开人们的疑惑,然而,回答这一问题的科学条件还不具备,人类似乎也没有去全力探寻这一答案。

肯定了人脑物质的这种能力,劳动就具有了发生学的意义,正如制作一件精美的木雕终于有了合适的木料一样,"物竞"才有可能性。历史正是从这里真正拉开了序幕,而人的劳动扮演了不自觉的导演角色。正是从这个意义上马克思认为:劳动史是人成为人的自然史,也就是说劳动从自然方面揭示了人类发展史,因此,人与自然的关系才是一切文明史的开端。

远古时代,人类社会处于初级水平,人对自然的影响微乎其微,对于刚刚走出自然界的人类来说,人自身还保留着强烈的自然性,是自然界微不足道的一个生物种。面对疾风暴雨、闪电雷鸣、火山地震,人们无法抗拒地屈从于自然的威力。据一位考古学家对欧洲人类在旧石器时代使用的全部能量的估计,还超不过一架四引擎飞机的能量。因此,作为自然变化的外力动因,当时人类的作用几乎可以完全忽略。然而,人的思维的产生和发展,使人类与自然的关系脱离了纯粹的自然性,不再像动物那样保持着生命活动与自然的直接同一,人类特有的物质实践活动,使人与自然之间的物质变换出现主体与客体的分化,从而使人在通过实践创造对象世界的同时,就在不断创造和发展人的智慧。

人在劳动中成长起来的最鲜明的智慧就是"形式能力",这似乎有点不易理解,比如,当人意识到锄头的形状可以犁开坚硬的地表时,人就把握了一种自然物与另一种自然物之间的关系,知晓了某种物质的"形式的力量",人就可以利用一种自然物克服另一种自然物,使之为人类服务,人的伟大正在于此。当他一点一滴逐步了解更多的自然事物之间的关系后,人终于确立了只有"他"才是能够利用自然物力的"唯一"。

可以概括地说,人与自然的关系,就是人如何利用自然物质之间的关系,而劳动就是人利用和探索自然物质关系的实践过程。

在农业和畜牧业阶段,人对自然的影响虽在不断增强,但人的智慧还没有达到足以全面影响自然界的水平,人与自然界失去平衡的现象只是偶然在局部出现,而且自然本身具备足够自我调节的余地。

工业革命开创了人类与自然关系的新阶段,人类对自然界的影响以过去不可思议的规模和速度、广度和深度扩展着。现代科技使人的智力开始成为生产力的决定因素,生产从体力密集型向脑力密集型转化,神奇地焕发出巨大的生产力。马克思认为:"资产阶级在它的不到一百年的阶级统治中所创造的生产力,比过去一切时代创造的全部生产力还要多,还要大。"[1] 人对自然的改造活动已经超出了自然界生态平衡的自行调节能力。

此时,在人类文明的舞台上,人与舞台无论在内容还是形式上已经紧密地结合在一起,"剧情与场景"已融为一体,但人类智慧的进化并没有停顿,而是以更惊人的速度,朝着随意主宰自然、任意索取自然的程度发展。我们不禁要问,人类文明的前途是什么?

透过历史的迷雾我们发现,在人类与自然的关系上,正在由劳动与自然向科学与自然上发展,这个变化证明人类文明正面临一个质的飞跃阶段。从近代科学技术革命到今天的新科技革命都是朝着这个方向发展,任何一位关注历史的研究家都不能忽略这个问题。马克思就是这样一位具有历史使命感的思想家,因为"任何一门理论科学中的每一个新发现——它的实际应用也许还根本无法预见——都使马克思感到衷心喜悦。而当他看到那种对工业、对一般历史发展立即产生革命性影响的发现的时候,他的喜悦就非同寻常了"[2]。他把科学首先看成是历史的有力的杠杆,看成是最高意义上的革命力量,而且他正是把科学当作这种力量来加以利用。

人类一旦摆脱了不自觉的、被动的劳动,他就有意识地创造适合自己生存的、更舒适的环境,从理论上说,人类自觉性越高,不能预见的自然作用、不能控制的力量对历史影响就愈小,

---

[1] 《马克思恩格斯选集》,第1卷,277页,北京,人民出版社,1995。
[2] 《马克思恩格斯选集》,第3卷,777页,北京,人民出版社,1995。

历史的结果和预定的目标就更加符合。但是，如果用这个尺度来衡量以往人类实践历史，即使是那些最发达的民族的历史，我们也会发现，预定的目标和达到的结果之间总是存在非常大的出入，不能预见的作用占了优势，不能控制的力量比有计划控制的力量强大得多。问题就在于：在整个世界完成工业化的历史阶段里，自然界的有机统一与科学的整体化趋势还没有完成统一。科学的发展在各个领域突飞猛进，发挥作用，却没有把世界作为一个有机的统一整体来对待，就像一个试图通过专门上肢训练达到健美的人一样，他忽略了人的整体美，训练的结果是畸形发展。

21世纪将是科学整体化趋势与客观世界本身有机整体的统一时代。科学的整体化反映了世界本身正是一个有机整体的事实，当代科学在高度分化的基础之上自然而然地出现整体化趋势，这种整体化绝不同于在科学高度分化之前的那种混沌的整体化，而在现代科学日益分工细致、学科日趋齐全的基础上，人们得以对世界进行分门别类的深入研究，在更高的水平上揭示客观世界的本质和规律，从而在更深层次上发现自然界的内部联系和整体系统性，发现人类与自然之间新的内在的统一规律。以往人们把人与自然的关系概括为劳动与自然的关系，集中表现了人类对大自然的改造。今天，把人与自然的关系从改造与被改造的认识上提升为科学与自然的关系，反映了人类重新认识自然、尊重自然、利用自然、保护自然的变化。

应该说这是人类文明一个前所未有的进步，尽管过去哲学家们和一些自然科学家们也提出自然世界的整体性问题，尽管人们早已认识到人类社会的统一性问题，但人们依然把对自然力量的控制和无限制的索取看作是一个国家、一个民族文明进步的标志，创造物质财富和获取利润始终是这个以人为主导的文明世界的宗旨，所以把劳动与自然的关系当作基础也就不难理解了。科学与自然的关系反映了在人类生产活动中，科学成为第一生产

力,成为生产力的决定因素的必然性,其根本变化在于:

一是不仅把生产大量的物质产品作为终极目标,而以最科学的生产方式创造物质财富,以降低成本来赢得市场,获取利润。这就促使新的科学理论、科学发明不断被创造出来,并迅速应用于劳动生产当中,更高地、更可靠地利用自然资源。

二是新的再生资源和再生物质被开发出来,替代了一些自然资源,降低了对自然资源的过度开采和浪费,特别是一些新能源的开发利用及其未来前景,使人类与自然的最紧张关系得到缓和。

三是科学与自然的关系中,科学的地位上升到创造财富的高度,也就是说,当今世界,科学知识成为生产的核心,占有、利用、消费知识也在创造财富,而且成为创造财富最有效、最直接、最广泛的领域,这使通常物质财富的生产的内涵发生了变化,没有"物质"的生产,同样在创造财富,而且是不消耗自然资源的生产。目前,在西方发达国家知识经济已占到国家生产总值的很大一部分,可以想象在未来它的巨大发展前景。知识经济改变了人们生存发展的途径,使社会上很大一部分人依赖无形的知识,进行创造、利用、开发、普及工作,直接作用于自然对象的生产领域降低了,这间接地降低了对自然资源的疯狂利用。

四是科学地、全面地利用自然资源,保护自然资源的可持续利用,成为文明世界的共识。文明的标志已经从对物质财富的占有,转变到对纯粹自然环境的占有、对知识的占有、对资源利用率的高低。

总之,人们开始把人类社会的发展提高与自然环境的发展保护作为一个问题来看待,当今的人类终于认识到,一个拥有巨大物质财富但生存在一个极端恶劣的自然、社会环境中的民族是贫穷的、不文明的。这是人类文明的一个巨大进步。

二、神——从自然之子到万物之主

宗教在人们的生活中螺旋式发展到更高一级的"神话"思维的阶段，事实上，今天的"神"更多地由万物之主变为部分人保留想象和精神安慰的需要，更多地带有文化政治的色彩。

毫无疑问，文明是人类的产物，是人类在与自然的抗争中，从自然那里"夺取"过来的，为人生活的更美好、舒适、安全而创造的。这个文明的一个突出标志就是城市的出现，城市的发展代表着人类进化的程度；另一个标志就是神的固定化与系统化。人在给自己建造居所后，神这位与人的思维发展相伴随的产物，也寻找到了自己在人类生活中的不可或缺的地位。

事实上，原始思维本身就是一种神话思维，这是与人类对当时客观事物的认识程度成正比的，神话思维的幻想性质在今天看来无论多么荒唐，它正确地反映了人类的主观意识与客观事物逐步相合的过程。

第一阶段是蒙昧时期。我们无法拿出人类从什么时候开始具有了思想的证据，但我们可以从意识发生学和儿童心理学的角度，参照早期人类活动遗迹的考古发现，推断人类思维意识的发展经历了一个蒙昧阶段，而且是一个漫长的过程，是一个伴随着外界刺激与大脑发育的过程，是一个人类活动逐步与生命活动拉开距离的过程，是一个人与人之间逐步建立固定联系方式的过程，是一个人类逐步形成并学会表达感情的过程。

蒙昧时期人类思维特征在形式上是具像的，在表达上是片断的，在时间上是暂时的，内容上是孤立的。需要注意的是，这一过程的结束不是一个明显的断裂,而是一个逐步的过渡,是一个从量变到质变的过程。

过去,历史学家对朦昧时期估计得太短,不断的考古发现证明这个时期可能是人类进入到"人类社会"之前最漫长的时期,可能超出了几百万年的时间,大约有上千万年。人类考古学家认为:"人类出现及从非人灵长动物中分化出来的时间大概在500万年前。"[①] 无论如何,在朦昧时期的大部分时间里,人和当时的其他动物没有什么区别,甚至他们可能还是比较"软弱的"动物。在进入旧石器时代后,"所发现的最早的早期智人年代大约是30万年前—25万年,他们是现代人类的祖先。晚期智人的出现不晚于4万年左右"[②]。所谓的晚期智人也就是我们称之为进入文明初始的人。他们在动物界中的地位才有所改变,工具加强了他们的获得猎物的力量,食物充足和火的利用无疑是这时人类大脑获得发展的主要外部原因。

当人类的大脑发展到可以具有简单记忆和情感表达时,恐惧和自我保护就是他们的第一意识,在满足了食物和性欲的动物性需要之后,恐惧和与之伴随的自我保护意识使人类努力去探索最安全的生存方式。但在那时,人类在寒冷和炎热、风雨和雷电、洪水和森林大火、地震和火山等自然现象面前显得是如此渺小,以至只有把自己当作"雷电之子"之类,或"虎狼之子"之类来崇拜它们,才能获得安全感,于是,人类进入了"万物有灵"阶段。

---

① [美] B. M. 费根:《地球上的人们——世界史前史导论》,101页,北京,文物出版社,1991(在这本西方权威的人类考古著作中,费根还认为:"直立人最早出现大约在160万年前—150万年前",而且"人类进化按平衡的进步阶梯从一种状态到另一种更好的状态是一个错误"。他倾向于智人的出现不是在非洲。引自该书445页)。

② 同上,144页。

第二阶段是"万物有灵"时期。在人开始意识到"意识"的时候，他把这种意识看作是周围所有动物、植物都具有的，但意识到"意识"的存在本身就是一个巨大的进步，尽管他还不知道只有人才具有意识能力。正如幼儿在自我意识开始初期把他的周围的事物看作具有感情和生命特征一样，人类思维意识在恐惧的"压迫"下开始就把周围万物作为与自己情感、生命交流的对象，以乞求获得巨大自然力量或凶禽猛兽的保护，逐步赋予万物以有灵的特征。因为，只有万物在"有灵"的情况下才能和人类进行交流，人类的意愿才能表达出去并被他们乞求的对象所接受或拒绝。当然这一切都是人类自我思维的产物，但不可否认，正是人类通过这种不自觉的"万物有灵"意识，才不断寻找自然变化的规律性，因为，只有不断接近自然变化的规律，才能准确地与崇拜的"自然之神"进行交流，也才能获得可靠的预言从而保护自己。古代萨满教完全继承了这一点。

万物有灵时期人类思维的主要特征是"交感作用"，自然万物的变化，特别是动物和人的生命的诞生与死亡，使人似乎和周围万物的变化交融在一起，赋予万物与人一样的喜怒哀乐，正如大地四季轮回，使人感到冬寒、夏暖、秋落、春生一样，人与万物一起经受着悲愁忧伤、欢欣快爽。

"万物有灵"意识在今天人类思维中仍然留下它的痕迹，类似科学幻想、儿童神话，特别是儿童思维中积淀着人类早期思维的这一特征，所以人类学家往往从儿童心理学中获得关于人类早期思维特征的启发。

第三阶段才是神话思维阶段。在思维意识发展到"万物有灵"时期，人们时常感到"万物"的思维情感与自己的思维情感不相合，但生活在特定环境中的人们又必须依赖当地特有的动物或植物，于是，人们就找出各种原因来解释该物的"思想情感"，直到为它们编出一套令当时的人们信服的理论，这在今天看来是

"神话"的思维方式，却是当时最正常的。尽管一些流传下来的原始神话经过了后人巧妙的润色和加工，但我们依然能够看出其中包含的幼稚的想象和"泛神"意识。

神话思维有两个特点，一个是表述方式大体相近；一个是人、神交替，难分神界与人界。从后来由神话演变成的族源传说、英雄史诗中，我们可以清楚地看出上述特点留下的痕迹。在西方文明遗产中典型的就是古希腊神话，那里的神完全过着和人一样的生活，与人一样的需求和情感，只不过能够跨越时空和变幻面目，具有强大的威力和永恒的生命，至于神的谱系完全是古代人的社会阶层的折射。在东方文明遗产中典型的就是蒙古游牧民族留下的英雄史诗，在那里，总是有一个恶神与强大的英雄在搏斗，对搏斗过程的描述构成英雄史诗的主要内容，而不是神与神之间的等级关系或物质占有，这反映出游牧民族早期社会生活的主要特征和生产方式。一个非常典型的例证是在英雄史诗中，他们给最喜爱的英雄起名，往往是虎、狼、熊、狮等，这些都是最残暴的猛兽的名字，这种情况产生的原因不同于神话思维方式，也不是最初的自然崇拜的产物，更不是某种社会政治组织赋予的产物，而是古代游牧民族狩猎经济的自然现象的真实反映。这正是古代游牧民族艺术魅力永久的底蕴。总之，神话思维阶段是人类"万物有灵"意识发展阶段的"全盛时期"，当人们逐步意识到周围万物并不是"总是有灵"或无法"沟通"时，实践开始慢慢打破"万物有灵"的统治。

在神话思维以后，人对周围万物的"现实主义"思维成份增加，人的主动创造意识也在增强，人们意识到客观事物有自己的运动规律，如果人想与它们交流，必须是有特殊能力的人才能达到，于是，这些人逐步承担了与神交流的任务，随着人们对自然事物认识的扩大加深，粗糙的神话意识已不能再说服人们相信，惟一的出路就是创造一个系统的、权威的诸神体系，这些诸神体系就是宗教产生的前身。

神由最初的自然之子进而被奉为万物之主,从思维意识角度揭示了人类成长的历史,由混沌初开、朦昧乏智,到万物有灵、人神合一,再到创世神谱、一元神论,人们终于把一切疑问的解释权交给了"神",此时,神这个人类思维意识发展的自然之子也终于成为万物之主。由此人类思维意识的发展分为两条路:一条是遵循实践活动的引导成长发展的理性思维;一条是遵循宗教活动的引导成长发展的神性思维。可以说到这个时候,人类思维意识的发展历史经历了第一次分裂:一个是正常的自然发展之路,一个是畸形的歪曲的发展之路,但不可否认它们都是人类思维发展的客观现象,只不过遵循了两条发展道路。就是在今天,当人类仍然面临很多无法解释的自然和人类自身的问题时,另一条路就有可以走下去的可能性。

神的正统位置一旦确立,它也就成了人们正确思维发展的对立物。因为,人类思维的特点就是不断探寻自然万物的联系与运动,与人类实践活动相结合,思维意识的发展也就永无止境。但正统宗教宣布:自然的一切都是由神创造并因而回答了一切人类面临的疑难问题,因此宗教反对一切有损于它的科学探索和发现,因而必然限制和反对思维意识的发展。可是,人类思维意识能力的发展是由人类实践活动的客观性决定的,神如果想继续保持自己的权威就必须完善自己的创神体系。

于是人类的两种思维争相发展,而宗教思维曾在人类实践活动领域的相对狭小和活动能力相对落后的时期里占据着统治地位。西方历史上,从古代直到中世纪黑暗时期,宗教专制成为政治生活中的主要形式,宗教迫害和宗教冲突成为那个时代文明的主要内容。最典型的就是罗马帝国时期对基督教的迫害和中世纪基督教与伊斯兰教的战争,而皇权与教权之争以及中世纪宗教文化与世俗文化之争,是最正常的内容。

人类文明进步的另一个标志是城市的出现，它标志着人类物质财富的增长和创造自我生存环境的开始，围绕城市文明出现的中心地带，世俗文化获得了巨大发展。因为城市集中了商业与贸易，而商业与贸易的发展必须建立在扩大的生产规模上，扩大生产规模势必就要提高技术和增加生产资料，提高技术和增加生产资料势必就要扩大对生产对象的认识和自然物质结构的了解，这样，劳动生产的结果，一方面增加了社会财富，一方面促进了人类对客观物质的认识。人类社会在不断追求社会财富和不断开发自然界中发展起来，人也就在这一过程中成长起来，所以，劳动生产的历史也就是人类生成的历史，也是人类社会生成的历史。

毫无疑问，城市的出现标志着人类文明的巨大进步，早期的人类社会本无城市，人只是随着哪里适于生存就转向哪里，我们从考古挖掘提供的佐证中可以肯定，在公元前4万年前，人类完全依从自然环境好坏变化而迁徙。在亚洲，人类活动的足迹已遍及丹东—哈尔滨—银川—喀什—塔什干一线以南的全部大陆；在欧洲已占据萨拉托夫—明斯克—汉堡—利物浦一线以南的全部大陆；而在非洲除了撒哈拉和卡拉哈里两大荒漠及西非沿海地带外，人类已经在其余的所有大陆活动。这时的人类活动范围，亚洲达到1850平方公里，占全洲面积的45%，欧洲为650万平方公里，占55%，非洲约占2250平方公里，占75%，总计5000万平方公里。

尽管人类的活动范围在逐步扩大，但毕竟还只是少数，毕竟是只一种人群的局部活动。到公元前3.5万年至1万年期间，地球经历了最后两次冰川时期，其中有一次冰川覆盖达到极大范围，使海平面比现在低约100—130米，浅海大陆架差不多全部裸露在海平面以上，除南极洲以外，各大陆之间都有可通过的陆桥，这就为人类自由迁徙提供了条件。但那时的人类迁徙，没有任何政治目的，只是遵循着能够更多更容易地获取食物的方针，不断走下去，直到有一天他们认为是到了祖先或他们的保护神指给他们的地方，才停下来。在这期间，人类经过了几次大的迁徙。

著名的白令海峡陆桥，就是亚洲人数次经过，进入美洲大陆的通道。我们无法想象当时的情景，但通过保留下来的人种特征和传统习惯我们可以清楚地了解北美印第安人，以及他们美丽的传说，我们多少可以窥见他们早先的历史，他们是美洲大陆的最早开发者。另一著名的迁徙是从亚洲最南部的马来半岛和爪哇岛向大洋洲移动，正如三级跳远一样，他们先到达最近的岛，然后继续向南，直到公元前1万年整个澳洲大陆完全被人类占据。

到公元前7500年时，北半球的冰川活动停止，并退回到现在的区域，海平面上升，陆桥变成海峡，整个北半球气温回升，亚洲北部重新披上了绿色，出现了广阔的草原和森林。为人类提供了更为广阔的活动空间。对海洋岛屿的占据是从公元前3000年开始的，那时人类开始有了简陋的航海技术，到公元750年，对海洋岛屿的占据也基本结束了。

综上所述，人类直到公元前1万年，才开始建立固定居住的城廓。当然，这种所谓的城廓并不是城市，类似一个血缘部落的居住地。值得深思的是，那些早期迁徙到南美洲和大洋洲气候温和、物产丰富、获取食物方便的地方的人群，在进化的历史过程中落后下来，他们保持着很多原有的习惯和传统，说着只有他们才能听懂的语言，很少有文字。而留在原来自然条件艰苦，生存环境恶劣的人群，却较快地向文明进化。这就向我们提出一个在人类文明史上常见的问题：为什么不同地区、不同民族出现文明进化有着如此巨大的差距？准确地回答这个问题是困难的，只有从地理环境、民族、人口、生产方式、社会传统等方面进行综合考察，才能较为客观地说明这个问题。

如果从地理因素看待这个问题，我们可以考虑如下几方面的作用：

其一，在人类早期发展史上，地理因素起着决定性作用，如四大文明发源地都与丰富的河流及物产有关。尼罗河流域哺育了古埃及文明，黄河哺育了中华文明、恒河哺育了印度文明，而幼发拉底河和底格里斯河则哺育了近东文明。生活在气候温和、水源充足、物产丰富、宜于种植的地区的人们，其发展比生活在地理环境相对恶劣的人们要快。

其二，单纯的气候温和、物产丰富并不能促进生产力的发展，在相近地理条件下，生产力的提高主要靠人口的增长和生产方式的改进，必须从居无定所的游牧狩猎方式向定居农业和手工业发展，否则，就会把生产力增长的必然性消融在富足的自然环境中。

其三，自然物产和劳动力的争夺以及由此导致的战争，是生产力发展的一个重要因素。如果人口的增长小于自然环境提供物产的容纳度，人们就处在一种相对和平与自我满足的生活环境中，如果地域和自然物产相差大，造成激烈频繁的争夺，就会促使社会组织的发达，加快生产力的提高。

其四，地域上处于六大文明母体的周边地区，其发展就会快一些。这六大文明母体是：埃及文明、苏美尔文明、米诺斯文明、玛雅文明、安第斯文明和中华文明。文明的传播和交流，是早期社会发展的一个重要因素，一个孤立的社会群体的发展类型，是不可能与世界文明发展同步的，只能落后于文明世界。

如果我们把城市的出现作为文明的一个标志，那么，公元前6000年左右，在人类历史上已经出现了早期的城市。城市出现的主要原因是生产分工出现，农牧业的分离，使农业生产工具和技术得到提高，农产品开始有了剩余，这就使一些人可以不从事农业劳动，专门从事手工制造来换取粮食。这些手工业者一旦脱离了土地的束缚，便努力寻找一些地理位置适中、交通方便、利于交换的地点集中居住。这样的聚集地带有集市的作用，而集市汇集了较多的居民和财产，需要安全和维护，从一开始的一些起阻挡作用的栅栏，到堆土为垣，再到夯土为墙，形成城廓，逐步向城市演变了。

在幼发拉底河和底格里斯河两河流域，世界上第一批城市就出现在这里。在美索不达尼亚，西美浓人以神庙为中心，形成聚集地，并逐渐向城市国家发展，当时的巴比伦城内有三道城墙，城内的道路以石板铺成，城墙镶有用玻璃砖拼砌的美丽图案，巴比伦大概是当时最美丽的城市了。

埃及的孟菲斯，建于公元前28世纪至公元前23世纪，它位于尼罗河中游，是古埃及的首都，作为古代帝国的统治中心和贸易中心，影响整个地中海文明。在古希腊时代，以所谓海洋民族而创建的希腊文明，是西方文明的源头，在地中海沿岸，他们建立了著名的城邦，像雅典、斯巴达等。他们以城市为中心，建立了先进的国家民主制度，构筑了人类早期文明最辉煌的一页。但雅典出现的城市文明，是超乎历史的，是人类孩童中发育超长的一个，所以，随着古代奴隶制的出现，雅典式的文明就消失了。

当然，在消失的文明中，还有更多引人入胜的所谓人类"文明的疑踪"，既然是疑踪肯定就是目前我们还无法对这些"疑点"做出令人满意的解释。美国的迈克尔·贝金特把它们归纳为考古人类学的12大悬案，其中关于古埃及"亚特兰蒂斯国的传说"的确是令人着迷的①，这个由古希腊哲学家柏拉图记载下来的传说引起了当代考古人类学家的浓厚兴趣。

---

① ［美］迈克尔·贝金特：《文明的疑踪》，197页，北京，光明日报出版社，2000（他从考古人类学角度对进化论提出的疑问，是极有启发意义的，事实上，一些来自生物医学中的基因理论、神经学、海洋动物学的研究对进化论提出的疑问，贝金特认为存在着一种科学沙文主义阻碍新观点的提出）。

中国的城市最早出现在夏、商时代或许更早，当时称为国家，在群雄逐鹿、诸侯争霸的推动下，城市扩大，人口增加，以城市为中心的文明发展起来。如中国商代最早最大的城市——郑州商城，在这里出土的文物，其精美程度是当时生产工艺无法达到的，也就是说我们对商代生产技术和规模估计远远不足，特别是对当时拥有的庞大城市规模估计不足[①]。

总之，早期城市的出现，首先是劳动分工和地域资源的争夺促成的，此外，人类劳动本身逐渐赋予人的社会属性，如血缘、家族、种族、语言、生产方式、祖先信仰和自然崇拜等因素，也是建筑城市、结为城邦的重要原因。

城市的建立，为城市发展提供了高效的生产环境、便利的生活条件、丰富的信息来源和频繁的商业贸易。城市中人与人之间相互联系紧密，可以发挥集体智慧和力量去战胜灾害，这使城市文明成为人类物质和精神文明的显要特征。所以古代攻城伐地，主要是以占领敌方的城市为胜利标志。

如果说城市早期的主要功能表现为政治、宗教、军事、地理方面，那么，在整个封建时代，城市还成为文化和商业贸易的中心。军事、政治职能使城市对周围地区形成一个势力范围，而文化、商业的兴旺则使城市对周围产生更大的吸引力，所谓城市文明的辐射，更多地是指这一方面。中国南朝时的建康（南京）、隋唐时的长安（西安）、北宋时的汴梁（开封）都曾达到百万人。

欧洲封建社会早期，以意大利、西班牙、葡萄牙等南欧国家发展为先，像威尼斯、热亚那等是早期欧洲商业贸易的中心，后来，像维也纳、巴黎、伦敦才发展起来。然而，从近代工业革命开始后，欧洲城市的发展超过了以往所有世纪，农业人口大量涌

[①] 张自成、钱冶主编：《复活的文明———百年中国伟大考古报告》，87 页，北京，团结出版社，2000。

入城市，新建的工厂和居民住宅使市区不断膨胀，新的工业城市如雨后春笋般出现在地球上。

城市是产生聚集利益的经济场所，各种社会财富汇集到城市，促进了城市的生产部门和消费部门的发展。

城市是政治意识和文化更新的发源地，它集中了各种专门人才，带动社会、政治、经济和文化的不断变更，推动社会发展。

城市也是交通和信息中心，城市的大小除了地理位置因素以外，更重要的是与它的交通条件及信息汇总量有关。纽约华尔街的股市行情，几乎牵动着整个西方世界的金融市场；伦敦的证券交易所，是西方世界政治风云的晴雨表。

但是，城市也是环境污染的主要源地，是破坏自然生态平衡的主要地区，是导致资源过度消耗和浪费的中心，是各种社会疾病的传播中心，过度的城市化是直接威胁人类健康的原因。

今天看来，工业化是城市化走向极端的基本原因，当然，从另一个方面看，工业化也是城市化出现的根本原因，没有工业化的进程，城市也就不可能达到今天这样的程度，没有城市的极端工业化，城市也不会走向畸形，成为破坏自然平衡的主要地区。也就是说，当今人类竭力倡导的绿色环保，在工业化以前是一种常态，我们生活在一个现实的悖论当中：我们一方面追求工业化的极致，另一方面我们追求原生态。

当然，我们并不是否认城市在人类文明发展中的作用，而是从历史必然性上，肯定城市的出现与发展，是人类生产力发展、生产方式更新的结果，是社会发展中不以人的意志为转移的必然现象。正因为如此，我们才提出城市文明是人类文明进程中的一个重要标志。

问题在于：城市文明发展到今天这个程度，它正处在交通、通讯、信息高速发展的时代，它将迈向何方？

人类历史上每一次生产方式的重大变化，都为城市的发展提供了推动力,当然,在今天,曾经是代表人类文明进步的重要标志的城市,正在发生一个全新的变化,人们不再把城市作为文明的标志,而是把人们居住环境保持多少自然景观、保存多少自然特色、保护多少自然生态,作为城市文明的标志。

我们可以肯定地说,在知识成为文明的决定力量的时代,人们已经从追求城市文明正在向追求自然文明的方向发展。其原因主要为:

第一,城市的过度庞大,居住环境的过度拥挤,空气污染严重,是人们开始离开城市,寻找更加自然、安全的居住环境的原因。

第二,交通和信息的高速发展,已使城市的这一基本功能向外延伸,允许人们在离开城市的情况下,也能完成城市的工作。城市的居住功能减弱,生产功能和交换功能加强,特别是信息交换和商品交换集中在城市。

第三,社会分工的革命性发展,使创造社会财富的生产部门由过去主要以物质生产为主,逐步扩展到新闻广告、报纸出版、信息传递、医疗卫生、教育培训、社会服务、知识创新等领域,在一些国家,这些部门创造的财富占国民经济总收入的70%。这些部门属于城市的主要行业,而工厂等可以远离城市,或在小城镇建设。这就使当今人们要求城市环境自然化成为可能。

第四,伴随着工业化的结束,信息时代的到来,人们汲取了过去城市发展造成各种弊病的教训,提出"让城市回到自然中去",人们终于发现,以往城市文明所代表的那些优势,被自然文明取代,城市生活水平的高低不再是拥有多少汽车、工厂、大厦,而是拥有多少绿地、森林、湖泊。无疑,让人们生活在一个无污染的自然环境里,是当今城市追求的目标。

应该说,这是人类文明的进步,是人类文明进化史的一个飞跃。它说明,人类在与自然的斗争中,终于意识到人不只是自然的主宰,更是自然的一部分,这才是人类的起源。这个过程经历了上百万年,走过了一个"同一、分离、再同一"这样一个辩证发展的过程,达到了一个更高的境界。

与此相对应,宗教在人们的生活中退回到"神话思维"的阶段,它由万物之主变为部分人保留想象和精神安慰的需要,更多地带有文化政治的色彩。也就是说城市化是"神"自然世俗化的一个必然发展阶段,因而乡村依然是各种迷信和宗教意识存在的顽固阵地。

三、意——从驾驭自然到超越自然

人类如何与自然和谐相处,将是考察和证明当代社会是否真正文明的最大问题。

在人与自然的关系上,无论是人用劳动改造自然,还是人利用科学控制自然,都反映了人的智慧被用来达到支配自然力这一目的,这也是人类文明取得的最大成就。人类似乎认为,只有当自然力在人的智慧面前低头,那才是最伟大的文明。这样的历史经历了上万年,如今,人类在某种意义上可以颇为自豪地称道自己的成就了,然而,人类取得的文明的进步并没有让自然完全驯服,相反,对自然的滥加利用和控制,反而使人类面临自己创造的物质文明的制约和报复。

人类一直用战争解决自己内部纠纷,它把最高的智慧一直用来从自然物中创造最利害的战争工具,从青铜、铁器、枪炮、到飞机、坦克,到核弹、导弹、生化武器,无不是人类对自然最科学的开发利用,但它的目的是为了如何大量迅速地屠杀同类。假如人类从最初与自然同一的状态,经过劳动实践终于使自己站到了自然的对立面，以主体的地位存在，那么，人类大概没有想到，在与自然客体的对抗中，主体也在对抗着主体的另一部分。自然是永远协调平衡的，人类认识了自然的很多规律，却没有认识自然和谐统一规律对人类社会的作用。

当然，人类的自我生成的历史不是人类的自觉活动，正如人的劳动不同于动物的觅食一样，人为了生存要进行的劳动，不自觉地使他成为了高等动物，不自觉地产生了人的"需要"，包括家庭的需要、劳动纪律的需要、社会组织的需要，特别是分工的需要，使人类开始了创造自己特有的文明的历程。

因此，从一定意义上说，人类文明史就是一部控制自然的历史，它产生了两方面的作用，一是通过对自然的改造利用，使自然为人类社会服务，这可以说是创造物质文明；一是通过劳动实践，使人自身的能力得到开发，并在社会分工当中充分体现出来，这可以说是创造精神文明。只有从最初的社会分工开始，生产关系、上层建筑才逐步产生形成，人类精神文明才有了依托。

但人在漫长的时期里并不真正理解自然万物对人的意义，只是盲目地扩张自己控制自然的能力，人的精神需求实质上只是围绕着物欲旋转。直到19世纪以前，我们发现，人类可拿出的代表精神文明的财富与代表物质文明的财富相比实在微乎其微，这大概是在人向神、向意转变中的一个临界点。

人在摆脱了自然的桎梏后，又受到神的禁锢，只有当现代科学的黎明到来的时候，人才开始自觉地掌握自己的命运，人才找到存在的意义。和以往的社会进步不同，发生在近代史上人自我的启蒙首先是从精神思想领域开始的，当然根源是资本主义的萌芽，但近代启蒙运动所达到的精神思想高度却不能仅从生产方式的萌芽得到令人满意的解释。很显然，长久以来精神思想的积累终于达到一个飞跃的时刻。

飞跃的第一个表现，是哲学思辩能力的提高。在欧洲重新发现古希腊哲学思想的伟大精神并把它发扬光大,近代科学精神和现实主义态度使来自古典的人类思想精华溶进了一种前所未有的开拓性,它希望完整地了解世界并自信能够掌握世界成为这个时期哲学思想的突出特点,实质上,这就向一贯占统治地位的神的位置提出挑战,鲜明地举起人文主义的大旗。

被誉为法国启蒙运动"擎炬手"的法国哲学家孔多塞(1743—1794)认为:"对哲学以及对知识传播的进步这一史表——我们已经阐明了它那最普遍的和最易于察觉的作用——就把我们引到了一个时代,这时,这些进步对舆论的影响、舆论对各民族的或他们领袖们的影响,突然之间就不再是缓慢的和不可察觉的了。而是在某些民族的整体之中就产生了一场革命,这就确凿地保证了会有一场席卷全人类整体的革命。"①

飞跃的第二个表现,是宗教权威的降低。当科学和人文主义思想扩大的时候,神学的领地必然在缩小,不仅如此,从宗教窒息下爆发出来的自由、快乐、个性和探索精神成为人们热烈追求的时尚,并一直延续至今。当然,这也迫使教会改变了自己传统作用和传教方式。

飞跃的第三个表现,是艺术这朵人类智慧的奇葩放射出艳丽的光彩。艺术的飞跃带来的不仅是艺术成果,而是这些艺术成果对当时社会生活产生的重大影响,正如马克思把但丁这位意大利诗人称为"看到新世纪的曙光出现在地平线上的第一个人"一样,卜加丘的《十日谈》对教会神圣权威的打击也是毁灭性的。人的精神的解放成为人的物质生产解放的前提。

---

① [法]孔多塞:《人类进步史表纲要》,131页,北京,三联书店,1998(当时他就对宗教反文明的性质表明了态度说"这个时代里的真理的保卫者们所遭受的种种迫害的历史是决不可忘却的"。"它继续以宗教的偏见在腐蚀人的精神,但是它已经不再使人的精神屈从于教会权威的羁轭;它仍然塑造狂热的信徒、通灵者和诡辩家,但是它已经不再造就出膜拜迷信的奴隶们了。"此段论述引自该书122页)。

飞跃的第四个表现，是外来文化的吸引力和由此激发的探索欲望。历史上，不管野蛮人在征服力方面表现的多么强大，但最终都归服并融进了更高一级的文明，这种趋势发展到近代发生了根本性变化，即地区性的主要文明向外扩张，对外来文化采取主动进攻和兼容并包的政策。或许，这就是今天文化世界主义的前提，也是经济全球化的先导。

在这一过程的双项作用达到一定程度时，人们开始对作用的结果产生疑问，它的起因正是19世纪末开始的第二次科技革命。在理论上，则是以贯穿整个20世纪的科学主义思潮和人本主义思潮为标志。

哲学是人们对周围世界基本问题的思考，如果说古代哲学家思考的对象主要是如何理解自然界的万事万物的问题，那么近代哲学家主要思考的是如何正确认识周围的万事万物，而到现代西方哲学，则对人存在的意义、人的价值与尊严、人的责任感与自由、人受社会与技术发展的摧残等问题表现出强烈的关注。这从思维的方面反映出人类创造文明走过的历程。在物质文明达到一定程度时，人类只有突破认识上的唯心片面，才能在理性上达到实践已经达到的高度，这方面最突出的代表就是科学的发展和人文主义思潮。

近代以来，以"知识就是力量"为特征的人类精神思想追求，反映了那个时代典型的理性信仰的豪言壮语，然而，发展到今天，这一思潮正在发生根本性转变，因为，世界上的所有问题并没有在科学面前得以解决，相反，科学的进步、机器的应用，带来了许多新的、深刻的社会问题：人成了机器的奴隶、资本成为人间的主宰、压迫成为普遍的社会现象，等等，人们把人更高意义上重新获得自由、平等、博爱作为未来社会的崇高目标加以论证、追求。前者就成为当今科学主义思潮研究探索的动因和领域，后者就是后人本主义思潮发展、研究的动因和领域。

时至今日，人通过科技对自然的控制已达到相当的高度，人对地球上存在的物质和自然环境有了充分的了解，人可以随心所欲地创造自己的生存环境。然而，自然生态环境的演化并没有像人类社会的进化那样越来越快，煤炭、石油的生成依然遵循着自然发展的规律进行着，这就在人与自然之间造成时空矛盾，人类对自然的改造、索求，超过了自然生成演化的适应范围，正如一个食量远远超过一个母亲乳汁供给量的婴儿，他拼命吮吸的已经不是乳汁了。这个矛盾在工业革命以前微不足道，工业革命以后，特别是20世纪五十年代以后，人与自然的关系发生了本质变化，人类的"文明"终于成了地球的主要形式，人们面对的主要威胁不再是自然造成的种种灾害，而是自己创造的高能环境带来的空气污染、化学含量过高的食物、看不到蓝天的城市，社会肌肤中滋生的失业犯罪、物价飞涨、交通拥挤、高离婚率、癌症、爱滋病、道德沦丧等各种灾难。"人啊人，你到底要干什么？"

于是，一些人开始觉醒：周围纯自然环境越来越少；人们发现：人越来越囿于自己营造的灰色世界，失掉了自己更多本性；人们终于认识到：自然原本就是人的一部分，寻找自然，回归自然，成了当今社会的时尚。

从人类与自然的关系演变中，我们可以得出这样一个结论：自然是人类文明不可分割的一部分。如果把文明仅仅看作是人类创造的产物，文明将会背离文明的本义，与人对立，"人类如何与自然和谐相处"，将是考察和证明当代社会是否真正文明的最大问题。

文明是人创造的，但当你认识到人类也是自然的一部分的时候，自然能从"人的文明"中划出去吗？如果你否认人是自然的一部分，那你只能把人的生成史与人的劳动史分离，如果分离，人类的文明又是如何产生的呢？因此，彻底抛弃至今人们以为的

"文明是人类创造的"定义的片面性,把自然融入文明之中,使文明成为人与自然和谐进化当中的创造物。也就是说,自然本身也在自然发展史中按照自然规律"创造"自然自己,自然界的更迭、演化就是"这种创造"的外部表现。文明当然应该包括自然自身的进化。

第二章 文明与历史

一、界线——文明的历史与历史的文明

在以和平、竞争与发展为主题的21世纪，人类文明应该会取得新的共同进步，但当先进文明国家强行把他们认为的"邪恶国家"绑进"先进文明之列"，不仅不能获得共同进步，还可能出现适得其反的结果。

一切对历史的思考，都是思考者历史观过滤的产物。不同时代的人对文明的探讨，只能是不同时代文明程度的人对以往文明的衡量。然而，文明的历史不同于历史的文明，用一个形象的比喻，一颗炮弹穿过一片成熟了的麦田，当人们把全部麦田收割干净以后，第二年春天发现在收割干净的麦田里长出一行新麦苗，那是炮弹飞行时碰落的麦粒，它展示炮弹飞行的轨迹。历史就是永不停歇的飞驰的炮弹，麦苗就是标示历史进程的文明成果。研究"炮弹飞行史"与研究"麦苗成长史"，尽管有着密切的关系，但毕竟是一个问题的两个方面，这就是研究历史和研究文明的差距。研究它们的共同的目的，都是为探讨"炮弹飞行"的未来轨迹和扩展人类文明的成果。

人类历史悠远流长，无论唯心主义还是唯物主义，都不可能从客观方面改变历史发展的规律，人们只能预言或以积极的态度对待历史发展的曲折变化，尽管人类历史是人创造的，但人的精

神意识并不能离开人改造自然物质而存在,而且总是受制于社会物质存在水平,这就为不断的历史研究提供不断发展变化了的客观物质基础。历史就是这样,创造者被创造,主动者非主动,在历史研究中,人始终交替处于主体和客体双重位置上。对于纯粹历史研究来说却正好相反,历史研究的水平取决于历史研究者的水平。

存在决定意识这一铁定规律,主要表现在人的思维创造不可能离开社会物质存在提供给他的认识工具和认识范围上,而人在相同或相近的客观社会物质条件下,如何认识思维对象,却是大相径庭。所以,历史永远是现代史。不同时代、不同国家、不同制度下的人们需要从不同观点、不同立场、不同方法出发去研究历史,得出不同的结论。正如人们只能对已发生的历史进行研究,对未来历史运行的轨迹只能是推测。那么,已发生的"历史"是否就是文明史?是否留有"人工"的痕迹就可以断定为文明的开端?显然,这其中的问题已超出"历史情结",还有一种"国民心态"的作用,正像在历史考古学上撒下弥天大谎的所谓日本"石器之神"藤村新一,为了满足"日本是文明古国"这种国民心态,不惜演出"自埋自挖"的丑剧(详见《环球时报》2000年11月10日第四版)。显然,文明的历史决不仅仅由留下"人工"痕迹的石头作为开端的证明,文明的开端是一个由个别人类劳动成果发展到整体演进开始的标志,正如舞台大幕拉开后,剧情的合理演进是其必然结果一样,文明的历史开端正是人类生产劳动成果达到一定程度时才开始拉开巨幕的。

因此,一般的历史与文明的历史相比,我们可以发现这样几点不同:

第一,文明的历史有一个生长成熟的过程,而发生过的事件都可以是历史。对何时算作文明的开始,历史学家、考古学家、社会学家、哲学家都各有看法,但有一种普遍的观点我们不能苟同，那就是人类历史从何时开始，文明就从何时开始，他们把每一次考古学的新发现，都冠予一种文明称呼，或又把文明的起源向前推进了多少年。这是一种看似"激进文明"的作法，其实并不懂文明的真实含义，把人的最初的生成历史与文明的历史混做一团，这正如把"炮弹飞行与麦苗生长"当作一回事一样。文明是人类某方面成熟的表现，成熟的方面越多，也就越文明。

在这方面似乎考古学家更为严肃，他们并没有把蒙昧时期称为蒙昧文明，因为蒙昧毕竟不是文明，在"人"还相咻充饥时，何谈文明的历史？在石器时代早期，人类只是被动利用石块投击动物，对"物质形式"完全处在懵懂状态时，人的求生行为与动物无异，又何谈文明的历史？因此，原始文明代表了一个很长的模糊时期，其中，10万年以前的早期石器时期很难划归为"石器文明"，只有在人类逐步了解"器形"的作用和对象关系时，也就是中晚期石器时代才展露出文明的曙光。文明史的开端是人类历史进入文明后才开始的，也就是人成为真正的人后才可能开始的。

第二，文明的产生与人类的生成的历史作用力不同。人之所以成为人，是一个生命演化和劳动创造的结果，文明的出现是人把自己从动物界分离出来后才开始创造的。而人的生命演化和劳动创造过程却是一个自然选择的结果，也就是说，在人的生命活动还处在不自觉的被动状态时，他们生存和劳动所创造的结果的历史作用力不同于人类超越生命活动而自觉劳动创造文明的历史作用力。

有人认为"人类使用和创造过的"，既然与人发生了关系，就应该是文明的产物，这种观点的前提是"人类"，但我们要知道：首先是这里指的"人类"必须是真正意义上的人，就是说人起码会"说话"。据最新的科学研究，人类之所以能够讲话，是因为人类基因中有一个被称之为FOXP2的基因，这是有始以来发现的第一个与人类语言功能有直接关系的基因研究发现，正由于这种基因的微小差别，导致了人类能够开口说话，而大猩猩等灵长类动物却不会说话，科学家研究认为，FOXP2基因很可能是在12万至20万年前发生改变。[①] 而大约10万年前，正是人类进入"现代人"的关键时期，身体结构获得大发展，语言能力极大地促进了"现代人"的生息繁衍。其次并不是所有人创造的就是文明的，他们的创造可能是历史的产物，但不能称其为文明的产物，即使是真正意义上的人的劳动创造，也有文明与不文明之分。其三，有了剩余劳动是文明产生的物质基础，因为，当人猎获的所有物质财物仅够维持生存，人还谈不上文明，有了剩余劳动，人才能够进行真正的创造，才有可能产生精神上的需求，并创造只属于人才有的文明的物品。

第三，文明的产物是人类共同的财富，文明的历史也具有很大程度上的共性。虽然地球上有不同的文明类型，各国、各民族也有自己文明的历史，但只要是人类文明的产物，都是人类共同的财富，无论是物质文明还是精神文明，都可以借鉴和学习。文明的历史，在不同文明类型之间有很大共性，这是因为文明是人类进步的标示，是人类劳动实践必然产生的结果，因而文明的本质是相同的。

但历史却是各国、各民族成长发展的过程，不同国家和民族的历史不仅形式上不同，内容上也不同，正如河流从不同方向和河道流向大海一样，流动的各色各样的河流不仅他们之间不同，也与汇集的大海迥异。这就是文明的海洋与文明的河流的关系，当然，这其中包括文明的河流的起源、大小、早晚等因素。

第四，先进文明总是影响落后文明，先进文明的历史是人类文明史的代表。衡量文明的尺度是人类共有的，是以人类追求美

---

① 李兰：《猩猩为什么不说话》，载《世界新闻报》第15版，2002－8－22。

好生活的最高标准作移动座标,尽管不同民族、不同国家文明的程度有差别,甚至差别很大,但对人类文明史的贡献却不能因其文明落后而忽略,因为,即使是最落后的民族,他的存在本身就增加了人类文明史的种类和内容,他们生存下来具有的独特文明,就为人类文明史增辉。

人类文明史发展到今天,世界似乎正在进入一个对立的双向发展阶段:

一个发展方向是"文明的共生共存",表现为相近类型文明的互相融合加深,不同文明类型间的互相影响加大。欧洲一体化进程的加快,伊斯兰国家团结和影响的扩大,地区政治经济联盟作用的加强,都说明了这种趋势。在某种程度上,当今世界文明的发展已经进入了一个整合阶段,从种族、语言、历史、经济、文化,特别是历史认同感方面接近的民族国家正在发展新的国家关系,也正由于融合过程中冲突的经常发生使不同民族国家文明的作用突出出来,"文明学"也就成为今天的一个热门话题。

第二个发展方向是"文明间的对立冲突",表现为几大不同类型文明间的冲突加大,一个大的文明系统对其他文明的兼融性缩小。表现为地区和国家间的冲突带有深刻的文明背景,民族宗教间的冲突加剧,宗教的社会凝聚作用空前突出。不能否认这种大的文明系统间的冲突的加剧,因为,正是一个文明系统内部融合的过程排斥其他相异文明系统的抵抗,所以大的文明系统间的斗争是不可避免的,在这一点上,亨廷顿还是看到了文明冲突的历史原因,但这种冲突的实质不是所谓西方高等文明与其他文明类型进步与落后的冲突,而是其他文明系统完成内部整合过程与西方文明不断扩张的冲突。

尽管当今世界发展的主要趋势是和平与发展,但是由于冷战结束后的地区与国家冲突带有更为明显的民族、宗教因素,而使世界和平与发展蒙上了一层更为复杂和沉重的阴影。但是这也说明了世界几大不同文明类型已经发展到了平行对立、互相竞争的时代。随着经济全球化的进一步加深,文明间的壁垒发生冲撞和融合的机会也越多,各国在经济、政治、交通、信息、文化、教育等领域结成一个广泛的网络,不同文明之间已难以维系阻隔往来的壁垒,人们向往美好生活和高尚的文明成为共同目标,因而,先进的文明自然成为人们学习和借鉴的榜样。

先进和落后文明并不是集中在某一个民族或国家身上,落后中有先进,先进中有落后,只不过相对而言,有的民族或国家经济发达,社会整体物质文明和精神文明程度高;有的民族或国家,经济落后,社会整体物质文明和精神文明程度低。在和平、竞争与发展为主题的 21 世纪,人类文明一定会取得新的共同进步。

二、道德——历史的旁观者与文明的产儿

道德不会对文明进程产生任何影响,但道德却能标示出文明发展的程度,并对不同的文明进行道德方面的评价。

在所谓信息时代的今天,人们往往情不自禁地赞美自己创造的文明世界,这来自两方面的误解:一方面是人们自以为他是精神世界的独创者,并因而可以主宰世界;另方面今天的人们容易沉湎于现代文明的浮华形式下,把不文明的历史与不发达的历史对等起来。其实,人类并没有认真地理解自我感情世界之外的感情,并没有认真地理解今天的文明与昨天不文明的关系。

在今人看来,杀人如麻、攻城伐地、青铜饕餮、不讲卫生、食品粗糙、衣着单调是最不文明的,甚至让他们在没有电视、没有电话、没有咖啡屋、没有报纸、没有商场的偏辟贫困山村过上

几天,就如同在暗无天日的中世纪一般。文明之于人,即如食物对于猫儿一样,一旦有了更好的,过去的就成为落后文明的遗迹了。人类趋向于更加美好的天性,恐怕也是人类进步的一种主观动力吧。

然而,问题在于历史发展是否有它的目的性?人是否从过去不文明当中吸取教训而变得文明起来了?表面上看,历史似乎越来越向着满足人们的需要发展,这其中的决定原因又是什么呢?其实,当人们回过头来看待历史时似乎可以找到一些"历史当初就是如此发展的"证据,然而,如果我们把寻找历史规律当做寻找说明历史正好如此发展的证据,那么,"老鼠生下来就是给猫吃的"就有了历史必然性,显然,不少历史学家正在进行这样的历史研究。人类文明的历史在很多情况下似乎也表现出某种"目的性",为类似这样的历史研究创造的条件。问题的实质是,人类劳动对象存在的客观规律性反映在人类劳动能力的扩展和劳动方式上,就是文明历史扩展的规律性的根本原因。进一步解释:就是自然界本身具有的客观性质,包括永恒运动的性质,在人的劳动过程中转化为人的客观社会性,而人的劳动能力的扩展正是与劳动对象的扩展同一的,也就是说人改造自然到什么程度人的劳动能力发展到什么程度,因此,人类社会劳动分工一方面反映了人的能力的扩展,另一方面反映了劳动对象的扩展,也就是对自然规律认识的扩展,那么,不断被认识的自然规律正是以往已被认识的自然规律的发展,于是规律之间的必然联系就容易被看做是历史的必然,其实,无论是自然规律还是社会规律,发现这些规律本身都是偶然的,但自然规律间的相互联系和制约关系却是必然的,社会规律的本质是自然规律在人类社会中的反映,不存在纯粹的社会规律。

如果有人说,今天的文明是历史越来越趋向理性的结果,那是人越来越理性地理解历史的缘故。事实上,历史从来不以道德或理性为自己运动的标准，它只屈从不断运动的法则，而运动又是靠生产来推动的。人类社会哪怕一天不生产，它都会灭亡。

同样，历史不会因理性的评价或道德的感伤而改变自己的运动方向，历史发展方向是社会综合因素相互作用的结果，它包含有很多发展的偶然因素，但已经发生的历史的选择却是必然的。它也可能符合人们的道德观念，也可能完全相反，人类文明只能接受历史现实。

用今天人们的道德标准去看待以往历史对人类文明的推动作用，我们就会发现，"今天的人类文明是在以往很不文明的历史推动下取得的"。直到第二次世界大战结束以前，人类的历史可以说是一部战争史、一部战争英雄史，其中充满了掠夺和杀戮，其中也充满了智慧和勇气、爱与恨、诗与歌，人类的文明就是在血与火中锤炼出来的。

从劳动的观点看，人类劳动产品的积累是在出现了剩余劳动以后开始产生的，一旦有了剩余劳动产品，剥削和占有也就开始出现了。从此，剥削和占有的历史始终伴随着人类文明史，而且成了人类文明史中最主要的内容之一。迄今为止，一个完全平等、自由、公正、博爱的社会还没有出现，这不能不说是历史对人类文明的一个讽刺。可是，人类文明的发展只是到了这个程度，好像人只有在生计的迫使下，只有在不平等的压迫下，才能创造出最大的劳动效率。私有制成了推动人类文明最有成效的生产方式，也是最能满足和制约人类本性的社会组织方式。我们不得不问一个这样的问题：产生资本主义私有制的根源是什么？

必须回答这个问题的原因，是人类自我本性对人类社会文明的制约，尽管我们肯定人类社会文明的未来是趋向于更加光明美好，但起码目前基于人类本性的私有制造成的社会不公正和不平等越来越成为文明的沉疴，然而，直至今天，人类似乎找不到比私有制更为有效地发展生产力、提高劳动效率的所有制形式，只有在资本的压迫下、只有在劳动制度的强制下、只有在渴望得到更加舒适的生活条件下，只有不断满足金钱欲望的情况下，人才会努力学习、发奋工作，或杀人越货、偷盗抢劫。如果私有制正是基于人类恶劣本性建立起来并行之有效的社会制度，那么人类文明面临的根本障碍还是人类自己，也就是说人类离自己倡导的民主、平等、自由的文明程度还差的很远，而不是社会是否达到了民主、自由、平等的程度。主体的条件制约着客体的完成，好像没有经受过资本主义私有制的剥削、压迫，人是不会进化到更高一级的文明的。

有没有更加文明的生产方式呢？20世纪在马克思主义指导下的社会主义实践证明，社会主义公有制应该是更加文明和进步的生产方式，是人类向往的平等、民主、自由、和平、幸福的社会。但是，发生在这些生产力发展水平落后国家的社会主义实践，在与发达的资本主义国家竞争当中并没有取得绝对的优势，没有使劳动人民的生产和生活水平达到更高的文明程度。究其根本原因：是已发生的社会主义革命实践都集中在社会劳动和分工落后于资本主义制度的国家，而并不是发生在马克思预言的资本主义物质文明高度发达的国家，这使得理论上预言的社会主义生产方式的优越性无法体现出来，即使是形式上建立起来了社会主义公有制的先进的生产方式，但实质上仍然执行的是封建式的、小农经济式的或是官僚式的混合生产结构，因此，部分社会主义国家的挫败不应该归咎于马克思主义过时或是怀疑社会主义计划经济的科学性，而是应该回到真正马克思主义的正确轨道上，也就是以本国国情为转移的社会主义发展道路，问题是有中国特色的社会主义该如何坚持马克思主义的基本理论？

因为，这种基本背离马克思主义创始人阐述的社会主义发展道路，却继续承担着两种意识形态对立的责任，继续承担着东西方冷战对垒所加载给国际共产主义势力的各种不实之词，"自由民主"的西方舆论经常把他们的"抹红"功能发挥到中国头上。我们不是怕自己被"抹红",而是与中国实际完全背离的这种"错觉"干扰了中国走向世界,无端承载着来自西方文明世界的另类眼光,而事实上,我们搞的市场经济比他们更自由并充满竞争力,让人倍感瞠目的是在西方甚至出现了不能让中国学习资本主义的观点。道德在他们脑子里就是自我中心主义。

显然,任何超越物质生产发展水平而建立起来的生产方式都只能是暂时的、扭曲的、幻想的,这也从另一个方面证明,人类文明发展程度还没有达到马克思预言的共产主义生产方式的高度,因此,社会主义实践所遭遇的严重曲折,并没有否认了马克思主义预言的共产主义的破灭,也没有证明社会主义公有制不好,相反,证明了马克思预言的在资本主义物质文明高度发达的情况下,才能实现共产主义的科学性,证明了企图超越物质生产水平建立一种理想社会,是违背存在决定意识的基本规律的。

这也从另一个角度证明,历史推动文明发展的进程是不以道德标准来支配的,人们追求共产主义的美好理想,并不因为它的美好而超越物质文明的局限,即使是人为地暂时"实现了"某种社会理想,只能是形式化的或非本质的。从这里我们也可以得出一个结论:文明的历史进程是跟随在历史发展之后,物质文明决定精神文明。

那么,决定历史发展的目标与人类文明的目的趋于合理的根本原因是什么呢?显然,劳动并由劳动打开的人类分工的客观必然过程,决定了人类文明与人类历史必然趋向于合理、进步,换一种更为通俗的说法,就是"未来是光明的"。

劳动是人之所以成为人的根本原因,同时,劳动本身又是人类自身创造能力的"开发者",马克思曾说过:人类劳动史就是人自我生成的历史。这就是说,人既是劳动的主体,同时人又是劳动创造的对象,人在劳动的漫长历史当中才逐步发展成为今天的人。

那么，人类劳动历史过程中不断创造和形成的社会分工，一方面是劳动的客观需要，因为劳动的物质对象本身的多样性必然要求人类不断建立适应生产需要的分工领域和生产方式，才能满足劳动本身的发展；另一方面，人自身的分工能力在劳动中不断被开发出来，为新的社会分工的产生提供主观可能性。而生产领域的不断扩大和人自身分工能力的不断提高，都是为了满足人类社会的不断发展和提高的客观需要。

这种需要之所以是客观的，是因为一旦人类劳动开始，并成为社会存在的基础，不管你主观上需要不需要，劳动已成为客观的，因为社会存在和发展是客观的，人类只要一天不生产，世界就要毁灭。因此，社会发展需要的客观性，必然导致劳动的客观性，而劳动领域和人的分工能力的不断扩展，结果就是人类文明的不断提高、不断进步。这是一个不以任何人的主观意志决定的客观规律。尽管人类文明史上有暂时性的倒退现象，但人类社会存在和发展的客观规律，决定了这种倒退只能是暂时的、偶然的，而发展却是必然的，向前推进也是必然的。

道德恰恰是人类理性成熟的标志，是文明不断发展的产儿。道德不会对文明进程产生任何影响，但道德却能标示出文明发展的程度，并对不同的文明进行道德方面的评价。在以黑格尔为代表的古典哲学家那里，道德在人类历史发展进程中所占有的地位是微乎其微的，但今天，人们比以往任何时候都更关注社会发展过程中所付出的道德代价。显然，当今的道德范畴比黑格尔时代更为宽泛，人们可以把生态伦理归为道德，把社会保障系统归为社会道德，精神文明的核心是思想道德建设。

或许，在人们对人类文明历史发展的客观规律性感到只能顺应时，人们便开始更多地思考在历史发展过程中人类所付出的巨大代价。正如马克思在评价英国对印度的殖民统治时指出的那样，英国使用它的残酷武力使现代文明统治了古老的印度，但"人类历史上存在着某种类似报应的东西，按照历史上报应的规律，制造报应的工具的，并不是被压迫者，而是压迫者本身。"[①]

的确，20世纪最后10年发生的苏联解体以及社会主义国家的根本改革，从某种意义上说，正是对历史的一种重新认识，但这种认识除了对历史发展阶段的超越而必须达到一定的物质文明程度的思考外，是否还应该考虑人的意识是否也超越历史阶段而必须达到一定的文明程度的问题，因为在这个问题上，存在与意识的关系表现为相互作用，而不是前者决定后者。存在决定意识是在一般哲学意义上讲的，是在区别哲学范畴时哪一个属于第一性范畴时才有意义，马克思恩格斯早就这个问题强调不能把这个一般的哲学原理到处应用，可惜的是机械唯物主义至今仍主宰着一些人的头脑。

让我们永远记住这一历史的经验教训。

三、选择——文明对历史的挑剔

我们现在倒是该问一问：我们真的这么独特这么强大，乃至于我们从根本上可以和地球分离吗？

我们给人类文明的真正开端设定了一个明确的标志，这其中的缘由，一是因为不少人把文明的历史与人的生成发展史混为一谈，使对文明的界定陷于混乱；二是因为假如文明时代的开始与人类历史的开端"齐头并进"，为不求甚解者创造了条件，他们就可以把那些无法确定的东西统统归到文明的范畴里，或贴上一

[①] 《马克思恩格斯全集》，第12卷，308页，北京，人民出版社，1995。

个文化的标签蒙混过关。因此，我们把石斧、石杵、骨针等这类具有成熟标志的新石器时代作为文明的起始，即使这样狭隘的划分有些唐突，但只有产生了这类成熟工具才使人类最低级生产的出现有了可能。一些会使用简单工具的动物他们并没有进化为更高级的动物，不能说他们使用的就不是工具，与早期人类使用工具不同的是，人类使用通过简单加工"制造的工具"，也就是说人类使用的石器中包含着一定的"形式能力"，这种赋予石头以某种形状是通过脑指挥手来完成的，其中语言的辅助作用是决定性的。因为，用"脑"思维的前提是具有一定的记忆和"符号"表达形式，也就是要有思维的载体，语言、工具、劳动三者达到一个能够相互配合的程度，是人类文明的一次巨大飞跃。

区分文明的历史与纯粹的历史，使我们发现，文明不仅仅是人类创造的所有产物，能够划到文明范围内的历史必须对人类历史产生促进作用，或对人类精神思维领域的丰富和发展起到推动作用的物质和精神财富。因为，有一点是很清楚的，人类在创造文明的过程中，也创造了很多不文明的东西，它们不能算在人类文明历史的范畴内。但历史却不同，它要把人类在历史上留下的每一个痕迹都记载下来，而文明只能是历史进步因素的积累。

人类从漂荡的游牧、狩猎、采集到定居农业的发展就是历史的巨大进步，这首先需要人们学会交流与合作，形成一个相对稳定的社会群体；其次占据相对好的地理环境，拥有可靠的农耕技术；其三需要稳定的人口增长和劳动力来源。如果说定居农业的出现和发展推动了人类文明的产生和发展，与此同时，伴随着农业生产方式的提高和剩余产品的出现，相邻地区的部落之间，掠夺和侵占越来越频繁，强大的部落逐步吞并弱小的部落，统治范围与统治机构的形成构成了国家的雏形。

在这个蛮荒的历史阶段里，人类有很多极其残忍和极不文明行为，肆意屠杀、强行掠夺、迷信祭牲，甚至人人相啖。当然，就是在今天，上述野蛮行为也有发生，不同的是那时人们采取这些行动，并不认为它是野蛮的，而是正当的、必须的，整个社会群体都如此。这些标志那个时代的不文明，正如儿童时代常犯的错误一样，它与当时人类对周围世界的认知程度有关，有一点是可以肯定的，即使那时的人对周围世界的认识是极其狭隘的，但绝不是自然支配下的行动，也不是没有任何动机的行动，而是愚昧的行动，这些行动当然不能归入到文明的范畴中。但它们是历史，是人类必须正视的不文明史。

奴隶时代奴隶主把奴隶当做会说话的工具，与封建时代宗教把人作践为神的儿子，其实两者在本质上都是一样的，一个是从肉体上抹去人的灵魂，一个是从灵魂上抹去人的肉体，前者是落后的生产方式需要纯粹的工具操作者，后者是黑暗专制统治需要听话的操作工具者。

奴隶时代是人类间野性的彻底对抗与放纵，在当时的劳动生产水平下，只有极少数人能够获得相当的财富，而大部分人必须放弃任何一点享受，于是，奴隶般的剥削与压迫就成为维持奴隶制度的基本条件。在这种生产方式下，尽管奴隶们创造出了丰富的物质文明财富，但那是皮鞭驱赶下的产物，是奴隶们失去精神自由的结果，是奴隶主们欲望与统治的需要。因此，我们从奴隶时代的创造物中根本看不到满足人类善良美好需要的遗存，看到的是埋葬帝王们的金字塔，为奴隶主们嗜血本性的满足而建的角斗场，用奴隶的骨与皮制成的器物。

如果有人说，奴隶时代不也是人类历史发展的一个必然阶段，不是也创造了比原始社会更加丰富的物质和精神文明吗？当然是这样，但这是两个问题，承认它是"文明的"与承认它是"历史的"两者不能任意混淆，正如承认奴隶时代创造了比原始社会丰富的物质文明，并不是承认创造这种物质文明的历史动因是符合现代文明标准的，赞美世界奇观的埃及金字塔，并不等于赞美为建成帝王陵墓而耗去几百万奴隶生命的行为，欣赏奴隶时代奴隶们的伟大创造与欣赏奴隶制度能相提并论吗？除非决意要站在奴隶时代奴隶主的立场上去看待他们。

的确，奴隶时代的文明史提醒我们，文明是人类历史进步因素的积累，历史只是发展到现代文明的高度，我们才能以一个"文明人"的眼光去注视远去的文明，我们才能驻足在空旷的角斗场上，作文明人的沉思。

封建时代的物质和精神文明，在文明的品质上超过了奴隶时代，这当然是历史进步的必然。文明在封建时代末期发生了本质的变化，在意大利文艺复兴中，现代文明意识的萌芽产生了，特别是对封建专制制度从理性上进行批判，反映了这个时代的人们从精神上开始觉醒，从意志上开始独立，从个性上开始解放，正如度过了漫漫长夜，人类已经站在了黎明的地平线上。

无论是封建时代还是奴隶时代所创造的物质财富都是有限的，人类生产力发展的本质飞跃是资本主义与机器工业的结合后出现的，但与机器的成批生产不同，封建时代个体生产者技艺决定产品的质量，因此，在封建神权与君权的支配下，宗教的精神与君王的个性得到了最高程度的表现和发挥。在那些令人叹为观止的神庙殿堂的创造中，我们能够感受到那个时代"神"拥有的无比力量，尽管这种力量是对人性最大的迷惑和践踏；在那些宏伟辉煌的帝王宫殿前，我们充分领略了君王的无尚尊严，尽管这种尊严是对人类尊严的最大蔑视和破坏；甚至在他们的墓穴里，埋藏着最精美的珍宝和艺术创造，而创造这些灿烂文明的人可能就被活着埋葬在他们的君主墓旁；我们只有在那些民间故事和传说中，品味着深重的灵魂的叹息，咀嚼着人性泯灭的苦涩，感慨着人间美好愿望的不灭，庆幸着你诞生在一个文明的时代。

封建专制时代，文明从两个极端达到了那个时代的高峰：一个是超越个性的想象的极端，因为，建立在现实基础上的理想和个性完全被封建专制和宗教意识所统治，人们不是沉默，就只能用纯粹的想象来满足自己的精神需求，于是，那个时代创造了一大批充满想象的、精美的精神产品，为封建文明史留下了宝贵的财富；一个是满足个性的现实要求的极端，这在封建帝王的宏伟宫殿、巨大陵墓以及为神建造的不朽的教堂神庙中充分体现出来，其实它们是帝王及代表神的人的意志的体现，是一种思想和意志代替所有思想和意志的夸张形式。或许，封建时代人类文明正是从两个极端的方面达到了实践上的最高峰，人类才在新的时代里找到了人类文明的坐标。

资本主义对文明的贡献超过以往任何一个时代，正像马克思在《共产党宣言》中指出的那样："资产阶级，由于一切生产工具的迅速改进，由于交通的极其便利，把一切民族甚至最野蛮的民族都卷到文明中来了。它的商品的低廉价格，是它用来摧毁一切万里长城、征服野蛮人最顽强的仇外心理的重炮。它迫使一切民族如果他们不想灭亡的话采用资产阶级的生产方式；它迫使它们在自己那里推行所谓的文明，即变成资产者。一句话，它按照自己的面貌为自己创造出一个世界。"马克思还说："物质的生产是如此，精神的生产也是如此。各民族的精神产品成了公共财产。民族的片面性和局限性日益成为不可能，于是由许多种民族和地方的文学成了一种世界的文学。……正像它使农村从属于城市一样，它使未开化和半开化的国家从属于文明的国家，使农民的民族从属于资产阶级民族，使东方从属于西方。"[①]

马克思的公正表现在他彻底的科学态度上，尽管他是对资产阶级进行最公开的彻底批判的理论创立者，但他对资产阶级所取得的成就也作了最直接了当的肯定。从马克思表明的观点中，我们可以看出他是如何看待文明与不文明的。

[①]《马克思恩格斯选集》，第1卷，276—277页，北京，人民出版社，1995。

首先，他把能够推进历史向前发展、符合历史发展规律的事物肯定为进步的，是促进了文明发展的。这种观点在他评价《不列颠在印度的统治》一文中有鲜明的体现，他说道："从个人的感情上来说，亲眼看到这无数辛勤经营的宗法制的祥和无害的社会组织一个个土崩瓦解，被投入苦海，亲眼看到它们的每个社会成员既丧失自己的古老形式的文明又丧失祖传的谋生手段，是会感到难过的；……的确，英国在印度期坦造成社会革命完全是受卑鄙的利益所驱使，而且谋取这些利益的方式也很愚蠢。但是问题不在这里。问题在于，如果亚洲的社会状态没有一个根本的革命，人类能不能实现自己的命运？如果不能，那么，英国不管干了多少罪行，它造成这个革命毕竟是充当了历史的不自觉的工具。"[1]

其次，资本主义相对以往其他社会制度是历史的进步，从近代资本主义国家出现以后，资本主义对旧的文明世界的影响超过以往任何时代，资本主义的本质就是要把世界纳入到资本的运行当中，因此，资本主义国家使用它强大的物质力量攻克其他社会文明对它的抵抗，即使它曾经是十分古老而伟大的文明。

新旧文明的冲突表现为新的文明必将战胜旧的文明，但新的资产阶级的文明脱胎于封建剥削制度，它把君王一个人的专制发展为一切有钱人的专制；把一个人的自由演变为所有有钱人的自由；把满足帝王们的欲望变成满足一切有钱人的欲望。于是，资产阶级衡量一个社会文明不文明的标志是物质财富的占有量。他们迷恋其他古老文明的创造，不如说他们被自己占有这些古老文明所具有的市场价值的欲望所支配。

从某种角度看，资本主义文明是文明发展的一个特殊阶段，它确认自己创造的文明是人类文明的标准，并用各种不文明的手

---

[1] 《马克思恩格斯选集》，第1卷，765—766页，北京，人民出版社，1995。

段强行把它们推销到其他文明国家；资本主义文明建立在物质生产十分发达的基础上，科学技术创造出的非凡力量，使资本主义世界的部分精神意识出现迷狂，导致高度的物质文明与非理性意识的对立，出现高度发达的文明与高度发达的犯罪、极文明与极不文明的巨大反差；资本主义在短时间内取得的惊人发展，改变了传统文明世界的面貌。随着资本主义的进一步发展，出现了新的威胁文明社会的事件和因素：两次世界大战、不断的地区战争，金融危机、石油原料短缺、环境和大气污染、以及核战争的威胁等，这些问题对人类文明的破坏是空前和灾难性的。

如何解决这些问题，文明的资本主义世界还没有一个确切的答案。一位美国著名的政治家在一次集会上曾这样表白："我们国家、我们整个地球的文明该怎样回应？冷战后的世界大势既让人兴高采烈，也让人悲观失望。柏林墙倒塌了，东欧自由了，但残忍恶毒的仇恨仍然在滋蔓，我们的集体良知又一次在容忍种族屠杀。种族隔离废除了，但暴力、流血和动乱仍在威胁要吞噬下一个牺牲者的希望，我们经历了那么美好的事情，也见过人类怎样表现其最低劣的潜能，现在，我们该怎样滋养我们心中最美好的一面。"正由于我们不能怀疑他的真诚性，所以，我们更加感到有必要认真反思资本主义文明给人类社会到底带来哪些文明进步？哪些文明退步？

文明是人类社会进步因素的积累，人类也在不断地选择、淘汰、发扬各种文明。不能认为高级的就是文明的，高级的犯罪对文明社会的威胁最大，原子弹是高科技产品，一旦用于战争将是对文明世界最可怕的破坏；同样，物质文明的高度并不能反映精神意识的文明程度。这种复杂的情况正说明，当代文明发展的特点是文明的分裂，人类精神意识越来越具有多重性、独立性、易变性，从某种意义上说，这也是人类企图主宰自然的结果。"文明的大厦变得这样复杂，令人瞠目结舌。然而在它变得日趋精巧的同时,我们也感到愈来愈远离扎在土地里的根系。在某种意义上,文明自身从自然世界的基地出发,行往一个我们自己设计的世界;我们的设计有时太过狂妄,而这样设计出来的世界也愈来愈充满计划、控制、制造。在我看来,我们为此付出了极高的代价。在中途的某一点,我们失去了与自然的其余部分的联系感。我们现在倒是该问一问:我们真的这么独特这么强大,乃至于我们从根本上可以和地球分离吗?"[1]

---

[1] [美]阿尔·戈尔:《濒临失衡的地球》,13页,北京,中央编译出版社,1997。

第三章 文明与文化

一、先后——文明是文化的基础

社会物质生产和社会政治文化是有机统一体，割裂两者而单独提文化建设本身就是一种失误。

在人们把自己创造的世界称为文明世界的时候，文明早就产生了，不管是古巴比伦文明还是古埃及文明，是古希腊文明还是中国古代文明，这种称呼特指那个特定区域、特定时间内当地人们创造的物质和精神文明，但古巴比伦文化、古埃及文化、古希腊文化、中国古代文化却只指上述古代文明中的一个组成部分，即文化。从这个对比角度看，文明包含的范围比文化大。如果谁硬要说希腊文化超过希腊文明，显然犯了常识性错误。然而，对于那些泛文化论者来说，"一切都是文化"，甚至把人的活动和文化划等号，这种"思维贫乏症"突出表现为理智上的自大和情感上的狂燥，以致经常以"人类、世界"为口头禅。

问题在于，文明和文化在很多情况下表达的含义是基本一致的，而且今天人们往往习惯用文化表达一切人类特有的活动，因为文化是人独有的特征。也有这样一些学者，他们认为文明包含在文化之内，是文化的一部分，甚至有人认为，文明只代表人类的一部分特征，而文化才是人的所有特征。这种对文明范畴的偏狭理解，显然来自于"泛文化论"，这种观点认为，除了文化以外，人类的其他创造或特征都是次要的，这一派的极端理论甚至认为人类社会的一切都属文化范围，人的所有特征概括起来就是"文化"，包括物质生产也是一种文化。这种观点的实质是一种"思维懒惰"，他们懒得对人类创造进行细致区分，也懒得把自己不懂得的应用技术理论进行归类，更懒得从文明中找出文化的内容，干脆都归到文化范围内，想用什么就用什么，想拿什么就拿什么，只要冠以文化的名称就可以。现在这样的研究者不在少数。对于文明与文化的关系，我们首先关注的是文明和文化哪个更应该具有基础性意义。

第一，文明也好文化也好，它们只有在人出现以后才开始产生，但最早的人类无论如何是不知道他们是在先创造文化还是先创造文明，只是现代才出现用文明概括还是用文化概括之争。这种文字游戏式的争论是没有多大意义的，但有一个比较鲜明的对比，就是人们在形容人类历史发展进程的最初时期，是用"文明的曙光"还是用"文化的曙光"来形容呢？显然，"文明的曙光"意义更确切。在这里，"文明"的含义包括物质和精神两个方面。

第二，原始文明的出现是原始文化产生的基础。文明所包含的内容代表了人类社会的一切方面，特别是在人类社会早期，人类主要从事的社会活动是劳动生产活动，其文明的遗存也更多的是物质形式方面，文化是建立在一定的物质基础之上。当然，我们今天很多人把那些物质形式用原始文化来概括，只是因为在现代人眼里它们除了考古学的研究价值外，它们的意义完全体现在文化的范畴里，当代的那些文化人也就更容易用想象来赋予原始人丰富的文化生活，其实，对当时的原始人来说，一切都是与生存本能要求相联系的，正像老虎与虎仔经常嬉耍是为了训练虎仔的搏斗能力一样，在现代人眼里却是一幅那么动人的母子游戏。

第三，人类社会在登上文明的舞台之前，已经做了大量的"准备工作"，当然是无意识和不自觉的，在长达数万年的准备过程后，人类文明终于由量的积累达到质的飞跃，也就是人类终于以真正人的身份登上了历史舞台。在这之前是不是就没有文明的遗迹呢？显然不是，正如一株早熟的麦穗并不代表收获季节的到来一样，但这株麦穗并不能因为早熟而否定它是麦穗。问题就在于，一些文化学者因此认为，那些文明的遗迹是人类最早的文化标志，因为，对于现代人来说这些文明遗迹只代表着文化的含义，因此，他们认为文化的产生早于文明，进而认为文明是文化的一部分。其实，文明产生以后的"文化"的本质不同于文明产生以前的"文化"，尽管它被现代人称为文化，但那不是"进入文明的文化"，是原始人完全受制于自然支配状态下的本能流露，就像饥饿的人看见食物时唾液的自然分泌一样，它产生时不完全具备文明的物质基础。

第四，在创造文明的性质上，既然文明是人创造的，那么一切文明创造物中都包含有人的精神意识因素，而对于文字产生以前的文明史来说，人们只有通过那时人类创造的物的形式来把握。如尖状器、刮削器、岩画、粗陶等，这种把握物质形式的力量，是人类能够征服自然的奥秘所在，正如马克思所说的："诚然，动物也生产。它为自己营造巢穴或住所，如蜜蜂、海狸、蚂蚁等。但是，动物只生产它自己或它的幼仔所直接需要的东西；动物的生产是片面的，而人的生产是全面的；动物只是在直接肉体需要的支配下生产，而人甚至不受肉体需要的影响也进行生产，并且只有不受这种需要的影响才进行真正的生产；动物只生产自身，而人生产整个自然界；动物的产品直接属于它的肉体，而人则自由地面对自己的产品。动物只是按照它所属的那个种的尺度和需要来建造，而人懂得按照任何一个种的尺度来进行生产，并且懂得处处都把内在的尺度运用于对象；因此，人也按照美的规律来构造。"① 今天，我们把握人类文明发展的历史，依然是从人类所有创造物蕴含的精神意识中才能实现，虚空中不可能存在精神意识，那种企图把人类精神意识发展史看作是超自然的、独立存在的，即如把自己的想象当作现实世界一样荒谬。或者为了突出精神意识而抹煞人类创造物的物质形式力量，甚至把原始劳动也称作"一种文化"，则完全背离了科学认识论的基本观点和实事求是的精神。

第五，文明出现的根源是超越文化的。因为文明的起源至今仍然没有定论，尽管我们还没有充分证据证明异域文明对其他文明发生发展的作用，但可以肯定的是文明传播的影响都是可能的，从这个意义上讲文明是文化的基础反映出在人类起源问题上的与时俱进。我们在处理文化问题方面走的另一个极端是创造了"非物质文化遗产"，在选择"非物质文化遗产"过程中出现的诸多问题，说明人们难以明确区别"非物质"这种文化到底如何存在的。问题出在对"文化"的理解方面。文化本来就是非物质的，这不关它们的存在方式，但追寻"文化的历史"轨迹必须有"物证"，所以，一些人把研究的对象也作为文化对待，那么，对那些"物证"不充分的文化载体，比如人，就用非物质来形容了。其实，人是物质发展的高峰，以人为载体的文化居然称作"非物质文化"，真是本末倒置。

文明是人有意识的自觉的创造，文化正是这种意识的记录和反映。人的意识再超前、再丰富、再伟大，它必须与物质形态结合才能得到现实的肯定，那么意识与物质形态的结合有两个途径，一个是人去用劳动实现自己的精神，一个是用文字、图画等专门形式记录下自己的思想，前者创造出了伟大的物质文明，后者成了文化的专门领域。每个时代的人都在不懈地追求这两种创

---

① 《马克思恩格斯选集》，第1卷，46页，北京，人民出版社，1995。

造结果，它们都是文明的标示，而文化也是对这种体现在物质形态上的文明的解释。

人根据自己的意识创造出物质世界以后，人的意识却变成被动的一方，这说明，一方面人创造的物质世界是多种客观物质形态、性质的改变、融合的结果，人这种物质存在只是物质世界相互联系中的一节，物质世界改变到何种程度，人的精神意识才能提高到什么程度；另一方面每个人所处的客观环境的文明程度和人的进化进程是快慢不一的，因此人的思想意识对周围世界的认识程度也是高低有别的，这必然带来落后文明对先进文明的向往，先进文明对落后文明的带动。文化不具有这个层次上的意义，每一种独特的文化都是特有的文明的产物，而特有的文明不可能是独特的文化产物。

与文化相比，我们能否给文明下一个定义呢？我们发现这是一件困难的事情。文明所涉及的是完全不同的东西，如技术水平、礼仪规范、行为动作、宗教思想、风俗习惯及科学知识发展等，既可以指生活状况、生活方式，也可以指法律惩处、食物烹调，人的一切活动都可以用文明或不文明来评价，要用几句话概括文明的所有含义几乎是不可能的。我们只有在一个相对的意义上对文明进行界定，文明是人类进化发展的标志，是人类改造自然、完善自我的历史过程的不断体现，而文化是人类精神思维发展的产物，是人类对文明标志进行的各种方式的解释。

正因为文化是人类精神思维的产物，它产生以后就具有相对独立的历史价值，记录下了特定时期人们的精神思维。文明却表现为一个动态的历史进程，我们可以说"现代文明"高于以往一切文明，但我们不能说"现代文化"高于以往一切文化，因为文明是不断发展的，而发展又是建立在以往一切文明的基础上。文化却不是如此，它是每个时期人类对周围世界的认识与精神活动的反映，具有相对独立性，正如马克思在评价希腊史诗具有的不可恢复的"永久魅力"的原因,是产生史诗的历史时代"已经一去不复返了",文化的时代性使它既是那个时代人们精神思维的产物,同时又成为以后人们不断推进文化发展的"原料",由于产生特定文化的时代不可能重现,因而它的价值随着时代的久远而越来越高。

文明是阶梯式的,它只会越来越高,而不会越来越低,因为,物质文明的程度是不可逆转地向前发展,当然在精神和行为领域不乏文明程度下降的个例,但人类文明的步伐始终是向上攀登的。

从上述的意义上,我们是否可以看到,文明与文化的区别关键在于,文明范畴的侧重点是人类历史进化提高的物质精神表现的总和,文化的侧重点是人类精神思维发展提高留下的物化历史,它是以物质生产发展程度为发展前提的,因而它是以文明中的物质进化部分为基础的,与文明中人类精神思维部分发生重叠,但出发点不同,正如我们说:这是一个有文化的人和这是一个文明的人,表达的意义并不相同一样,有文化的人并不见得就是文明的人,而文明的人必定有文化。

今天,以文化涵盖文明的浅薄说法十分普遍,似乎人们觉得文化已经把有关人的精神特征全部包括了,至于文明到底包括不包括文化他们并不去思考。这显然并不仅仅是一个思维方法的问题,在文化可以涵盖文明的思想指导下,精神文明建设自然就要以社会文化建设为重点,以思想道德建设为核心。这种指导思想背离了改造人们精神思想的客观原则,因而不能根本解决社会主义市场经济制度下精神文明建设问题,使改革开放以来我国精神文明建设中"一手硬,一手软"的问题长期得不到根本解决。因为,如果把文明提到高于文化的位置,必然要首先重视一个社会文明的基础建设,而构成一个社会文明的基础是社会物质生产和社会政治文化的有机统一体,割裂两者而单独提文化建设本身就是一种失误。如果思想道德建设成了文明建设的核心，思想道德就成了无源之水、无本之木，在现实生活中不是做表面文章就是被人们根本忽视。

文化不但不可以涵盖文明，而且文化存在发展的基础正是文明，一个社会文化本身与物质文明绝不是两个对等体，因此，抓好精神文明建设也绝不能由抓好文化建设来代替，精神文明也不能与物质文明相对等，他们只能是有机不可分的统一体，在实践中它们的本质是前提与基础、内容与形式的关系。但是，至今我们仍然把社会主义精神文明与社会主义文化对等起来，理论上的不彻底必然导致实践上的空喊和无效。

二、成熟——文化是文明的典型

> 人不是最敏锐的但可以成为最敏锐的；人不是最坚硬的但可以成为最坚硬的；人不能飞翔但可以飞翔的最快。人依靠智慧成为万物的主宰。

文明展示了人类社会向前发展的所有方面，所以人们才把人类社会发展称为人类文明的进步，把人类社会称为文明的社会，而没有称为"文化的社会"，显然，文化的社会只表现出文明社会的某一方面。但是，无论文明也好，文化也好，它们具有一个共同本质，即都是人类在生产和生活中创造的，人的精神意识因素是文明和文化包涵的主要特征，但与文明相比，文化集中表现了特定时期人的精神内含，或把人的精神思想以物化的形式记录下来，使后人能够从中看到人类精神思维发展的轨迹，因而成为人类文明的典型表现。

单纯从主观方面来考察，文化比文明更带有"人"的色彩，因而，我们更多地是感受到文化的熏陶，而对生活在一个什么样的文明环境却很少思考，这也由于以文化形式出现的社会活动丰富繁多，如果有冠之以"文明形式"的社会活动，那显然是指一种普遍的共有的社会活动，因为，采取"文明的形式"已经是不言而喻、众所周知的，从这里我们也可以看出，文明是更为普遍、更为基础性的东西。

在文明发展到一定阶段，文化才具有了自己相对独立的内容，也就是人类有了剩余物质产品以后，精神产品的需要才提上议事日程。今天的一些研究者把人类产生以来所有的遗迹都称为文化，显然是从文物收藏角度观察问题的。文化具有独立的形态是在人类劳动活动经验需要转化为一种知识形态传承下去，并形成一种普遍的、为所有人接受的方式以后产生的。随着这种早期的劳动经验传承方式的多样化和丰富化，人们附加进去自己的主观精神需要和愿望，文化终于从物质羁绊当中走出来，文化的发展有自己的规律和独立性，此后的文化虽然是以一个社会文明程度为基础，但有时某种文化形式的发展却超越文明，

文化怎么会超越文明呢？显然，理解这个问题就需要我们从历史辩证法的角度去分析思考。

首先，古老的文明孕育深厚的文化。一种文明形态可以越来越成熟、甚至走向衰老，而文化却因其文明的古老，能够建立起非凡的伟大的文化。如中国有几千年的封建文明史，尽管在近代这种文明已经落后并被资本主义文明击败，但建立在几千年封建文明史上的中国封建文化却是如此的博大精深，以致成为封建文明的代表。它并不因为封建文明的消亡而消亡，相反，成为永远消失的那个古老文明时代的人们的精神表现，并因而具有永久的魅力。

其次，文明形态的不断发展，使旧的文明不断被新的文明取代，旧文明的价值也随着存在理由的逐步消失而慢慢降低，而文

化由于在历史继承性上的特殊规律，成为新文化形成的基础，其中代表这个文明形态精华的理性思维成果，在新的文明发展阶段得到发扬光大。如古希腊哲学是超乎寻常的古希腊文明的产物，尽管这个人类的"超常儿童"消失了，但古希腊哲学思想作为人类幼稚时期对周围万物的成熟思考，而成为启迪和培植西方中世纪、近代、现代乃至当代思想文化的宝库与沃土。从这个意义上看，文化主要指人类精神思想的凝聚和发展。

其三，文明的发展模式是"倒置阶梯状"的，由一开始的"窄小"到逐步的"宽广"，由最初的"浅薄"到逐步的"深厚"，我们可以肯定，处在阶梯上面的文明比处在下面的文明要先进。但文化并非如此，文化一经产生就具有相对的独立性，或说文化的发展是"平行梯形状"的，不同文明时代的人们对周围世界的理解是不同的，在某一领域达到的程度也因观察的角度与方式的不同而不同，正如我们不能拿年龄作为画技高低的标准，儿童画出的画是成人无法模彷的，有时甚至是很高水准的。

文明与文化差异的根本原因在于，文明的基础是一个社会的整体存在，包括物质和精神两方面，文明因其物质基础的不断提高发展而不断提高发展。文化却是人类精神思维的产物，不同时代人们的精神思维会在文化上留下永不消失的记忆，文化因其文明的物质基础的不断提高发展而改变自己的内容和形式，并形成自己的规律。

文化超越文明，指的是文化在一个相当成熟的文明时代所创造和留存下来的精神思维成果，正由于文明的差异和不可恢复性，使得那些不同文明阶段产生的文化的奇花瑰宝超越了文明程度低于或异于它的文明而被世人欣赏。但并不能因此得出文化不属于文明范畴的结论。从根本上看，人类文明的实质在于"意寓其中"，它不是一堆单纯的物质形式或无法理解的抽象符号，人对客观世界的理解及人的丰富情感都涵盖其中，从这点出发，文化可以说是人独有的特性,因而也是人类文明的典型表现。

文明范畴中的物质部分当然重要,它是实现文明的基础,但既使是物质文明这一部分,也因为具有"文明"的成份,而与自然物质有根本的区别,它属于人类社会,为人类生产、生活服务。这是因为,物质形式的改变蕴含着人类精神的力量。人虽然没有鹰一样锐利的眼睛,没有狗一样灵敏的嗅觉,没有狼一样锋利的齿爪,但人知道坚硬锐利的形状可以刺破兽皮,树杆弯曲回伸的弹力可以发射锐器,树木还可以做成圆形的轮子,把人和他的财物带到遥远的地方。人能成为人并创造出属于自己的文明,就是因为人会利用物质特性,使不同物质之间相互作用,来达到人的目的。他不是最敏锐的但可以成为最敏锐的,他不是最坚硬的但可以成为最坚硬的,他不能飞翔但可以飞翔的最快。人依靠智慧成为万物的主宰。

三、误区——文化包容了人类历史

> 社会主义精神文明建设更多的应该是适合物质文明建设发展方向的社会价值取向,理想道德和新观念。

现在,一般对文化概念的解释依然沿照《辞海》中的文化条目:"从广义来说,指人类社会历史实践过程中所创造的物质财富和精神财富的总和。从狭义来说,指社会的意识形态,以及与之相适应的制度和组织结构。"

围绕这个定义,目前有如下几种观点。

一种是继续沿用《辞海》的定义。

一种是认为文化是指人类精神生产的领域,是观念形态的反映,文化的核心内容是作为精神产品的各种知识。

一种是从哲学角度出发，认为文化是人的生命活动发展的特殊方式，它体现了人掌握人之间、人与社会和自然之间关系的程度，因而，人类的衣食住行、社会生活、科学技术、思想观念，统属文化之列。

一种是认为文化可以说是人与自然、人与世界全部复杂关系种种表现形式的总和，所以，文化就是人类实践能力、方式及成果之总和。

一种认为文化的本质是传播，因此，认为文化是人类在物质生产和精神活动中抽象出来的原则体系以及这一体系的现实化。

一种认为，文化从最广泛的意义上说，可以包括人的一切生活方式和为满足这些方式所创造的事事物物，以及基于这些方式所形成的心理和行为，它包含着物的部分、心物结合的部分和心的部分。

文化的拉丁文是"Colere"，意思是对土壤、土地的耕耘、加工。以后文化的概念发生巨大变化。著名学者的文化定义有：罗马哲学家西赛罗曾说："智慧文化即哲学"；德国的康德说："有理性的实体为了一定目的而进行的能力之创造"；英国的泰勒认为"所谓文化或文明乃是包括知识、信仰、艺术、道德、法律、习俗以及包括作为社会成员的个人而获得的其他任何能力、习惯在内的一种综合体。"

以上这些概念都注意到了文化的精神特性，但往往把文化的外延扩展到人类物质生产领域，有时甚至颠倒了文化与劳动之间的源与流、本与末的关系，相反，中国古代对文化的理解却准确反映了文化的本质内涵。中国古代与西方不同，汉代刘向《说苑》中说"凡武之兴，谓不服也，文化不改，然后如诛。"晋代《补亡诗》中有"文化内辑，武功外悠"。南齐王融《曲水诗序》中有"设神理以景俗，敷文化以柔远。"

在我们探讨文明与文化的关系时，也常常遇到这样一些观点，他们夸大文化的涵盖，或给文化下一个狭义定义，再下一个广义定义，这种看似公允的作法缺乏最起码的科学思维的严肃性。总之，在他们看来，有了人就有了文化，一切与"人"相关的历史都是文化史。这种"泛文化"的作法，表面看来是提升了人的精神价值，把人的一切都"文化"在其中，其实是贬低了人类文明史的丰富广阔，模糊了人类创造领域的相互作用，为那些不求甚解的"文化人"提供了信手拈来的借口。

这种所谓"泛文化"的观点，首先是颠倒了文化与人的关系，使文化具有了神秘的作用。这种观点认为："文化是作为人类的共生现象而出现的。在动物时代，文化是不存在的。人类的祖先古猿由于创造了文化，才转变成了人类。所以，文化一开始就是作为超自然的事物产生的。"[①] 显然，创造这种观点的人，并不知道早已被考古学、人类学、生物学、生物医学、历史学证明了的人类生成史的起码知识，尽管他还知道在动物时代文化是不存在的，但他把古猿这种动物转变为人，归结为古猿创造了文化，这同上帝创造了亚当，并用他的肋骨创造了夏娃以后人类才得以繁衍生产的"创世说"并没有本质上的区别，所以，他肯定："文化一开始就作为超自然的事物产生的。"或许作者的本义是想给那些轻视文化的人一个强烈的刺激，但无论如何文化不是超自然的事物产生的，是人在劳动基础上创造的，而且不是随意的创造，人认识自然到什么程度，他才能"自由创造"到什么程度。企图揪着自己的头发离开地球的人，在古希腊哲学家那里已经被看得一文不值。

其次，"泛文化"观点把文化仅仅看作是意识创造的产物，并由此把一切含有意识的"人的创造物"都归结为文化，并用混乱的想象弥补无法自圆其说带来的困窘。这种观点认为："由意

---

① 韩青民：《文化的历程》，第1卷，15页，南宁，广西人民出版社，1989。

识与物质相结合的第二自然,实际上也就是人类所创造的文化世界。文化是人类意识的创造,是对自然界改造的产物。所以,从物质经由意识而达到的意识与物质相结合的世界乃是文化的世界。"[1] 问题的关键点在于,这种观点企图轻描淡写地把他认为的"第二自然"说成"实际上也就是人类所创造的文化世界。"这就间接否认了第二自然的客观性,并把人类所创造的客观社会说成是"文化世界",为下面的观点打下基础。为了给读者留下一个完整的印象,我们不得不较长地引用这种观点的一段文字:

"在漫长的历史阶段中,文化一直受人的肉体部分的控制并为其服务。在这个时期,文化是属于人的。因此又可以把它叫作属体文化,属体文化的本质是人的肉体的延伸。一方面,文化延伸了人的肢体结构及其功能。各类生产工具、运输工具、均是手与足的延伸。另一方面,文化还延伸了人的反映控制系统。各种仪器设备延伸了人的感官,电子计算机则延伸了人脑。……实际上,属体文化的发展还成为人类发展的主要内容。自从古猿转变成人以后,其肉体部分变化越来越小,人类的发展主要由文化的发展组成。假若撇开文化的变迁不论,我们就找不到人类的发展。从很大程度上讲,人类发展史也就是属体文化演变史。在文化的促动下,人的肉体功能获得了最充分的发挥(特别是大脑的功能),最终进入了枯竭阶段,成为文化进一步发展的障碍。于是,文化从拓展人的肉体结构与功能的时期进入了改变人的肉体的时期。人的肉体被改变了,自然的躯体不存在了,文化成了唯一的本体。当文化对人的肉体进行改造并实现了目的之后,文化就从属体地位转变到本体地位。所谓本体地位,指的是文化成为自主的事物,不再受人的控制。其实,这时人的肉体已经发生文化性转变,成为文化性的事物,原来意义上的人类已经不存在

---

[1] 韩青民:《文化的历程》,第1卷,15页,南宁,广西人民出版社,1989。

了。人类已经彻底文化化了,自然界也在文化的作用下实现了文化性转变。"①

这种观点想象了一种属体文化、一种本体文化,人类成了文化带动的客体,甚至认为文化发展到"本体文化"时,"不再受人的控制"。我们对上述观点只有一个问题,就是文化对人的肉体结构与功能的拓展以及现在的改变是如何进行的?需要指出的是,我们并不反对想象,特别是在艺术创作中,但如果一本正经地企图用荒谬的想象显示自己的独到见解,显然已经背离了基本的文化精神。

其三,"泛文化"观点并没有因为对文化玄乎其玄的推论,使文化真的获得提升,而只是对早已存在的文化进行粗浅的评论。因为,无论文化在他们看来如何超越物质,他们终究想象不出超越物质的文化,只是对文化作了一些类似追星族常做出的举动。

这种观点认为:"从文化转移的角度看,人类文化的全部发展历程将由三个历史阶段组成,即宗教阶段-科学阶段-艺术阶段。这三个不同的文化阶段,也是三种不同的文化形态,即宗教文化-科学文化-艺术文化。文化的这种转移从深层次讲还只是表层的,即表现在外部的,究其内部层次,仍有规律可循。"②

我们发现,原来这种观点提出的超越自然,独立于人的文化,只不过还是这些早已发生的、传统的文化范畴,所谓的深层次、内部层次,只不过肯定"仍有规律可循"而已。"泛文化"最终没有"泛"出传统文化范畴之外,而且对宗教、科学、艺术作了些庸人自扰的发现和惊叹。可以肯定,这种研究不但与文化无益,而且损害了文化的普及与提高,诱导一些试图寻求文化营

---

① 韩青民:《文化的历程》,15—16页,南宁,广西人民出版社,1989。
② 韩青民:《文化的历程》,19页,南宁,广西人民出版社,1989。

养的人走上歧途。

"泛文化"流行的深层次原因是新中国建立以来在意识形态领域实行严格控制的"反正",所谓矫枉过正就是当精神处于绝对从属地位的时期结束的时候,当"存在决定一切精神思想"的时期结束的时候,"泛文化"就成了压抑过久的精神的出口。一些人宁愿让自己的研究对象具有纯粹的文化色彩,而再也不敢使它们具有物质或精神色彩。目前这种"反正期"还没有完全结束,在建设有中国特色社会主义精神文明的事业中,人们开始认识到物质文明和精神文明本质是一个问题的两个方面,人为地将其割裂开,势必忽视两者之间决定与被决定的关系,忽视前提与基础的关系,因而造成总是"一手硬,一手软"的局面。扭转这一局面的根本还在于真正认清物质文明建设的方向。同时,社会主义文化建设只能是精神文明建设的一个方面,不能把社会主义文化建设提到精神文化建设的根本位置上,因为文化发展有自己的规律和独特性,有时它还表现为与物质生产发展方向相反的作用,也就是说物质文明发展的时候,文化可能相反落后,物质文明发展缓慢的时候,文化也可能获得发展。在历史上这种现象几乎成为一种规律。因此,社会主义精神文明建设更多的应该是适合物质文明建设发展方向的社会价值取向、理想道德和新观念的树立。

另一个深层次的问题是,中国传统文化当中封建的、陈旧的观念占有十分顽固的位置,它几乎积淀在每一个中国人的思维方式中。这种落后、保守的思维方式有时把中国人的传统优秀文化和美德扭曲,特别是在市场经济诱导的发财致富愿望与大量小农意识的结合,导致目前我国在思想文化领域和精神道德范围出现严重扭曲的局面。大量封建迷信和陈旧恶习的复苏、金钱至上和贪污腐败盛行决不仅仅是精神文明建设或依靠思想教育能够解决的,而是明显地表现为经济与文化的聚合在这种情况下,单纯把建设社会主义文化作为"一手",显然只能解决表面上的问题,而导致问题的根本原因却仍然潜在地发展着,并在一定时期爆发。

因此,认清这个问题的实质决不仅仅是解决一个认识问题,而是针对一个方向问题,针对我们制定战略和策略时的指导思想问题,然而至今这个问题并没有引起决策者们的注意,依然把精神文明与物质文明并列看待,依然把建设社会主义文化或思想道德作为社会主义精神文明建设的核心,这是一种显而易见的战略失误。

第四章 文明与民族

一、差异——自然的必然与社会的必然

尽管民族的存在和发展是显而易见的,但对到底什么是民族和怎样认识民族却存在着巨大的分歧,这不仅仅来源于种族主义意识的影响,还有阶级和意识形态方面的影响。

在当今世界,寻找一个与外界完全隔绝的民族几乎是不可能的,尽管偶然报道发现一个所谓的与世隔绝的"森林部落"或非洲的"早期人类的活化石",但大都是人为的产物,这些"现代原始部落"也绝少上升到独立发展的民族的程度。历史发展到今天,民族的历史正如一部大浪淘沙史,多少曾经辉煌的民族烟消云散,多少曾经强大的民族衰落不堪,又有多少弱小的民族转而兴盛,多少年青的民族再展辉煌。然而,在这上上下下、兴兴灭灭的历史中,民族的兴衰成败与属于什么种族有多大关系呢?

对这个问题的回答,与至今依然盛行的种族差异论有密切的关系。持种族差异论观点的人认为,天生优越的种族必定是文明先进的民族,那些天生劣等的种族自然是文明落后的民族。而且,在不断的历史发展中,这一趋势是无法改变的。

1994年8月,一本宣扬当代种族论的厚达700多页的书《正态曲线》在美国出版,引起人们的关注,一些人类学家认为这本书与纳粹种族主义理论如出一辙。然而,这本书通过科学的智商

测试和对比研究，为种族差异提供了科学依据。例如，它提出黑人和白人的差别究竟有多大的问题？通常的回答是统计学的一个标准差。在讨论智商测验时，黑人的平均得分通常为85分，白人的平均得分为100分，标准离差就是15分，这15分被称为一个标准差。1980年，"全美青年纵观调查"对显然是最大和最精心选择的全国性样本进行了一次智商测验，发现差别为1.2个标准差。而"全美青年纵观调查"对下一代进行的智商测验所提供的最直接证据表明，黑人和白人的差别正在不断扩大，而不是日益缩小。

尽管人们都承认，近些年来，由于环境的改变，黑人智商的提高超过种族遗传因素。但同时，白人和亚洲人的智商也在迅速提高，两条变化曲线的距离总是保持着一定的比例。就是说，种族智商差异是不可平衡、无法补齐的。那么，种族智商差异对一个民族文明进化的影响是显而易见的。"既然处于智商范围低端的人们惯常保持的社会地位被贬低，怎么可能会有人希望，他们在世界上找到高贵的地位？既然世界往往由智商抽奖中的赢家统治，怎么可能会有人希望，社会的构成将使幸运者不再继续为其自身利益而统治社会？"[①]

所以，"白人上层人士对待黑人的私下态度远比任何公开的承认勉强，敌视并不罕见，而造成态度紧张的一个关键因素是日益增长的怀疑，怀疑影响社会隔阂和经济差距的基本种族差别，尤其是智力方面的所谓基因差别，仍在继续分隔着黑人和白人。"[②]

应该承认种族差异是存在的，但这种差异的存在是否就是造成一个民族文明或不文明、先进或不先进的基本原因，这是值得我们探讨的。

---

① 上海社会科学院信息研究所编辑，载《现代国外社会科学文摘》，13页，1995年第2期。

② 同上，2页。

种族差异首先表现在人的外在形体特征上,不同肤色和形体特征是不同种族的最明显标志,但对于黑人来说,他们的黑色皮肤几乎成了他们愚笨和落后的象征,甚至在其他种族群体中生活的黑人也常常产生一种自卑感,甚至,他们对过分地夸耀他们的体育成绩也感到是一种种族歧视。显然,这种种族差异造成的歧视感是因为他们被迫离开自己的故乡,长期生活在社会底层而产生的,在非洲本土生活的黑人,他们并没有这种种族自卑感。白种人长期的种族优越感和高等文明人的错觉,是他们轻视其他种族的根源,也是他们对其他文明采取菲薄和忽视的一个重要原因,而长达数百年的殖民史,也是导致落后民族产生自卑心理的一个历史原因。

　　科学证明,社会环境和后天教育是人们智力发展的决定因素,尽管在思维特征上不同种族间有些细小的区别,但就是这些区别也是由于长期生活在一种环境下形成的自然对人的特殊要求在人的遗传特征上的反映。就整体智力水平的遗传构成而言,种族差异几乎是可以忽略的。但是,生活在整体社会环境相对落后的种族,其智力发展水平和文明程度相对比生活在整体社会环境先进的种族的智力水平和文明程度要低,这是客观环境导致的。环境的改变就可以扭转这一情况,18、19世纪几百万从非洲被卖到美国的黑人奴隶,今天他们的后代所取得的成就和发展,显示出黑人在相同的环境同样可以取得同等的智力水平和文明高度,即使他们的总体生活环境比白人差的很多。亚洲裔人在美国取得的普遍成功,以及他们受教育水平的程度,应该充分证明了种族优劣观点的破产。但在一个普遍存在着种族歧视的国家,种族差异往往成为一个社会划分等级的标准。这是人类文明的悲哀。

　　现在,人们更多地是从民族角度研究文明与民族的关系和发展的历史。因为,种族的标准和区分已经被绝大多数科学研究工作者抛弃,除了人种学、遗传学的意义外,种族并不能反映这个种族的所有文明发展水平和过程。而民族这个概念不同，民族是一个历史性的范畴，民族是一个变动的体系，在人类共同体中民族标志着它的变化的色彩和进化的规律。

尽管民族的存在和发展是显而易见的，但对到底什么是民族和怎样认识民族却存在着巨大的分歧，这不仅仅来源于种族主义意识的影响，还有阶级和意识形态方面的影响。近代以来，随着民族国家的增强，对民族的认识也在改变。

首先，民族是一个历史范畴，任何试图用固定不变的定义或一劳永逸的办法解决民族问题都必然失败。民族是一个历史范畴，主要表现在：一是民族的形成本身就是一个变化不定的过程，有些古老的民族已经经历了漫长的发展历史，成为特定文明圈的代表并形成强大的民族国家，但同时，也有一些古老和文明程度很高的民族却在历史发展过程中由于自然或战争原因消亡或被同化了；二是新生的民族依然在历史发展以及条件成熟的过程中不断诞生，并加入到世界民族的行列中。近现代以来这一趋势发展迅猛，但有一些学者认为，第二次世界大战结束后，民族走向民族国家的发展进程已经结束，因而民族的变化将趋于稳定，苏东剧变给整个世界带来的巨大分裂，新的独立的民族国家的出现，证明这种观点是短视的；三是在不断变化的历史过程中，特别是当代世界政治经济一体化与多元化并存发展中，对民族的认识在发生变化，对民族实体的认定条件也在改变。过去构成民族的一些基本要素变为次要因素，区域政治经济联合加强了相近、相邻民族的融合，甚至宗教信仰也可以成为构成一个民族的要素，如前南斯拉夫的波黑民族。

其次，民族的生存和发展与社会制度的关系更加紧密。在民族民主主义运动高涨时期，民族走向独立是一个民族获得发展的先决条件。然而，并不是所有民族都能够获得独立的民族国家的保护，相反，世界上95％以上的国家都是多民族构成的国家。

于是，一个民族在一个独立的多民族国家内获得什么样的发展就与这个国家的制度有着密切的关系。

一是平等促进的关系，这主要集中表现在社会主义制度国家中少数民族获得了前所未有的发展。对这个问题首先注意到并做出肯定的并不是社会主义国家内部的少数民族，而是西方资本主义国家的学者，法国著名苏联问题专家埃莱娜·唐科斯在她的《分崩离析的帝国》一书中就说："苏联政府的民族政策既取得了明显的成功，又遭到了明显的失败。说它成功，是因为苏联政府的政策在初期的目的是允许和帮助大小民族，甚至最弱小的民族繁荣昌盛，以便在给他们自由的同时来消磨掉他们的民族意志。一切都证明，使各民族繁荣昌盛的目的是达到了。"[1] 不管作者是从什么角度看这个问题的，但她从反方面证明这个结论是正确的。布热津斯基这位深谙共产党政策的美国国家战略智囊人物，深刻和富有启发地指出："共产主义虽然宣称自己是一种国际主义学说，但实际上，它加强了人民大众的民族主义情绪。所以在共产主义的经历中，哺育了而不是削弱了民族主义。"[2] 不管社会主义制度对少数民族哺育和发展作用的结果与其初衷有多么大的不同，但社会主义毕竟使少数民族发展起来这一事实是无法否认的。

二是弱肉强食的关系。资本主义国家对少数民族集团并不从政策上给予扶植，正如他们一贯奉行的自由竞争政策一样。但事实上，对于弱者来说，资本主义的自由竞争规律无异于走向衰落与消亡道路。因此，人们把美国比喻为"民族的大熔炉"，恐怕就是从民族在美国根本无法存在这一角度谈的。如美国印第安人

---

[1] ［法］埃莱娜·唐科斯：《分崩离析的帝国》，263页，北京，新华出版社，1982。

[2] ［美］布热津斯基：《共产主义之后的民族主义》，载美国《外交季刊》，1989年冬季号。

在短短的几百年里遭遇的毁灭结局，就是最好的证明。不仅民族在如此发达的西方高等文明的国度里无法生存，就是有色人种在这里也面临被歧视和不公。虽然我们承认资本主义在很多方面达到了高水平，但那是针对少数有产阶级的，就资本主义所达到的物质财富和文明程度来讲，它远远没有使全体人民的生活水平得到共同的提高，更何况落后的少数民族了。这种情况对资本主义来说是再自然不过的事情了。"因此，从资本主义国家的观点看来，种族歧视非常有用，而且也没有理由加以改变。当然，对种族歧视'道义上的愤慨'是有的，不过这或多或少只是一种应时策略，无非是使某些慈善团体忙碌一番而已。"①

第三，民族传统文化和心理素质的共同性淡化，政治经济与宗教联系加强。近代以来的资本主义生产方式在世界范围的扩展，不仅使经济生活的联系越来越紧密，而且文化生活也变为世界性的了。在这种进一步的政治、经济、文化"全球化"的趋势下，民族的传统和心理素质经受了前所未有的冲击，孤立的、保守的民族传统更难于保留存在下去，民族的共同心理素质也必须适应社会越来越现代化的趋势。这就使传统的民族认同感发生变化，特别是对一些居住区域分散的民族来说，民族内部的联系特点具有更多的政治经济和国家意识成份，而共同的传统文化和心理素质并不能全面反映一个民族的特点。当然，在政治经济文化落后的地区，如非洲的一些部落民族，对他们的认定依然要从共同的传统文化、心理素质、地域、语言等来判断。无疑，未来发展趋势也必将使他们自身的民族特性发生改变，从而在新的历史发展条件下重新认识他们。

可见，民族尽管是历史上形成的，有共同语言、文化、心理

---

① [美]曼纽尔·卡斯泰尔斯：《危机与美国社会》，205页，上海，上海译文出版社，1985。

和对民族历史传统认同的人群；但民族也是一个发展、变动的实体，在变动中它孕育形成了新的特征。现在正是民族发展史由量变达到质变的时期，这也必然要求我们重新认识民族及民族的历史。民族与人类社会的关系正如部分与整体的关系，人类社会远远大于任何一个民族，但一个民族依然可以构成一个局部完整的社会，所有民族社会存在的简单相加却并不等于人类社会。因此，民族的产生和发展与人类文明的产生和发展既有共性又有个性，比如社会发展阶段是由客观的物质生产方式决定的，一个社会的物质生产条件是一切其它方面发展的基础。这些马克思、恩格斯发现的人类社会发展的基本规律同样制约着任何一个民族文明的产生与发展。

民族的产生和发展也有它自身的规律，它突出表现在不同的历史发展阶段上，民族的发展和消亡呈现出不同的特点。正如马克思所说："这并不妨碍相同的经济基础按主要条件来说相同可以由于无数不同的经验的事实，自然条件，种族关系，各种从外部发生作用的历史影响等等，而在现象上显示出无穷无尽的变异和程度差别，这些变异和程度差别只有通过对这些经验所提供的事实进行分析才可以理解。"[①] 因此，我们研究不同的历史形态下民族发展和消亡的特殊形式，就是试图提出一种规律性现象，以便我们能够理解文明发展的曲折历史

第一，由部落发展到民族、再由弱小民族发展成为强大的民族或国家的过程，是一个少部分民族壮大，大部分民族减灭的过程。在物质生产力极端落后，社会财富极端贫乏的情况下，从部落发展为民族是一个缓慢的由客观条件起决定性作用的阶段。这正如在古代世界史上所有强大的民族都以一个天然的有利的地理环境为依托，如古埃及人和尼罗河，古代汉民族和黄河，古希腊

---

① 《马克思恩格斯全集》第 25 卷，892 页，北京，人民出版社 1972。

人和爱琴海，古亚述人和两河流域等。那时部落宗教、图腾崇拜和种族差别比民族更具有真实性，因此，人们以物质利益作为自己归属的根本原因。在古代，每一个民族都由于物质关系和物质利益（如各个部落的敌视等等）而团结在一起，并且由于生产力太低，每个人不是奴隶，就是拥有奴隶等等，因此，隶属于某一个民族成了人"最自然的利益"。在民族产生和发展初始阶段（有的民族的情况极其复杂，我们以大多数为主），一般指封建社会以前，有的民族已形成奴隶制国家，而若干大大小小的民族、部落、家族村社则依然在互相征服或完全封闭的情况下自行发展。在这种情况下，越来越强大的民族就越具有吸引力和稳定性，当然其征服的力量是最主要的。而大量的部落、家族、弱小民族未等成熟或发展起来就归并到某些已经强大或发展起来的民族名下。所以说民族壮大的历史同时伴随着民族的减灭。

第二，民族发展史正如社会发展史一样，在它向前行进的过程中总伴随着一些倒退。所不同的是：在封建主义制度和资本主义制度下民族倒退的情况更加明显。如果说在黑暗的中世纪野蛮民族的"铁蹄"曾使一些高于它的文明民族遭到毁灭，那么资本主义却以"头等"文明民族最残忍的手段毁灭了一些落后民族；如果说前一种毁灭并没有使那里的文明连同肉体一块消失，那么后一种毁灭却使现代人类社会的文明多样性遭到根绝；如果说封建社会的民族征服表现为一种对高等文明和其财富的向往和占有，而并不有意剥夺民族自身的存在甚至最终归并了高等文明民族，那么资本主义社会"高等"的资产阶级民族对落后民族的征服不仅表现为财富的占有，而且是对落后民族生存权的绝对剥夺，甚至是野蛮人作不到的种族灭绝和民族屠杀。这方面的例子举不胜举，如美洲印第安人部落的毁灭，澳洲土著居民的消亡，非洲一些黑人部落的几近灭绝都是永远抹煞不掉的历史证据。马克思早在 1853 年 7 月在《不列颠在印度统治的未来结果》一文中就说：

"相继侵入印度的阿拉伯人、土耳其人、鞑靼人和莫卧儿人,不久就被印度化了——野蛮的征服者,按照一条永恒的历史规律,本身被他们所征服的臣民的较高文明所征服。不列颠人是第一批文明程度高于印度因而不受印度的文明影响的征服者。他们破坏了本地的公社,摧毁了本地的工业,夷平了本地社会中伟大和崇高的一切,从而毁灭了印度的文明。"① 在今天的资本主义世界里这一条不以"高等文明人"的主观意志为转移的规律依然在起着作用。

第三,在物质生产力极其低下的情况下民族的发展在很大程度上受自然条件的制约,但或许它会产生两种作用:一种是民族的发展的确受到影响,一种是为了寻找更好的生存环境而举族迁徙或征服其它更有吸引力的地方。从本质上说这种民族的迁徙和征服促进了各民族的交往和发展,使新的技术和发明得到传播,商品经济也在交流中得到发展。但无论如何当时的社会物质财富的总量是有限的,越是具有开拓和冒险精神的民族发展的机会可能越多一些。于是,一些地区的一些民族超乎寻常地繁荣起来,而后来工厂和交通的建立,使地理优势变得不那么重要,重要的是这些"发达的"民族国家要去寻找那些未开发地区的"落后的"民族或国家,而强大的国家和战争机器成了他们肆无忌惮的后盾。从此,落后民族和国家的财富开始流向那些发达的国家,它造成的后果是发达的国家越来越发达,落后的国家越来越落后;强大的民族越来越繁荣,弱小的民族越来越落后,使世界上民族繁荣与民族落后同时存在。资本主义造成的结果就是把世界分为了两部分:一部分是穷人,一部分是富人。在一个国家和民族内部同样是以财富的占有来划分人的归属的,民族的属性在物质财富占有权面前退居第二位。世界最红的、最富有的摇滚歌星迈克尔·杰克逊不是用手术把自己的黑皮肤变白了吗!类似的改

---

① 《马克思恩格斯选集》,第 1 卷,768 页,北京:人民出版社,1995。

宗换族、改形换姓以"染"上一层有钱阶级的色彩的行为和手段举不胜举。它也从反面说明：阶级的利益开始高于民族的利益，尽管有时这两者的关系呈现出复杂交错的情况；国家的统一开始高于民族的统一，尽管一个民族也可以组成一个国家，但世界上绝大多数国家是多民族组成的。由于国家在国际政治活动中的独立地位和在国际经济运行体系中的合法资格，使独立的民族国家不断得到加强，突出的一点就是国内各民族的统一和融合得到政治、经济、文化上的强力支持，这也预示着民族的统一和分裂成为现、当代民族发展的新主题。

第四，在现代世界史上，任何民族的发展与拥有一个独立的强大的民族国家是分不开的，这也是资本主义政治经济发展的规律决定的。应该说明的是资产阶级的民族国家与奴隶社会和封建社会的国家在解决民族与国家关系上是不同的。从客观上说资本主义生产方式打破了民族壁垒，促进了民族统一和融合的发展趋势，用马克思主义的话说："历史中的资产阶级时期负有为新世界创造物质基础的使命。"但这是在资产阶级用血与火来实现的。它是用先占为主、殖民统治、武装入侵、斩尽杀绝、强行买断，甚至给那些弱小民族带去鸦片、毒品、瘟疫、性病等等手段，使其最终衰落灭亡。

特别是19世纪自由资本主义自由竞争时期，资本主义国家是发展了，其聚敛的财富惊人地增加了，但统治阶级与被统治阶级、压迫民族与被压迫民族之间的矛盾斗争也更加尖锐。于是，被压迫民族寻求独立，殖民地国家的人民要求解放的斗争历史性地提到了议事日程上来。同时，新"发迹"的资本主义国家和老牌资本主义国家之间的争夺也伴随着"新老不断交替"的规律以各种方式进行着。这两种斗争趋势导致世界范围新的民族统一的国家出现与旧的多民族国家的分裂时时发生。

社会主义革命与本世纪初开始的民族民主解放和独立运动结

合在一起，它的目的依然是实现了民族统一，建立社会主义国家。但社会主义国家实现的多民族的统一并不是从此与以往民族压迫的历史一刀两断，当社会主义国家由于各种原因未能实现民族发展的历史要求时，它就会出现民族分离的潜在可能，从这个意义上说，苏联和南斯拉夫多民族国家的解体依然是民族独立与发展的历史要求与这种要求无法实现之间的矛盾斗争的结果，它的悲剧意义在于，社会主义制度从理论上说是完全可以满足各民族发展的历史要求的，但由于它的幼稚和不完善使本来应该完成的历史伟任没有完成。历史的合理要求与实现这种要求的制度的配合之间发生了矛盾，导致了这种伟大结合的破裂。

从另一个角度说，全球范围的帝国主义争夺世界市场和霸权地位的斗争也是导致苏东解体、民族分离的一个世界原因。显然，民族独立、民族统一和民族发展的历史使命并没有结束，而帝国主义瓜分世界，以种种花样翻新的手段继续剥削世界落后国家和民族的历史也没有结束，它必然想方设法使所有独立的、阻碍其瓜分和剥削行为的国家和民族走向分裂或衰落。这是资本主义世界的统一行动，就象蚊子必须吸血才能活下去一样；它尤其不能容忍社会主义从根本制度、从精神实质上对它的批判和否定。于是，斗争就是必然的、残酷的，那么新生的具有历史必然性的制度被反动的但还没有完全丧失历史必然性的制度暂时击败，更带有历史启蒙的悲壮性。因为，"只有在伟大的社会革命支配了资产阶级时代的成果，支配了世界市场和现代生产力，并且使这一切都服从于最先进的民族的共同监督的时候，人类的进步才会不再像可怕的异教神像那样，只有用人头做的酒杯才能喝下甜美的酒浆。"[1]

在不同的文明形态下，民族发展与消亡呈现出矛盾、交叉的

---

[1] 《马克思恩格斯选集》，第 1 卷，773 页，北京，人民出版社，1995。

局面是任何事物发展的必然现象,但历史呈现出的辩证规律的目标是指向人类社会由低级向高级、由落后到进步这一必然方向,因此,虽然文明的进步是曲折的,有时甚至出现倒退,但它总是不断地迂回前进,螺旋上升。请不要忘记:没有哪一次巨大的历史灾难不是以历史的进步作为补偿的。

二、多元——文明进步的民族基础

一方面是保护民族独立与民族传统,一方面是民族独立和传统面临被融合

尽管世界上有着不同的文明类型、不同的文明层次,但无论哪一种文明,它都是生活在这一文明区域的各族人民共同创造的,可能有些民族在文明进化的过程中消失了、同化了,甚至像克里特这样辉煌的古典文明在瞬间被毁灭了,但他们对整个文明史的丰富性和多样化起到了不可或缺的作用,可以说每一个民族都是这种文明中唯一的"这一个"。今天这种文明可能被冠以某一地域(如中东文明)、某一民族(如中华文明)、某一国家(如印度文明)、某一宗教(如基督教文明),但实质上它是文明发展的综合产物。

首先,只要是在人类文明史产生以后存在过的民族,无论它今天存在与否,属于它存在过的那个文明中,就包含有这个民族对这个文明进步的贡献。因为,文明的进步是一切人类创造发明的积累,是一切与其发生过联系的民族中的进步因素的无条件吸收。我们可能从一种文明的整体构成中无法区分出哪一些是属于哪一个民族,或因为某一个民族已经消失而无法确证哪些文明的因素是属于他们对人类文明的贡献,但不容否认,他们中优秀的文明成果早已成为其文明的构成因素。如被火山爆发而毁灭的克

里特文明,尽管这个"发达的"爱琴海文明的典范不存在了,但它在古希腊文明和地中海文明中,我们随时可以看到它的影子。

其次,先进和落后民族的历史发展过程是变化不定的。在奴隶时代强大的民族到了封建时代可能变的弱小起来,而在封建时代弱小的民族到了资本主义阶段可能就强大起来;因此,对文明的贡献绝不能以强大民族为标准,更不能以今天是否是发达民族为尺度。文明的积累正如百川归海一样,正是无数涓涓细流汇成江河,离开其中任何一支,都是总量上的绝对减少;而丰富性正是文明不断发展的首要前提,任何一个不能累加的、单调的文明不可能存在下去的。

其三,任何一个现存的文明类型中,包容多种民族文明的成果,这是这种文明存在下来的主要原因。事实上,当今世界文明中,无论是"六种说"还是"四种说",都没有纯而又纯的、与其他种类文明本质不同的文明,除了人具有的共性是文明相通的基础条件外,在漫长历史中各族人民之间的经济往来、战争吞并、婚姻交流、文化渗透,都是各种文明混合的表现。当然,文明间有差异,但这种差异并不是来源于文明的高低,而是来源于民族历史传统、宗教习惯的历史差异,而且,这种差异并不是以某一个民族的独特性为主,差异本身就是多民族特性综合反映到文明上来的,这才构成一个文明整体性和多样性的统一。如果说文明的丰富性是一种文明发展的首要前提,那么,多样性就是一种文明存在的首要前提。

其四,不同历史阶段、不同文明程度的民族对文明的影响是不同的,有时甚至滞阻了文明的正常进程。如15世纪蒙古帝国对整个欧亚大陆文明的影响。但是,从文明发展的整体运动过程来看,落后民族的文明最终自然融于先进民族的文明中。因为,人类文明的本质就是一切人类创造和进步因素的积累,人类社会也趋向高等文明。如果我们把某一类型的文明的发展分成几个不同的成熟阶段,会发现在某一个成熟阶段的顶峰,必然出现一个巨大的历史变动以促进过于"成熟"而陷于滞重的文明,正如一个老枝上必须结出新芽才能不断发展一样,相对落后、年轻的异类民族的文明对成熟文明的入侵,往往起着类似变化的冲击力的作用。正如被古希腊和罗马人称为"蛮族"的日耳曼人,改变了"日益堕落"的罗马人的血液;正如被罗马人和日耳曼人称为"上帝之鞭"的匈奴人,推动了安逸的帝国的分裂和更新,正如蒙古人的入侵和统治,改变了罗斯人的性格,使这一年轻的民族国家具有了极强的扩张性。但无论入侵的民族当时在军事上多么强大,他们不久便被更高的文明吸引,并留在当地,融合在当地人之中。

直到近代以前人类文明史就是在这样一种不断争斗、相互交流、彼此融合中发展着,资本主义民族国家产生以后,这一自然的历史进程被资本主义发达国家依靠强大的军事力量改变,资产阶级的贪婪本性使他们不是要融合于不同文明中,而是要消灭在他们看来是落后的民族和文明,他们对落后民族进行的种族灭绝和贩买奴隶的历史是人类文明史上最黑暗的一页。直到今天,那些无论号称多么文明、民主、自由的资本主义发达国家,都不能抹去他们文明史上耻辱的记录。

在当代世界文明发展的过程中,文明的多元化与民族的多元化构成了人类文明发展的特点,而只有民族多元化才能有文明的多元化,只有文明的多元化才是人类文明不断发展的生命之源。

由简单走向复杂,由单一走向多元是文明发展的历史特点。因为,文明是生活在地球上所有民族共同创造的财富,而各民族创造文明的丰富性正是走向多元文明的基础。

第一,各民族发展过程中与其他民族发生的必然交往活动,是构成民族多元化的基本内容。这种交往是客观的,又是历史的,并在不断增加的交往中获得新的发展。其中其他民族优秀的劳动方式或文明手段已经融合在本民族的发展当中;一个完全独立的、只靠自己成长而没有外界一点影响的民族是不存在的,尽管人类学家和考古学家偶然在非洲森林里发现一个保持最原始生活方式的人群,但不要忘记他们在生存的时间里几乎没有获得发展,不具备一个民族的完整意义。

第二,社会生产方式的扩展与民族社会生活领域的扩大是构成民族多元化的主要原因。其实在民族发展过程中接受和融合其他民族的物质、文化乃至血缘方面的影响是自然的历史过程,特别是在一个民族扩展过程中,是一个民族发展的标志。如果一个民族拒绝来自其他民族的任何影响,他根本就不会发展壮大起来,这是任何一个部族头领都明白的道理。问题是当近代民族主义与国家独立联系在一起以后,民族的纯洁性才被提出来,加上宗教矛盾和冲突,使民族扩张和保护民族独立成为各个民族同时面对的两个问题:民族扩张同时要保护民族与宗教的纯洁;保护民族与宗教的纯洁同时又要扩张。于是,民族的相容与宗教的宽容逐渐出现,今天多民族国家的形成就经历了这样一个过程。

第三,民族的多元化是当代先进民族保持其发展的必然结果。因此,任何一个不想因保守、孤立而走向衰亡的民族都必须主动接近和走向民族多元化发展道路。但对于弱小民族来说,认识这个规律和自觉适应这个规律却是两个问题。人类学家们似乎把保持他们的民族独特性看成是民族存在的必须选择。比如"修筑了水坝,使每天黄昏唱情歌的人们无处可去,这一民族最著名的习俗就可能消失",这是多么可怕的事情。然而,更可怕的是民族的发展权利被忽视了。

目前民族的多元化的发展进程正处在与民族独特性和地域性消失的历史阶段,如何使本民族壮大和发展,在民族多元化过程中迎接和挑战各种激烈的斗争和冲突,一方面是保护民族独立与民族传统,一方面是民族独立和传统面临被融合的危机。然而,这就是民族发展的历史,这就是文明前进的步伐,发展中融合,融合中发展,并最终走向几大文明体系共存的历史阶段。

三、统一——文明的统一与民族的融合

西方一些学者提出"文明冲突论"的用意,是有意歪曲文明差异间的正常矛盾,引起国家和民族仇恨。

从文明发展的历史看来,到了资本主义阶段,尽管文明似乎达到了一个前所未有的高度,但资本主义文明对其他文明的不宽容超过了以前任何时代,根本原因在于资产阶级的绝对利己主义和资本主义私有制对财富的疯狂追求。如果说近代以前,国家间的侵略表现为对更高文明的向往并乐于接受,那么资本主义却是以最高文明代表者的姿态,将它占领地的文明予以消灭。它把文明间的差异看作是与资本主义文明抗争的原因。

然而,文明间的差异正如生长在不同气候带的植物一样,是在自然环境和生活在那里的民族改造自然环境的历史过程中形成的,对民族而言,不同民族可以生活在同样的文明类型下,同一民族也可以生活在不同的文明类型下,民族差异并不必然表现在不同文明类型上。这是因为,文明的"覆盖性和放射性"超越了民族。文明的形成是在一个比部落民族形成过程更为广大的范围内出现的,特别是在同一地域环境中生活的民族,生活习俗与传统文化的接近,使他们更容易生活在一种文明类型之下。

人类文明进化到今天,形成几大代表文明区域:以中东为代表的伊斯兰文明区域、以欧洲为代表的西方文明区域;以中美洲为代表的安第斯文明区域、以俄罗斯为代表的斯拉夫文明区域、

以中国为代表的中华文明区域，这些文明区域是其他亚文明区域的母体，或说他们周围的子系文明都源于这几大文明。能够形成这几大文明代表区域的原因主要有：

第一，主流文化传统意识的形成。在相近区域生活的民族，彼此对一种占据主导地位的文化传统表示认同，是构成代表性文明的主要条件之一。如以俄罗斯文化为代表的斯拉夫文明和以汉文化为代表的中华文明。

第二，经济发展核心的形成。一个文明代表区域出现必须产生一个经济发展中心，以带动相近区域民族的发展并形成向心力。如以西欧为代表的欧洲文明和以中东为代表的伊斯兰文明。

第三，经济发展核心的形成也往往是文明代表区域的政治中心形成的条件，正如西欧和中东既是欧洲和伊斯兰文明区域的经济核心，同时也是政治中心一样，它在民族国家形成过程中发挥越来越重要的作用。正如哈布斯堡逐步被巴黎所取代一样，政治中心的转移也具有明显的文化转移的效用。

第四，稳定的宗教传播区域形成。共同的宗教信仰是构成文明代表区域必不可少的条件，而长期稳定的宗教传播区域的形成必然巩固了文明核心的作用。像西欧天主教和俄罗斯东正教的传统属地，也正是其文明代表的核心。

但是，人类几大文明类型之间并不是有一条天然的屏障，或彼此间无法交往，而是相互交融、彼此重叠、互有促动的，问题在于，不同文明类型的国家和民族或同一文明类型的国家和民族选择了什么样的制度和发展道路，使民族和国家间的冲突带上了文明差异的特点。特别是在 20 世纪末，由于苏联东欧社会主义国家的垮台，使原来按制度和阶级划分的国家界限，重新被民族和地域所取代，而民族和地域差异最带有传统文明的色彩，于是，人们自然把在这些国家发生的和即将发生的冲突看作是文明间的冲突，它似乎超越了阶级和制度之争，其实质还是属于哪个阶级、哪个民族的文明之争。

首先,文明之间是有差异,但文明的差异并不是一种文明消灭和占领另一种文明的理由。文明之间的差异将是长期的,并在长期发展中以自然的进化方式达到共同进步,任何强迫的人为消灭差异的作法都违反文明自身的发展规律,必然引起不同文明国家和民族的反抗。

其次,尽管今天的世界比以往文明的多,但仍然广泛地存在着先进与落后、发达与不发达文明之间的矛盾,如果持有先进或发达文明一方,以其他国家或民族落后或不发达为理由,进行侵略或剥削,必然引起文明间的冲突。事实上,西方发达国家采用新殖民主义政策对广大发展中国家进行剥削,引起发展中国家的普遍反对、对抗,正是对这种"文明"掩盖下的利益侵占的反抗,是对那些摆出一付"高等文明人"的样子的霸权面目的揭露。

其三,广大发展中国家主要集中在世界南部,而发生社会主义革命的国家也都是不发达或落后国家,这就使文明的冲突更带有明显的制度和意识形态的特点。"先进的盎格鲁—撒克逊文明"并不是与伊斯兰教文明体系、还是儒教文明体系不能共存,而是后两个文明体系下的国家与民族要走自己的发展道路。况且,这两个文明体系并不是如此地落后于西方文明,相反,它们文明的历史是遥遥领先的。如果说与斯拉夫文明体系的争斗还有些历史原因的话,盎格鲁—撒克逊文明体系与儒教文明体系互不相干,自我发展了几十个世纪,为什么今天就非要发生冲突呢?恐怕还是西方高等文明容不下不同的制度与意识形态。

其四,文明发展到今天,资本主义文明的利己主义使它对其他可能发展起来与它竞争的文明国家和民族进行压迫和制裁。在这个问题上,即使是同一文明体系的资本主义国家之间也是如此，差别只是哪个是更直接的敌人，哪个是潜在的对手而已，文明的冲突只是给资产阶级贪婪的利己主义面目涂了一层"高等人"的油彩，它更清楚地告诉人们：抢夺和占有是资产阶级"高等文明人"的本性。

但是，文明世界发展到今天这样的高度，不同类型文明之间的往来如此密切，以致全球各地生活的人们的状况随时都在各种传媒中反映出来。于是，不同文明圈具有的传统文化和价值观就对世界各地发生的事情产生不同的认识并影响它采取的行动，由此引起的冲突是不可避免并越来越频繁。在冷战结束后，制度和意识形态上的对手消失了，而广泛存在的这种传统文化和价值观上的冲突便浮出水面。

然而，文明间的这种差异导致的冲突是伴随着文明史的产生而产生的，并且是文明间交往的普遍形式。今天与以往历史的不同点在于：这种冲突由于信息传媒的发展，在更为广泛的领域、更为具体的事件中引起碰撞，人们随时都会感到另外的文化和价值观的影响，这也必然引起不同文化传统和价值观之间的强烈摩擦。应该说，这是文明历史发展的正常现象；问题在于，当这种文明间的差异正好与政治制度、意识形态、宗教信仰或潜在的对手相吻合，就在这种文明间的表面冲突下，掩盖着更为尖锐的政治和利益斗争。

更深层次的问题在于，把文明冲突提到国家和民族间冲突的根本原因，就会在国家和民族间引起广泛的警惕，使仅仅是为一小部分人的利益而导致的冲突带有了全民或国家利益的色彩，并以此迷惑广大的人民，让他们以为这是不可避免的、每个人都将遇到和面对的问题。这才是提出"文明冲突论"的真实含义。显然，这种观点是为政治和阶级利益服务的。因此，我们也可以看出文明冲突论的用意，是有意歪曲文明差异间的正常矛盾，引起国家和民族仇恨。提出这种理论本身就是对文明的犯罪。

在今天，承认文明间的差异，正确认识文化传统和价值观间的矛盾，是文明发展与提高的进步。即使是文明间产生冲突也是相互作用的必然现象，除非文明系统之间完全隔绝，但这是根本不可能的。我们以一种尊重别的文明价值观的态度，即一种平等的文明态度对待其他文明，就会在冲突中找到合理性，取得进步，获得发展，而不是发现对立，树立敌人，制造战争。

第五章 文明与宗教

一、宗教——人内心的渴望与叹息

在人类文明发展史上，宗教占有特殊的位置，它是人类早期思维情感活动必然阶段的产物，原始宗教把人类对周围世界的不理解，转变为可以理解的情感世界，并用万物有灵来解决人与自然的对话，表达自己的愿望。正像古代各民族在想象中、在神话中经历了自己的史前时期一样，古代人类是用自己想象的、情感的世界代替真实的世界。宗教的系统化发展与阶级和国家的产生有密切的关系，尽管今天的宗教起源于原始宗教意识，但已经与人类早期神话意识阶段的"万物有灵"根本不同，今天的宗教基本上转化为一种文化政治现象。

理解宗教在人类文明发展过程中的重要作用，就必须追溯宗教的起源，因为原始宗教的发生与早期人类思维情感特征有密切关系，这在某种意义上，正是对人类文明起源的追溯。如果说文明代表了人类精神意识的物质实现过程，那么，"宗教是人的本质在幻想中的实现"，而在人类早期，人的本质并不具有真正的"现实性"，也就是说，人类还没有进入真正文明史的阶段，因为，确证自己的本质的人的创造物是微乎其微的，只有在想象的、神话的世界里寻找精神抚慰的那个世界。在近代启蒙运动和科学意识普及以前，信仰基督教、伊斯兰教等一神教的人们一直把宗教代表的意志以民族甚至国家的意志表现出来，以至在古代和近代，宗教一直扮演着不同文明间冲突的主要原因之一，这正是因为不同宗教信仰的人们对如何寻找自我意识、实现自我价值的方法途径的冲突的反映，如十字军东征、以东正教为代表的泛斯拉夫主义和以天主教为代表的盎格鲁一撒克逊体系的斗争。当然，这些重大的民族或国家间冲突的实质并不是宗教意识的不相容，而是为掩盖经济的、政治冲突的表面形式，但能够以宗教的名义唤起人民的支持反映出宗教在政治、经济冲突中的特殊作用。建立神的世界和建立人的世界其实是一个东西。因此，宗教的起源从一个方面揭示了文明的起源。

那么，从宗教起源当中我们可以探讨哪些与文明起源相关的问题呢？

首先，只有人类才能创造出文明，而人类只所以能够创造出文明，是因为人能够从事自觉的劳动活动。所谓"自觉"，就是在意识支配下的、集体的劳动生产行为，它超出了动物式的、直接与生命活动相关联的捕食行为，而是社会式的、计划式的生产活动。宗教起源反映了人在成为自觉的劳动者前后精神思维经历的演变过程，人类是自然的"儿子"，但当人类产生了意识以后，他并不认为正是他的劳动创造了他自己，他想成为自然的主宰，就要创造一个超自然的主宰"神"，为自己精神意识的发展寻找一个庇护所。宗教意识的起源揭示了即将进入文明史的人类的精神思维发展过程。

当然，我们在这里指的是早期宗教，或是原始宗教，从严格意义上说，这时期的宗教与后来产生的正统宗教信仰有着本质的区别，究其原因：

第一，早期人类相信万物有灵的泛神论，这与一神教的产生及原则有着本质的区别。早期人类的精神思维处于无逻辑状态，人并不知道巨大的神秘的自然力量的爆发与人的行为没有关系，而企图用情感的方式取悦、平息、转移自然力量或自然灾害，他并不信仰什么单一神灵，也不需要宗教式的说教使他相信神是从哪里来的，他根本就认为周围万物都有与他一样的喜、怒、哀、乐。这在正统宗教里是不能容忍的，"泛神"意识的结果是使"神"世俗化，这也就是为什么一神教产生后排斥民间仍然流行的带有"泛神"色彩的原始宗教，如萨满教、图腾崇拜等。因此，原始思维与文明思维有着从量变到质变的区别。

第二，原始宗教以巫术和图腾崇拜为主，而正统宗教则排斥巫术和多神崇拜。英国著名人类学家弗雷泽正确地指出巫术的含义："早在历史初期人们就从事探索那些能够扭转自然事件进程为自己的利益服务的普遍规律。在长期的探索中他们一点一点地积累了大量的这类准则，其中有些是珍贵的，而另一些则只是废物。那些属于真理的或珍贵的规则成了我们称之为技术的应用科学的主体，而那些谬误的规则就是巫术。"[①] 图腾崇拜是和一个民族的族源传说与自然环境有关系，不能想象南方海边生活的部族崇拜北方的狼图腾，也不能想象生活在北方草原上的游牧民族以某一鱼类为部族标志。因此，巫术的发展轨迹与宗教的发展轨迹是两条路，只是在精神需要和信仰需求上它们是相同的。

第三，原始宗教的崇拜方式是动作化的，他用于与神灵沟通的途径是某种祭牺、动作、咒符、自残、附会、接触等，而正统宗教是依靠祈祷来感动超自然力量的帮助，并由专门的神职人员来进行。因此，"巫术断定，一切具有人格的对象，无论是人或

[①] ［英］弗雷泽《金枝》上册，77页，北京，中国民间文艺出版社，1987（弗雷泽在更为广泛和细致的领域探讨了原始宗教的起源，他对收集到的材料的细致分析和哲学化的推理，给我们留下了深刻的印象，但如果我们这样去撰写我们的人类学著作，我们可能遭遇到学术传统和阅读习惯的双重困难）。

神,最终总是从属于那些控制一切的非人力量。任何人只要懂得用适当的仪式和咒语来巧妙地操纵这些力量,他就能够继续利用它。"[1] 正统宗教有较完整的理论,并维护一神的绝对权威。

如此看来,在原始宗教产生和存在的时期里,人类精神思维还处在"神人合一"阶段,思维方式还停留在原始的非逻辑阶段,它与文明的、理性的思维方式有着根本的区别,可以肯定它是文明史前的阶段,是非文明的文化,是文明走上历史舞台前的序幕。

其次,在早期宗教阶段,人们为追求对超自然力量的控制所进行的不懈努力,在一定意义上是文明之后的起源,这种不懈努力朝着两个方向发展:一个就是科学技术,一个就是正统宗教。早期宗教是人类精神思维成长发展的萌芽,尽管它的思维形态还处于混沌阶段,但毕竟还是反映了人类企图了解事物因果关系,掌握自己的命运的愿望。这在后来成为人类创造文明的动力。

人从猿类向人类转变,即在不断克服动物本能,向统一的群体、统一的认识过渡,在一定阶段上,精神思维的早期形态产生了,无疑,它是劳动过程中产生了互相交流经验和信息的需要引起的,一旦这种交流形成固定的反映模式并得到其他成员的认可,它就成为一种思想情感,进而引发更复杂的思想情感交流的需要。但这个时期的人类完全受制于自然,因此,他与自然的关系与其说是认识性的,不如说是情感性的,即使在劳动生活中获得了一些经验性认识,也往往打上崇拜、恐惧、信仰的印记,人的意识在对自然的无奈中充满了情感色彩。据考古学家和人类学家研究,早期人类是食肉动物最容易攻击和获得的食物,因此,在人类神经遗传中对食肉动物的恐惧是与生就有的,在发现的一些大型食肉动物的洞穴里,往往埋有大量的古猿骨头,上面留有

---

[1] [英]弗雷泽《金枝》上册,79页,北京,中国民间文艺出版社,1987。

牙齿啃咬的痕迹,据此,美国加利弗尼亚大学教授理查德·科斯认为,人类的祖先在走出非洲丛林时,并不是手拿长矛与飞镖的猎人,而是诚惶诚恐的猎物,与食肉猛兽相比,灵长类动物体格弱小,行动迟缓,往往是它们垂涎的猎物,在面临绝对弱势的情况下,人类不得不努力学会沟通,创造传递情感的语言,以便组织起来,相互帮助,战胜各类天敌[1]。在拉丁美洲的一些人类学考古发现中也证实了这一点。

假如说古人类就是被逼无奈,只好强迫自己适应群居生活以获得共同保护的力量,那么,他们首先需要的是交流感情,而交流感情首先需要有交流的方式,而交流方式必须首先具有一定的相互可以理解的载体,这就出现了以物形象征或符号象征的早期语言阶段。在这个阶段发展到成熟期,出现图腾崇拜就不足为怪了。但即使是发展到血缘氏族时期,人类在强大的自然灾害和凶猛的兽群面前依然是软弱的,企图理解、拥有、支配猛兽般的力量成为那时人类的梦想。

早期人类思维情感的这一特点,是人类不自觉地从想象中获得精神胜利的唯一途径,因为,当人处在毫无自主力量,听任自然的摆布时,人的思维情感必然是恐惧、压抑、渴望、祈求的,而对巫术或图腾的崇拜与信仰,会产生一种人与自然、动物的交感作用,从而肯定人的位置,形成集体的心理平衡,使人在与周围世界的交互作用中保持自信与满足的需要,不至于在外界的绝对压抑下而彻底失望。因此,早期宗教的产生是人类在其精神思维发展中克服的第一个困难,取得的第一个胜利。尽管他为自己设定了一个一厢情愿的答案,但毕竟有了一个答案,有了一个纯粹主观上的认识模式。

---

[1] 高峰:《求生存迫使人类开发大脑,人类进化是被野兽逼的》,载《环球时报》,2002—09—03。

可以肯定，早期宗教的产生是有其必然性的，它不是某几个天才人物的偶然发挥，更不是真有什么神灵的启示，实实在在的是人类早期思维情感发展必须经过的一个阶段，是一个自我意识唤醒的阶段，他以相信万物"通灵"开始，到相信真正的超自然神灵的存在为继，到相信科学知识为止，表明，人类思维情感的进化历史进入了高等文明阶段。那么，在它真正进入文明的思维情感阶段前，原始的思维情感是文明的思维情感的萌芽，正如原始宗教只能是人类蛮荒时期的产物一样，它是人类无知的结果，是文明的序幕，它不能写入正剧，但不能没有序幕。

二、诸神——矗立于不同文明圈内

从宗教的起源来看，早期宗教无疑是文明发生的一个重要"内部因素"，即是说，它是人类精神思维萌动和成长的一个必然阶段，它采取的巫术和图腾崇拜的方式，在今天用文明思维看来是十分荒谬的，但从人类早期意识发生学的角度看，这个非逻辑的混沌阶段是不可回避的。这就自然把宗教包括在整个人类文明史的范围内。

今天，我们一般把宗教划归意识形态，从文化范畴去研究宗教。其实，宗教成为一种文化的历史并不长，只有当代宗教能够成为文化的研究对象时，人们才从文化角度看待宗教，这恐怕是20世纪以后的历史。当原始宗教逐步被正统宗教取代后直至近代以前，无论是基督教还是伊斯兰教始终是信教国家、信教民族政治经济生活中最重要的事情，这种情况一直延续到近代。因此，一个国家、一个民族的宗教文明代表了这个国家、这个民族文明的重要方面，正如研究印度文明必须研究佛教产生的历史一样，当然，研究印度文化也无法回避印度佛教文化，但显然，从文明范畴研究和从文化范畴研究不仅所探寻的目的不同，而且研究本身的开始时间也是不同的，前者是揭示宗教在文明史中的作用，后者是阐述宗教在文化发展中的作用，前者的研究始于文字记载的历史，后者的研究始于宗教被看作一种文化现象。事实上，宗教的作用远远超出了文化的范畴。

首先，正统宗教与原始宗教的联系仅仅表现在主体和形式上，或说只是在崇拜者和信仰的精神需求上一致，而在产生的原因及本质上原始宗教与正统宗教有根本的区别。因此，从文明角度说，原始宗教的起源与文明的起源有密切的联系，而正统宗教的产生却是真正的文明产生以后才出现的，或说真正进入文明时代，正统宗教才产生。区分原始宗教与正统宗教的意义在于：原始宗教是早期人类精神思维活动的主要方面，是人类文明起源的一个重要精神思维的经历过程；正统宗教是人类文明思维的产物，是人类探索理性畸形发展的结果，也是人类文明史的一个重要方面。

其次，宗教之所以是构成文明史的一个重要方面，是因为宗教在近代以前的人类文明史中扮演着极其重要的角色，它不仅表现为政治制度的一个重要方面，而且表现为意识形态的一个重要方面；它不仅在教育方面发挥绝无仅有的作用，而且在经济领域同样具有举足轻重的作用。把宗教放在文化范畴里是根本无法概括和准确认识的。到近代以后，工业革命使人类对自然界的认识发生了一个质的飞跃，宗教的地盘逐步被科学所占领，人们才开始更多地从文化意义上了解宗教。我们没有把宗教排除在文化范畴外，但必须指出它是一种特殊的文化，并曾经起着文化根本起不到的作用。这也是为什么在文明与文化之外，我们还要单独探讨文明与宗教的关系。

其三，由原始宗教发展到正统宗教，大约经历了 50 万年，而佛教、基督教、伊斯兰教三大宗教，最长的历史也不过 2600 年，就是说，在过去的大部分时间里，人类处在精神思想的幼稚阶段，相对几十万年，两千多年的历史仅仅是一个开始，也就是说，人类理智思维和非理智思维发展的历史并不久远，尽管如此，人类理智思维的确经历了一个又一个飞跃式的发展，当然，非理智思维也以更加世俗化的形式和貌似科学的公允接近人民。因此，原始宗教的巫术和图腾崇拜在文明史前期有着极其重要的研究价值，而正统宗教都是在青铜和文字产生以后出现的，可以称作是文明时期的宗教。但文明的宗教并不是说宗教的文明，而是指正统宗教是在真正人类文明产生以后产生的，是相对与原始宗教而言的。

那么，应该如何看待文明时代产生的宗教的文明呢？

第一，文明产生的标志是人类开始用理性处理自己与周围万物的关系，但是在文明产生的低级阶段，人类改造自然的程度十分有限，因而理智的发展也是片面的，他不可能对周围万事万物做出正确的认识，这就为正统宗教的产生提供了客观条件。因此，正统宗教也是文明初级阶段的必然产物，正如原始巫术和图腾崇拜是早期人类精神思维发展必然经历的阶段一样，正统宗教的产生也是文明早期人类从精神思维角度对周围万事万物因果关系的理论回答，尽管它的回答脱离了客观实际，但它符合当时人类理智思维的主观实际，因此，它是文明的产物。宗教从另外的方面证实了人类理性思维的发展轨迹，以想象的事实证实了人的大脑不同于其他动物大脑。如果把宗教排斥在人类理性范围之外，就好象把刮风下雨的异常天气排斥在天气之外一样，它就不是人类理性的全面反映。

第二，正统宗教也是一神教，它产生的时代，人类社会已经进入阶级社会，完整的国家形态也已经产生。假如宗教产生之初的本意并不具有阶级和国家意识，但当它成为一个国家的国教时，从内容到形式充满了阶级和国家统治的味道。它的神谱与天国里存在的等级意识，它维护一神教权威的不宽容性，都是君主专制主义的反映。因此，当宗教成为社会生活中主宰人们精神活动的惟一力量时，宗教是超文化的，对文明起阻碍作用。它使人的理性成为神的意志支配下的婢女，它使人的意志变为信仰的狂热，它使科学向搜寻灵魂不死与神的踪迹发展，它使人的现实愿望转变为来世的福禄，它使反抗变为呻吟，使控诉变为祈祷。正如马克思说："宗教是被压迫生灵的叹息，是无情世界的心境，正像它是无精神活力的制度的精神一样。宗教是人民的鸦片。"[①]

第三，从本质上讲，宗教与文明的进步趋势是背道而驰的，但人类文明史的发展道路，是一条充满了进步与落后、光明与黑暗、前进与倒退这样一个步履蹒跚、崎岖不平路线，它不存在理性的安排，只遵循事物发展的客观规律。从这个观点看，正统宗教从相反的方面促进了文明的发展。一方面，正统宗教对世界的不断探索，使它在荒谬道路上走的更远，其结果是导致科学精神和理论的产生；另一方面，宗教出于对其传播和发展的需要，成为文化的客观推动力量，打破了民族和语言界限，使不同文明得以互相影响，交流共进。当然，宗教的作用还不仅局限于此，就纯粹在文明中的作用而言，今天的宗教也不同于以往。穆斯林与伊斯兰教的关系是个体与全体的关系、是宗教与信徒的关系，因此，伊斯兰文明与伊斯兰教之间的关系是相互作用、渗透的。在前南斯拉夫，曾出现了一个以宗教原因划出的民族——波黑民族，并在1995年的波黑战争中获得了独立。尽管这是一个较为特殊的例子，但它说明即使在当今，宗教在社会生活的所有方面仍然起着重要的作用，当民族、国家冲突尖锐时，宗教甚至能够起到物质武器根本起不到的作用，那就是唤起民族精神，凝聚国

---

① 《马克思恩格斯选集》，第1卷，2页，北京，人民出版社，1995。

家意识的精神武器。所以,亨廷顿在分析西方文明与伊斯兰文明时,他把这种文明的作用看做是冲突的根本因素,他才会强调:"西方面临的根本问题不是伊斯兰原教旨主义,而是一个不同的文明——伊斯兰,它的人民坚信自身文化的优越性,并担心自己的力量处于弱势。伊斯兰面临的问题不是美国中央情报局和国防部,而是一个不同的文明——西方,它的人民确信自身文化的普遍性,而且确信,尽管他们的优势正在下降,但这一优势仍然使他们有义务把他们的文化扩展到全世界。"[1] 这是当今阿拉伯国家与美国为首的西方国家之间冲突的"文明原因",事实上,延续了上千年的基督教与伊斯兰教冲突全都反映在了亨廷顿的"文明冲突理论"中。

第四,在正统宗教的鼎盛时期,宗教的权威超过世俗政权,它觅集了大量的财富,聚集了不少有才华和学识的人,留下了极其丰富的宗教建筑和典籍,集中代表了那个时代文明创造的最高成果。我们透过这些充满了宗教内容的建筑与著作,能够确认人类智慧在盲目的信仰领域曾经达到的高度,欣赏人类才华在崇拜对象身上爆发出的绝顶天才,也可以理解人类对精神信仰需要的强烈程度。"宗教是这个世界的总理论,是它的包罗万象的纲要,它的具有通俗形式的逻辑,它的唯灵论的荣誉问题,它的狂热,它的道德约束,它的庄严补充,它借以求得慰藉和辩护的总根据。宗教是人的本质在幻想中的实现。"[2] 这也是宗教的作用在今天仍然具有广大市场的根本原因。

在探讨这个问题时我们要时刻注意,宗教文明的创造过程决不是一个情感自由发挥的过程,也不是创造劳动价值的生产过程,更不是上帝赋予他们灵感或支配人的肉体而实现自己的目

---

[1] [美]亨廷顿《文明的冲突》,241页,北京,新华出版社,1999。
[2] 《马克思恩格斯选集》,第1卷,1-2页,北京,人民出版社,1995。

的，而是带着虔诚赎罪的心理，惶惑渴求的感情，无怨无私无欲的付出，它与世俗劳动和文化创造者的主体意识有着本质区别：一个是为人，一个是为神；一个是要创造价值，一个是要创造威严；一个是创造者主体意识的自由发挥，一个是信仰者崇奉神的意志的表现；一个是为了现世的生活，一个是为了进入天国。正是这些差别，使我们在探讨宗教文明时，常常感到文明的扭曲，人性的践踏、理智的浪费、财富的无效利用。

无论如何，文明时期的宗教创造了一种只属于它的宗教文明，与文明的本质含义是背离的。如今，宗教的文明逐步成为一种人们寻找过去天真幼稚的思维、盲目的巨大情感的场所，即便是信仰某一宗教，很多时候也成为一种宽慰的无害，或民族精神生活的象征。人们看待宗教的权威就像人们欣赏可怕的悲剧一样，尽管感情经历了一次洗礼，但毕竟是与己无害的。与其说信仰宗教是相信神的存在、神的保佑和死后进入天国的许诺，不如说纯粹是一种精神慰籍的需要、一种寻求无约束的自由信仰的形式，或民族社会生活的传统要求，如果让现在的宗教信仰者回到中世纪宗教的专制与不宽容，强制信徒遵守宗教的教规、缴纳什一税，恐怕很多信徒会马上放弃他的信仰的。

然而，在不同的文明圈内，主神与神甫的位置是大不相同的，这表明不同文明对宗教的态度。如在中华文明中，宗教的位置显然低于世俗政权，从古到今即是如此。当阿拉伯人皈依了伊斯兰教后，伊斯兰教的作用不断得到加强，而且成为社会政治生活、文化生活、经济活动的核心之一。伊斯兰教经过三次大的扩展——十字军东征时期、近代在中亚和东非、以及20世纪下半叶在东欧、中亚新独立国家获得的胜利，显示出穆斯林国家在不断扩展，伊斯兰教影响仍然加大。伊斯兰教出现的这种情况有多方面的原因：

首先，伊斯兰教是"欠发达国家人民"的宗教，在某种意义上是"被压迫者"精神信仰的支柱,这主要是伊斯兰教起源时所倡导的教义和教规适应当时被压迫的穷苦民族的精神需求,主张一种团结精神、反抗意识、严格的生活戒律和自我约束,伊斯兰教本身主张的纯洁性和排他性,使它对保持同一信仰民族的民族意识和传统文化起到特殊的保护作用。因此,每当伊斯兰国家面临来自非伊斯兰势力的侵入或压迫时,伊斯兰教总能起到唤起民族团结精神和国家意识的有效思想武器。

其次,信仰伊斯兰教的国家都不是发达国家,这种非宗教本身的原因造成的共同性反过来加强了宗教信仰的共同性,也就是穆斯林之间的团结和支持。在新殖民主义的所谓援助下,发展中国家陷入了无法摆脱的债务危机和"技术资金依赖",导致伊斯兰国家对西方霸权主义的反抗。但是,任何民族主义都是一柄"双刃剑",极端的保守的民族主义不仅对世界和平造成威胁,也扼杀了民族国家自身发展的外部环境。

其三,从客观原因看,20世纪是人类历史发展最快的时代,也是资本主义生产方式得到高技术武装和资本主义精神得到巨大扩展的时代。然而,它同时也是贫富国家差距拉大,穷国比例相对扩大的时代;它同时也是"发达民族"和"落后民族"差距加大,落后民族比例相对增加的时代;它同时也是发达国家不断"发展出欠发达"国家并日益加重剥削,国家间冲突加剧的时代。如何有效地抵抗这种高等文明对落后文明的掠夺和侵入,这个问题正符合了伊斯兰教产生以来对基督教文明的抵抗历史,今天只不过是过去历史的继续。所以,所谓今天出现的"文明的冲突"其实是传统文明冲突的"新版本"。这无疑加强了伊斯兰教的排他性。

其四,伊斯兰教是三大宗教中最年轻的,它产生于中世纪前期,伴随着穆罕默德领导下阿拉伯人的统一,在公元8世纪得到迅速扩张,中东、北非、中亚细亚、西班牙并进入印度河流域,形成领土横跨欧、亚、非的封建军事大国。这一趋势在后来的三次扩张当中依然保持着伊斯兰教原有的反对异教徒所具有的神圣意义,而这个"神圣意义"与来自信仰基督教的西方文明国家的冲突中得到了超越宗教本身的支持,即民族国家赋予的正统地位,今天,伊斯兰教与阿拉伯民族国家具有更多的同一性。

在古代西方文明中,自从古罗马皇帝君士坦丁大帝在公元313年颁布米兰敕令,承认基督教的合法地位以来,基督教逐步在西方国家社会的所有方面发挥着决定性作用。自近代以来,基督教在社会生活所有方面的影响逐步降低,但在整个基督教文明圈内,宗教生活的作用仍然是重大的,不过,与伊斯兰教对社会生活的影响不同,基督教的影响主要存在于生活方式、文化传统和思想认同方面。如同你说"基督徒们"和"穆斯林兄弟们"会产生截然不同的效果一样,基督教的"精神价值和文化等级"这种抽象作用似乎更加重要,也许正是由于它的抽象性而加强了它的普遍性,基督教的信仰群体也在扩张。产生这种状况的原因极其复杂,除了文明自身的原因外,还需要从宗教本身的特点、信仰某一宗教的民族的特点,以及历史发展诸方面去探寻。

如果说中国有传统宗教的话,那应该是指道教。印度佛教由法师传入,大约是在公元一世纪初。佛教"对于中国人而言,性质上自是外来的东西,因此,它采取的是中国本土的一种哲学与宗教姿态,亦即道教的面目。此种拟态之所以行之有效,不仅因它也修习一种法会仪式以及一种与禅法相关的呼吸技术,而且也因它亦关心长生不老的问题——与道教一样。"[1] 这种从"禅"中理解"佛",的确看到了中国宗教文化的一些特性。在真正中国文化传统中,宗教的位置始终是低于世俗传统的。

---

[1] 高峰:《求生存迫使人类开发大脑,人类进化是被野兽逼的》,载《环球时报》,2002—09—03。

总之，在人类文明历史发展中，正经历一个看似矛盾的现象：一方面科学理性正在得到从未有过的发展和伸张，一方面宗教影响和信仰群体也在得到从未有过的扩张和发展；一方面教育和知识正在得到全面的提高和普及，另一方面信仰理性和缺乏正义正面临宗教信仰的严峻挑战；一方面自然规律和科学真理被发现、被确证越来越多，另一方面不相信自然规律和蔑视科学真理的越来越频繁。人类正在走入一个信仰的误区，好象又一次面临清醒前的懵懂状态。

三、信仰——既是宗教的更是科学的动力

一种谬误、一个谎言可能会永远蒙蔽一些人，也可能会暂时蒙蔽所有的人，但不会永远蒙蔽所有的人。文明的本质是理性与科学，是人类不断追求进步与发展的必然性；宗教的本质是非理性与伪科学，是人类在文明低级阶段实现自我的虚幻形式，因此，文明对宗教的排斥，来源于文明与宗教的本质对立。

文明对宗教的排斥甚至从正统宗教产生后就开始了，当人们遵从自然规律的引导，就发现正统宗教是强加的崇拜，与原始宗教的自然发生不同，正统宗教排斥人与自然的交流与对话，人变为宗教的奴隶。所以，人民中保留着的原始宗教崇拜的内容就排斥着正统宗教的虚伪和专制。从某种意义上说，至今宗教依然面临着来自民间自由信仰的排斥。如果我们肯定原始宗教是早期人类理性自然发展的单纯表现，那么，就这一点它与正统宗教是相悖的，正统宗教是人类理性发展的歪曲形式。

正因为如此，正统宗教产生以后，它建立了极其严厉的教

第五章 文明与宗教　　95

规,它用一神权威取代其他权威,并在一定时期内获得成功。到中世纪宗教对一切神秘主义、异端邪教采取了最为严厉的镇压,最有名的记载是1209年十字军攻占比塞埃城后,有一名战士问道:"究竟如何分辨异端分子和天主教徒?"教皇的特使是这样回答的:"把所有的人统统杀死吧,主会分辨,谁是他的人,谁是别的人。"由此可见宗教为维护信仰的权威和物质财富所实施的残忍。① 但是,教士们的不宽容性,他们对世俗权力的垄断,他们对财富的贪婪,他们的败坏与堕落,激起纯洁的灵魂、健全的精神和勇敢的性格起来反抗,促使正直的理性去考查正统宗教的福音书的合理性,这就导致了知识与宗教的对立。

宗教自身为了宣扬的需要,它要普及和拓展知识,但当知识成为人们总结实际经验、发现和宣扬真理时,就与宗教利用知识普及和宣扬教义的本意产生矛盾,一方面从宗教内部出现叛逆者,对教义提出大胆的怀疑,一方面从近代科学实验中产生与神学基础相矛盾的知识。面对这种情况,宗教采取了最为黑暗和反动的宗教专制制度。"僧侣们时而发明出古代的奇迹,时而炮制出新的奇迹,他们以神话和灵验来培育人民的愚昧无知,他们欺骗人民为的是败坏人民;教会的博士们用尽了他们所有的想象力来丰富他们对某些新的荒诞不经说法的信仰,并且在某种程度上进一步丰富了他们从前所接受过来的种种荒诞不经;教士们强迫诸侯们把那些敢于怀疑他们任何一项教条或揭穿他们的欺骗或愤恨他们的罪行的人以及那些片刻抛弃了盲目服从的人统统烧死;最后还有那些神学家本身,当他们竟允许自己梦想到与教会的最

---

① [苏]约·阿·克雷维列夫:《宗教史》,上卷,231页,北京,中国社会科学出版社,1984(这部两卷本的宗教史曾是研究宗教的必读书,至今它的一些精彩深刻的分析给我们以榜样,但他决不同弗雷泽对宗教的研究,两者比较我们会受益匪浅,尽管克氏的《宗教史》是前苏联时期的作品,但他的一些观点和方法并不过时)。

有威信的领袖们不同的时候。"①

宗教与知识的根本对立是从知识逐渐与科学理性接近开始的，而文明对宗教的排斥，开始于正统宗教反对探索自然规律、寻求掌握自然变化途径的人的理性开始的，就是说包括僧侣教士们的人的那一面也与宗教的荒谬性相对立的，但在文明与宗教对立之初，人的理性站在弱者的一方，是宗教首先对正直理性开始排斥，并且宗教占了绝对优势。这就是中世纪漫长的宗教黑暗时期。

只有当知识的积累和普及达到一定阶段，人的理性有了一定知识的武装以后，才能站起来面对宗教的荒谬，提出自己的怀疑。此时才可以说文明对宗教正式提出挑战，一旦宗教关于天国、灵魂的信念被天文学和解剖学打破，宗教存在的根基便遭到不可回转的动摇。从近代以来，知识是以几何基数的方式增长，正如化学反应一样，一滴试剂瞬间激活了原本平静的整个表面，科学理性展露出的无限增长趋势决定了宗教的命运。

但人从宗教精神的笼罩中走出来，就像人从深度昏迷中苏醒过来一样，是一个逐渐清醒的过程，"在宗教中，人的幻想、人的头脑和人的心灵的自主活动对个人发生作用不取决于他个人，就是说，是作为某种异己的活动，神灵的或魔鬼的活动发生作用，"② 因此，达到现实的思考问题，必须是在彻底清除神灵或魔鬼的存在领地后才能真正实现，但这一任务至今没有完成，这一方面是因为科学发现和知识扩展的未知领域随着探索领域的扩大而继续扩大，另一方面神灵和魔鬼也在新的未知领域开辟着自己新的生存天地。但是，科学树立起的绝对权威和人类改造自然界取得的巨大成功，改变了文明与宗教斗争的性质，或说宗教已

---

① [法]孔多塞：《人类精神进步史表纲要》，85页，北京，三联书店，1998。
② 《马克思恩格斯选集》，第1卷，44页，北京，人民出版社，1995。

退缩到科学文明占有的所有领地以外。那么，如何理解近代以来文明对宗教的排斥和信仰理由的变化呢？

首先，近代以来活版印刷术在西方的广泛使用，是导致宗教神秘主义破产的关键原因。当知识只是少数僧侣或贵族的特权时，任何有益的知识和发现都变成微不足道的事情，因此，我们常常惊讶人类为什么经历了如此漫长的知识黑暗阶段直到统一的印刷书籍出现，活版印刷可以说是一个分水岭。这种客观的技术改进，对宗教的打击是沉重的，它使广泛的蒙蔽变得越来越不可能，而使知识和科学发现的传播更加广泛，当知识对周围世界可以作越来越合理的解释的时候，宗教的神秘权威便越来越被揭去神秘的面纱，它迅速地威信扫地与它拥有这个虚幻威信的速度是相等的，这不能不归结为文明的重大成果——印刷术的发展。

其次，我们经常说经过黑暗的中世纪，人类从昏睡中醒来，这其中除了表示人类进入了一个科学理性迅速发展的阶段的意思外，还是因为人类的确有过一个清醒的阶段，这就是古希腊时代。尽管这个清醒时代似乎更为久远，但它所留存下来的思想精神却是如此的纯朴、如此的自然、如此的美妙，以致文艺复兴时期的人们发现，只要复活他们的思想，我们就完全可以摆脱愚昧，而此时印刷技术正得到改进，于是古希腊求真务实的科学精神在他们得以"复活"的著作中得到传播。文明的最初成果对克服宗教权威起到了一个不可替代的启蒙作用。

其三，人类实践活动的积累，从物质文明方面达到了一个必须突破宗教束缚的阶段，否则文明的历史将停顿下来。在这方面的冲突突出表现在近代科学发明与宗教本质的斗争上。因为近代天文学和物理学的重大发现，除了从理论上动摇宗教信仰的基础外，更加重大的意义是势必导致在实践领域的继续深入，这就是后来实验科学的产生和机器制造业的出现，而在实践领域这两方面的发展所带来的革命性影响是如此的巨大，以致可以说现代工业革命的序曲就是它们奏响的。所以,宗教在对待早期天文学和物理学的发明时采取的残酷迫害也是它历史上最黑暗、最耻辱的一页,尽管教廷直到1998年才承认烧死无神论物理学家布鲁诺是个错误,但并不能说明它向科学妥协,更不能证明它开始接近科学,只能证实它企图又一次遮掩它在科学面前毫无退路的困境。科学与宗教正如水与火。

因此,近代以来文明对宗教的排斥更多地表现为一种崇尚科学、民主、自由和理性的运动,从思想基础上动摇宗教存在的理由,新的信仰基础一旦确立,宗教的荒谬就很容易被人们所识破,人们开始怀疑和嘲笑外表庄严华丽、内里空虚丑陋的教士神甫们。更重要的是新的科学技术的发明创造不断强化文明的力量,并迅速击垮宗教的世俗权威。

一个需要提出的问题是,对宗教提出挑战并获得胜利的启蒙运动发生在欧洲,并且,欧洲领导了近现代工业革命。这种文明的先导作用,使近代以来的欧洲文明具有两种作用:一种是散布科学知识和理性思想的中心,并成为伴随科学精神传播开来的民主、自由和博爱的发源地,另一种是资本主义生产方式也伴随着这种进步思想和科学精神的传播而侵入世界各个角落,当然,它的身后也跟随着天主或耶稣的传播者。这使信仰基督教的西方文明带着一种高等文明的色彩来"教化、提高"其他落后文明的意味,而西方先进的科学技术无疑强化了这种"高等文明"的可靠性,基督教因而也成为先进文明的"伴生物",甚至信仰基督教是获得先进科学思想的必要"精神准备",或许因此带有更"西方化"文明的颜色。显然这是一种基督教本身并不具有的作用,是西方先进物质文明带给它的另一种色彩,企图以这种色彩来加重自己"文明"颜色的人群,扩大了现代基督教的范围,提高了基督教的声誉,但也加剧了基督教与其他宗教之间的冲突,无形中强化了不同宗教间的矛盾。

在经历了近代以来四次科学技术革命的洗礼,思想史上最汹涌澎湃的无神论思潮的冲击,人类创造的文明世界把宗教排斥到传统习惯或民族风俗领域,人们相信,客观科学地面对周围世界,我们才能获得正确的认识,才能在实践中取得成功。然而,高度发达的当代文明并没有把宗教彻底排斥在文明世界之外,一方面人们能够充分把握自己的使命,让自然为人类服务,另一方面上帝的神龛陪伴着自动化生产线,宗祠神庙与高楼大厦并列而建。这种截然矛盾的现象应该如何理解呢?

第一,按照历史唯物主义的观点,人类需要探索的未知领域是无限的,科学所要回答的问题也是无限的,因为宇宙是无限的,发展是无限的,运动是永恒的。这就是说无论是对人自己还是对万事万物,都永远存在着未知领域,而未知领域的存在就为各种神秘思想提供了生存场所,宗教也在这些未知领域不断开辟自己的领地,应和人们因为无法解释的现象而带来的惶惑与烦恼。从这个观点看,宗教的存在历史还要延续下去。

第二,事物发展本身是一个必然与偶然相伴相生的过程,如果都可以预先设计出铁定的发展过程,那么,世界将完全是一个宿命论的天下,这从另一个方面证明了上帝的存在。但是,如果一切都是偶然发生,没有事物发展的规律和前后逻辑可循,世界又将被一种超意识统治,人从另一个极端落入上帝的手中。就是说,在任何事物发展过程中,都有被上帝插手的可能,因为,任何无法合理解释的必然和偶然因素都可以用神秘主义加以解释。这大概就是为什么一些人时时需要上帝、真主或佛祖的原因,这是一种现代版的精神慰籍方式。

第三,种类繁多的神秘主义禁忌和规范,并不属于宗教范畴,但它经常被宗教利用作为自己依然存在并发生作用的例证。有很多人与其说是信仰宗教,不如说是相信某种传说或暗示,这与现代人飞速变化和动荡不安的生活状态有关,他们对生活改变的节奏无法适应，便以此作为心理安慰，这本来与宗教信仰无关，但当某种禁忌或暗示成了一种风潮，极易与宗教混淆在一起，成了一种现代宗教扩展的原因。事实上，现代迷信并没有由于科学和教育的根本性提高而彻底退出人们的生活，相反，在某种程度上，现代迷信具有更强烈的蛊惑性，尽管正统宗教也排斥各种各样的邪教，然而，它排斥的原因是为了维护正统宗教的地位，而不是排斥迷信本身，差别就在于一个被官方确认、控制下的，一个没有被官方确认并控制不了。所以正统宗教得到支持，人们可以放心大胆地去获得正统宗教提供的信仰仪式和"天堂服务"。

第四，宗教在经过现代科学的毁灭性打击后，已经放弃了世俗的权威，学会利用现代传媒和现代科学方法来传播自己的精神，它并不强求人们信仰什么，但要求人们关心自己，正如上帝关心他的儿女一样，所以教会更多地是关心周围人们的生活，特别是穷苦人的生活，富人们也因为向教会捐款而得到良心的安慰，宗教逐渐成了人们生活中一种纯粹的精神寄托和安慰。宗教在多大程度上保持传统的力量是与一个国家或民族生活的现代化水平直接相关的，现代化生活水平越高，宗教越趋向于精神象征意义，现代化生活水平越低，宗教的世俗作用越大。但是，现代化生产水平却不是决定因素，因为，对于发展中国家，很多现代化生产技术是外在于这个民族的，庙堂与自动化工厂并列在一起并不是多么新鲜的事情。

第五，宗教在现代社会的"复兴"是与私有制发展有关，当每个人成为社会责任人时，他的命运具有更大的偶然性，生来俱有的条件与环境往往带有不平等和命运的含义，而个人的行为时常受偶然因素的影响加强了人的危机感，人们感到在需要获得保障和安慰时，宗教信仰往往是便宜的和随叫随到的，于是人们可以把这部分精神需要交给上帝来把握。马克思十分正确地指出私有制下工人劳动的异化结果是"他在自己的劳动中不是肯定自己,而是否定自己,不是感到幸福,而是感到不幸,不是自由地发挥自己的体力和智力,而是使自己的肉体受折磨、精神遭摧残。"① 这必然为宗教发挥它的作用提供广阔的场所,这也是为什么当代私有制越发达,信仰宗教的人越多的一个根本原因。

信仰是一种人的精神力量,信仰的产生却是人类成功改造自然对象的文明成就激励的结果。一种科学论断当它得到理性的检验和实验的检验后,被证明是正确的,但并未得到实践的检验的时候,它是一种理论信仰,当它被实践检验并证明是正确的以后,它就成为科学理论,成为科学信仰的对象。宗教信仰的命题则不是科学命题,它只得到"上帝"的验证,而凡人是无法证明上帝是否存在的。当然,当代的神学家们也试图用现代科学的一些"手段"来证明上帝的存在,但神学家认为宗教命题不是科学实验的命题,也就是说只能在想象或"体验"的范围内得到证实。

科学属于认识领域,而信仰属于价值领域。宗教信仰有自身的观察问题的尺度,不受科学认识尺度的制约,否则,科学之火就会融化"迷信之冰"。宗教信仰实际上就是把科学实践已经证明是正确的认识抛开,而利用或夸大未被证明或根本无法证明的东西,来证明自己存在的合理性。特别是当人们信仰的理想只有靠万能的、无所不在的"上帝"帮助时,宗教或一些邪教就乘机而入。在当今,抱有这种需要"无形力量"帮助实现其"理想"的人特别多,反映出社会压力和竞争的激烈,于是,各种打着宗教旗子的东西也就有了存在的市场。

如果说人们是用知识来掌握人类已知的世界,那么,人们是用信仰来掌握人类未知世界的,因此,人不能没有信仰,因为,

---

① 《马克思恩格斯选集》,第1卷,43页,北京,人民出版社,1995。

人类的本性决定他在不断地追求未知,然而,既然"未知"目前不能用科学理论说明它,也不能靠实践去改造它,只能靠信仰去崇拜它。应该承认,在人类对未知世界的掌握中,确实依靠了人类的信仰能力,通过这种能力,人类表明了自己对未知世界的断言和把握。正是在这种信仰精神的鼓励下,人类在科学实践领域取得了一个又一个伟大发明,把人类文明推向了一个又一个高峰。

第六章 文明与时代

一、无极——文明的共生发展

用什么方法发展生产力，不是一个哲学问题，而是一个政治问题，问题的核心是这种方法能否为一部分人带来超常财富而不致引起社会危机，而解决这个核心问题的惟一方法就是真正发展生产力。这就是人类社会发展的共同性。

毫无疑问，文明是人类独有的创造。从这句话中我们可以得出这样的结论：既然文明是人的创造，那么文明产生的第一个条件应该是先产生"人"，然后才由人创造文明。问题是，人创造自身的过程是一个漫长的渐进过程，而且不同文明体系间人自身发展的顺序又是前后不一，因而其文明创造过程也是参差不齐。这就出现了这样的问题，什么时期的人被确定为是真正的人？什么时期的人的创造可以称为文明的创造？最早的人和文明在哪里产生？早期文明的特点是什么？

我们用"无极"来代表早期人类文明的特点，正是试图在探讨人类早期文明史的过程当中，强调文明的创造之初是无所谓先与后、高与低的，因为，文明产生初期的这种时间差别对整个文明史并没有产生决定性影响，而几大文明体系产生先后的影响作用主要表现在中世纪以后，特别是近代以后的文明史中。因此，我们把早期人类文明史的特点称为"无极"。

现代科学肯定地告诉我们，大约40亿年前地球还只是一个由岩石构成的荒无人烟的球体，经过大约10亿年的演变，生命才开始出现，当然，最初的生命只是一些类似海藻类的东西，在经过亿万年的缓慢发展，才出现了一些腔肠虫类动物。在一些现在已经变为陆地的山岩中，我们可以发现海藻或原始虫类的化石。生命的演化过程是如此的漫长，以至我们在考查人类出现的历史时，只能把它作为地球上产生生命以来历史的亿万分之一的时间，就比如产生生命的历史有100年，人类出现的历史也就是半年左右。

大约在1.9亿年前，最早的恐龙出现了，这种庞然大物逐渐成了地球的统治者，似乎地球生命的形式也将在这个物种的主宰下发展了，然而到6500万年前，恐龙突然间从地球上消失了，没有人知道为什么？尽管现代科学找出了许多解释这个问题的答案，但都不能圆满地说明为什么会在整个地球上它们突然消失。

大约530万年前，生命突破了它缓慢进化的低级状态，开始进入了一个前所未有的、激烈变化的所谓"寒武纪大爆炸"时期，正是这个时期彻底改变了地球的发展历史。因为，这个时期的显著特点是新的生命物种大量出现并占据了地球的各个角落。生活在海洋中的动物开始爬上陆地，并学会了走、跑，它们开始进入了适合于它们生存的地方。在这个时期所有的动物和植物都进化到了一个质变时期。

然而，正是由于恐龙的突然消失，才使早期哺乳动物出现了发展的机遇，对人类来说正是由于恐龙主宰地球的结束才使猿类哺乳动物的一种、也是人类祖先的一种，都获得了重要的发展，开始了猿猴灵长类动物的进化时期。如果事实的确就像我们相信的那样人类是由灵长类动物进化而来的话，那么，这个时期可以说是人类出现的初始阶段。经过了大约6000多万年的进化后，也就是大约距今400万年前，早期人类活动的痕迹开始出现。考古学家告诉我们，就是在这个时期，生活在非洲广阔的草原上的类人猿，从树上下到了陆地，开始了两腿直立行走，但此时他们还不具备使人类有别于其他动物的根本特点，即制造工具的能力。考古学家们认为，人类打制出最早的简单的薄石片应该是在大约250万年前。也就是说，能够算是人类出现的最早痕迹是在250万年左右，但这是一个完全不确定的时间概念。

而考古学和人类学把文明的出现看做是更以后的事情了。他们认为，现有的考古资料证明，大约1万或1万1千年前有文字记载的文明才开始发展，最早的文明迹像出现于居住在土耳其高原的农业部落。也就是说，如果人类生命产生的历史有250万年左右，人类的文明历史就是1万年左右，文明的历史占人的历史大约是0.5%左右的时间。

大约公元前3千年左右，人类才开始使用金属制品。根据现今的科学理论，人类文明的发展在生命进化史的数百万年时间里只不过是一个瞬间，人类懂得使用工具和制造最起码的工具的历史并不久远，那些展示几十万年前人类似乎使用过的石器，并不是文明开始的标志，因为后来的人类文明开始发展与那个久远的时代的石器之间并没有必然联系，它们中间的历史间隔使现今代表那个文明的人与使用可能是古老石器的"人"并不一定就是"人"或同一个人种。如果把任何可能具有"人"的痕迹的化石都看做是人类活动的文明痕迹，那么，人类可能不是要写出一部文明史，而是文明史前的"文明史"。这就使人类文明史很可能变为探险小说。

但是，考古学界的一些奇特发现，使人们对人类史前史提出了新的疑问，他们认为"寒武纪"时期生命形式的变化是如此突然，以致几乎找不到生命的进化和过渡形态，考古迄今发现和证明了的只是生命形态已基本进化到今天达到的程度，但不能证明达尔文描述的"自然选择"过程中的进化形态，如介于人手和猿手之间的进化形态。可是同时，考古学也发现了很多似乎是几百万年前一种与人类文明一样的先进文明遗留下来的痕迹，这些发现被称为文明的"疑案"。这些著名的疑案似乎都证明在几百万年前人类就已经达到了相当程度的文明，但在第四纪冰川的影响下，地球遭到了空前寒冷和洪水的毁灭性打击，使绝大部分人类及他们创造的文明消失了，只有极少部分人活了下来，他们没有文字，只是在新的生存环境下求得活下来，当然在活下来的人当中也有相当部分的人慢慢消失了。剩下来的人经过几百万年的缓慢恢复和发展，在公元前1万年左右终于又以新的文明形态出现在地球上。所以，当人们考察人类文明遗迹时，才会发现文明一经产生便进入了一个质变期。

这方面的有力证据，如古希腊哲学家柏拉图记述下来的消失了的古地中海文明亚特兰蒂斯国；古《圣经》记载的人类遭受洪水袭击并留下的痕迹诺亚方舟；古埃及之谜金字塔；北美文明的桥梁白令陆桥等，都向人们提出了文明究竟起源于何地？又是何时起源的？

尽管当代考古学也的确发现了距今1亿年以前的"人类"化石痕迹，如一些脚印甚至鞋印化石，但考古学并没有确定它们是今天人类祖先留下的，相反，他们更倾向于它们是消失了的文明时代或文明种类的痕迹。无论如何，世界上还有很多历史学、考古学和科学检测都无法确证的痕迹，但它们的存在并没有改变目前科学理论确证了的人类文明史的开端，科学理论也没有妨碍进一步探索这些有益于人类历史研究的发现。

事实上，在人类文明史早期，文明的产生和发展呈现一种各自朝着同一个方向演进的历史趋势，尽管在人类早期各文明之间的影响微不足道，尽管文明演进的时间有先有后，但几大文明创造的结果与目的却是基本一致的。我们把这种历史现象称为"共生"，因为，人类如果没有早期文明的共生发展，也就不会出现今天世界各国、各族、各类文明间的交流与发展。这种"共生"主要表现在：

第一，思维方法的共同性。

我们强调人类思维方法上的共同性，是在思维能力和思维结构层次上提出这一问题的，因为，人类之所以能够在思维能力和思维结构层次上取得共同性，是因为人类思维发展的客观对象和主观目的是一致的。

长期以来，我们的教科书把社会历史进程与自然历史进程相等同，这是对马克思主义历史唯物主义基本观点的误解，马克思强调的社会发展的客观规律显然并不等于自然规律，前者是在人类劳动对象的一致性和劳动目的的一致性上获得的规律性，而后者完全是自然事物发展的客观规律；前者随着人类社会的发展和人类改造自然对象能力的提高而发生运动和变化，后者无论人类认识与否、无论人类社会发展到什么程度都与它的运动无关。十分清楚，社会发展规律是不同于自然规律的，然而就是这样一个显而易见的问题，不少人则是加以否认，并借以马克思主义的一贯立场来反对将"社会规律主观化"。

这个问题与文明的"共生"相联系的就是人类实践这一环节。实践是人与自然的中介，实践本身是由劳动主体承担的。从历史主动性角度看，没有人的实践是不可能的，无主观目的的实践也是"非人类的"，既然实践是人类特有的活动，就必然在人类自身方面打下"实践的烙印"，这个"实践的烙印"就是实践对象本身在劳动中反映出来的客观规律性在人类思维方法上的反作用，人逐步理解了客观事物相互间的关系，学会了利用客观事物之间的制约、制衡关系。长久以往，人类从实践当中理解和掌握了许多事物间的相互作用和关系，由此形成了合逻辑的和合目的的思维方法。比如，当人们理解了圆形物体滚动的原因后，企图利用滚动来提高运载能力，但人们没能够从自然界存在的物体当中发现直接适合为人类做轮子的物体,在人们掌握了可以把树木制成圆形的以后,轮子终于成了人类提高速度、运送物品、四处迁徙的最有用的工具。在以后的历史中,人们越来越发现轮子的重大作用并应用于广泛的社会生活中,至今依然是人类最有用的基本工具之一。

正是由于生活在地球各处的人类所面对的实践对象的性质基本一致,实践对象所反映的客观规律一致,才使人类在思维方法上出现"共生"现象,正如无论大家的语言、肤色、文明相差多大,但对车轮子必须是圆形的认识恐怕不会不一致吧。这种来自于对实践对象方面存在的客观规律的认识及理性化,构成人类思维方法上"共生"的基础,也是人类之间相互理解,相互交往的根本基础。假如不是如此,当我们与一个来自与人类生存环境完全陌生的动物交流,那是难于想象的。当然,并不是说根本无法交流,但起码目前没有这方面的交流或经验。

人类实践的对象性关系不仅表现在认识客观规律及作用于思维方法上的共同性,而且也是人类生产物质文明和精神文明方式的决定因素,这是因为在对象性生产中产生的分工是人类认识世界和改造自己的结果,也就是说,分工一方面是依据劳动对象的特性,即自然界的联系性展开,另一方面人自身的劳动能力也在劳动需要中不断"开发"出来,即人潜在的劳动能力获得不断提高。也正由于此,物质生产能力决定精神生产水平,精神生产水平促进物质生产能力。

第二,情感方式上的相似性。

如果说思维方法上的一致性,代表了人类理性方面的"共生",那么,情感方式上的相似性,则反映出人类在生理构成方面的"共生"。自然选择了人类成为万物的灵长,人类在自然选择面前成为地球的主宰,人类并不是靠强壮的身体,也不是靠奔跑的速度,更不是靠尖锐的牙齿,而是靠思维和情感力量。思维能力表现在人类大脑发达基础上对事物的逻辑推演能力、判断能力和理解能力,然而这些能力的发挥又依赖于人类情感的力量。正是由于人类具有的非凡的感情特征和动力,才使人类在发挥自己创造力、想象力、劳动力过程中,获得了最大的效益与成果,从而成为世界的主人。

毫无疑问,情感方式上的相似性来自于人类生理基础的一致性,但根本原因还是社会生活的共同性。首先纯粹的情感和纯粹的理性都是没有的,也是不可能的。在人类生产力水平低下的时候,生理的需要和情感的要求成为第一重要的,只是到后来社会生活中各种遭遇和挫折,使人类行为更具有理性意味,这就是说人类在社会生活中的得失成败,成为情感发生的根本原因。其次,人类生产活动的目的性是情感活动的主要原因,合乎目的的生产活动满足了人类善良的愿望追求,给人带来美好的情感享受,并成为人们共同具有的感情需要,当这种合乎目的而又合乎规律的要求不能实现,给人们带来的就是悲剧式的痛苦。其三,社会生活中属于美好事物的都能给所有的人群带来愉快的情感,而属于痛苦和悲哀的事物都会给所有的人群带来悲痛的感情。丰收、美食、健康、胜利都是快乐之源;灾祸、饥饿、病痛、失败都是悲痛之属。这些相同的事物也是人类情感方式相似性的基本因素。

此外,人类在情感表达方式上也同样具有相似性,而这显然是由人类相同的生理基础决定的。愉快的表达,高兴的疯狂,悲痛欲绝的样子,忧郁的身影,这些情形无论是什么肤色、讲何种语言、信仰哪种宗教都是能够理解并基本一致的。尽管有的民族在表达悲哀、快乐、尊卑、喜怒的程度或颜色方面有所不同,但基本内容和目的却是一致的。人们可以互相欣赏不同民族、国家、文化的艺术的基础也就在于此。

情感方式上的相似性,是人类文明走向更高、相互融合、达到统一的基本前提,如果不同文明体系之间生活的人群互相间情感无法交流,这个世界是不可想象的。有了思维方法和情感方式上的"共生",不同文明间就可能相互认识、相互理解、并肯定相互促进。

第三,劳动方法和成果上的共同性。

劳动方法是基于人类改造自然对象及人体劳动机能而形成的,从人类文明发生学史上看,劳动方法的共同性决定了人类创造文明成果的手段是彼此可以借鉴和利用的,并且,正是由于在劳动方法上存在共同性,使劳动手段的先进与否,能够说明一种文明发展程度的高低。

劳动方法与劳动方式不是一个层次上的概念,劳动方式是人类改造自然过程中形成的基本活动方式,包括人与人之间的劳动关系,它是一种稳定的、与生产关系和社会制度紧密相联的哲学范畴,而劳动方法是劳动方式的具体化,具有时代性、地区性和民族性的特点,但不具有社会制度意义和阶级性。正由于劳动方法具体代表了人类创造文明成果的实际水平,因而具有文明史意义上的可比性。

一是劳动方法代表了某种文明所掌握的实践能力和尺度,因而,先进的劳动方法必然吸引落后于它的文明群体趋向和接近先进的文明代表,它表现出人类追求劳动手段的不断提高和满足实践能力不断发展的需要,从某种意义上说,这也是一种"共生"现象,而且是更实际的"共生"。历史上,"野蛮的落后民族"征服高等的文明民族的结果都是最后同化于高等文明,这恐怕最能说明问题。

二是先进劳动方法的传播是人类文明进步的有效途径,劳动技巧和重大劳动手段的发明,对提高整个社会劳动效益具有决定性意义,如马具的发明,犁具有使用,水力磨的使用,蒸汽机车的发明以及现代科学技术重大发明,从根本上改变了人类社会,今天，先进的劳动方法成了人类社会共同进步的标志，也是现代科学技术在劳动生产领域巨大作用的体现。

三是在现代社会，先进的劳动方法的基础更多地表现在教育和理论研究方面，因此，当代不同文明社会之间的交流更多地体现在教育的普及和科学理论研究上，一个国家如果没有发达的教育事业和科学研究水平，其劳动方式和劳动效率必然是落后和低下的。这也就决定了文明发展到今天，人们必然利用全人类的科学技术成果和劳动发明，才能在社会发展中处于不败之地，否则，必然会落后于整个社会的发展水平。

第四，社会发展形态和建立国家形式上的共同性。

尽管很多研究文明的学者指出人类文明之间的差距有多大，但历史发展到今天，我们却能够从宏观角度发现，人类在已经走过的历史发展形态和建立国家形式上却存在着本质上的一致。尽管当社会发展到一定阶段"文明限制着政治制度的影响"[1]，但在一定的文明所建立的范围以内，政治制度的各种大的类型——暴君政制、几种寡头政制到民主政制——都是文明不同阶段的产物，然而这些文明不同阶段的产物反过来对文明的人类却产生了不同的影响。

从马克思提出的社会发展基本规律来看，各国、各民族的发展有快有慢、有先有后，但大致都经历了这样几个基本历史时期：原始社会早期、原始社会、奴隶社会、封建社会、资本主义社会。超出基本社会发展形态的情况，一般发生在已经进入更高

---

[1] ［美］安吉洛·M·科迪维拉：《国家的性格》，9页，上海，上海人民出版社，2001（他把苏联时期国家对人民性格的作用归纳为"日常发生的精神上的静悄悄的腐蚀"，因为，每一个人都受到少数独裁者给生活带来的不公，于是每一个人都在利用自己的哪怕仅仅是看门的权力来给别人带来困难和不快，这种可怕局面是因为政府否定了对人的品质的选择，它使低劣和欺诈找到保护者比找到批评者要容易的多。）。

一级的文明社会形态对低级文明社会形态的外来干涉和强制影响下,但制度方面的超越并不能代表生产力发展程度的超越,一个完整社会形态发展的生产力基础必须是连续的,但发展方式可以是跳跃的,可以是快速的。

从另一个角度看,人类社会发展形态还可以被描述为"黄金时代"、"青铜时代"、"铁器时代"、"蒸汽时代"、"电力时代"、"电子时代"、"信息时代"等。它们都反映了不同社会发展形态中生产力状况,集中代表了人类文明的发展阶段。在有些文明群体中,可能有没有经历其中的某个或某几个生产力发展状态的国家或民族,但必然有更高级的生产力发展程度的国家或民族从外部给予提高、加速,也就是说文明的群体中必然要有代表这一文明发展阶段的国家或民族经历这一发展阶段,这才有可能使一些国家或民族缩短某一生产力发展阶段,跨越某一个生产力发展阶段的只能是极端落后的局部地区或民族,并且是完全被动的。

但无论生产力发展状况如何,建立在生产力发展程度上的国家形态却是一致的,这充分反映了人类文明的统一性。"铁器时代"或说奴隶社会,只能建立奴隶制国家,而不能出现共和制,正如土地割据和庄园经济必然产生封建专制国家一样,共和制依然与封建生产力发展形态相对立。只有代表封建专制主义的土地制度被打破,只有工业化生产和商业化城市成为社会潮流,固守封建专制制度的阶级才能被推翻,新的生产力发展形态才能被确认,资产阶级才可能出现,资本主义制度才可能诞生。

有人提出,古罗马建立的奴隶共和制就是一个相反的例子。问题在于:一、古罗马建立的奴隶共和制本质上不同于建立在资本主义生产力发展形态上的共和制,前者的基础依然是奴隶制。二、之所以把古罗马时代出现的制度称为"共和制",是因为在资本主义共和制国家产生的时代,人们把古罗马这个"人类的优秀儿童"创造的国家领导方式称为"共和制",它并不代表奴隶时代就已经必然经历了一个"共和制"时代。三、奴隶时代根本不具备产生任何"共和制"的生产力基础，古罗马奴隶制在它发展的一定时期被称为"共和制"，只是因为它的"元老院"和执政官具有共和制的特点，但这纯粹是形式上的相似，绝非是实质上的相同。

与此相类似，人们之所以把阶级社会产生以前的原始社会称为"原始共产主义"，并不是说它与共产主义有什么实质上的相同，完全是取于"无私有财产"这一特征，但"原始共产主义"没有"私有财产"根本原因是生产力还没有达到产生"剩余产品"的程度，而共产主义没有私有财产是生产力发展到人类文明的极高程度，以致不再占有私有财产的必要。因此，与其说"原始共产主义"，不如说"原始无产主义"更确切。

综上所述，人类的共生发展，表现在文明发展的各个阶段，其特征是：文明发展的主线是承上启下、连贯一致的；一个文明群体中的主要代表必然要经历文明发展的完整阶段，否则其文明的发展历史必然会出现中断或跳跃，造成文明的断裂或遗失；附属文明地区或民族超越文明共生中的某一个发展阶段是自然和不可避免的，但这并不代表主体文明发展的主线，对一个完整的社会来说，某一制度或许是可以超越的，但在此制度下的生产力发展水平却是不可逾越的。邓小平在考察了中国 30 多年的社会主义革命历程后，提出社会主义初级阶段的理论，就是因为他看到完成资本主义制度下生产力发展的必然性，认为我们可以逾越资本主义制度，就必然要经过一个不可逾越的发展商品经济阶段。从表面上看，这似乎是两个问题，然而，一种生产方式得以建立起来的根本原因不是先建立了适应这种生产方式的制度，而是这种生产方式的产生决定了适应这种生产方式的制度，因此，市场经济适应的制度形式就是资本主义私有制。社会主义市场经济只所以是当代中国马克思主义的一个伟大创举，就在于它超越了生产方式与制度的联系，试图走出一条建设有中国特色的社会主义的成功道路。用什么方法发展生产力，不是一个哲学问题，而是一个政治问题，问题的核心是这种方法能否真正带来生产力的发展而不是带来社会危机。而解决这个核心问题的唯一方法就是真正发展生产力。这就是人类社会发展的共同性。试图让所有的人在目前的生产力发展水平下一样富足，显然是理想，在人的个体差异无法消除的前提下这似乎也是一个可望而不可及的想法。

二、多极——主导文明与区域文明

> 从此人类文明随着世界经济一体化过程必然出现更多的竞争、融合，但决不是用一种文明取代其他文明。

尽管世界上各种文明之间的关系无论从历史还是从现实角度看都应该是平等的，处在同一文明内部的国家与民族之间的关系更应该是平等的。但我们必须承认，目前，不同文明之间的关系不仅难以平等，就是同一文明内部也是斗争和平等共存。如果我们把这种文明之间和文明内部的不平等和斗争看作是文明发展阶段必然要经历的一个过程，看作是文明在达到平等前的自然冲突，就会取得一种共识：文明的冲突与斗争是文明的进步，而不是像有些"文明学者"那样，非要把文明的冲突与战争联在一起。也就是说文明之间也好，文明内部也好，其矛盾斗争是发展的正常现象。

在近代以前，人们还没有从文明的角度去看待国家与民族间的矛盾与战争，冲突与战争表现为更具体的经济政治目的，只有文明发展的历史整合到 20 世纪末这样的程度，人们才开始从文明冲突的角度关注世界性的冲突和斗争，于是，几乎代表世界文明主要潮流的西方文明世界，发出一片"文明的冲突"的喧嚣。其实，承认今天世界上存在的几大文明之间的矛盾差异，正如承认不同种族、民族间存在矛盾差异是正常的一样，我们还需要正确认识这种矛盾差异与主导文明和晚生文明的关系。

所谓主导文明，就是正视在今天世界诸多文明并存的情况下，文明有主、有次。然而，迄今为止，就是这样一个显而易见的问题却得不到理论界的公认，因为，在一些人看来，承认有主导文明的存在就是承认西方文明高于其他文明，这又是因为在他们思想深处，西方文明是当今世界的主导文明。其实这是一种"阿Q"式的反抗心理，也是对不同文明历史发展阶段"主导文明"的误解。

首先，主导文明既表现在整个人类文明发展的主要趋势方面，又表现在同一文明内部起主导作用的"文明代表"。正如在古希腊时代，整个西方文明的代表就是古希腊文明一样，今天西方文明的代表就是美国文明，但整个世界文明的主导趋势是"科学化"，这是近代世界文明"理性化"潮流的自然发展结果，是理性化向知识化迈进的必然通道，是知识化在达到更高程度的信息化时代体现出的根本特征。这样来看，当今世界的主导文明发展趋势就是科学化，而西方文明是以美国文明为代表，美国又是当今世界唯一的经济、科技和军事强国，因此，不可否认，西方文明在当代世界文明发展中的主导作用。

其次，主导文明并不是主要文明，主导文明是在一定时期文明动态发展中暂居领先位置，正如西方文明虽然在当今世界文明发展趋势中居主导位置，但根本不能取代其他主要文明的存在和发展，也不能阻碍其他文明在今后成为主导文明的可能性，主要文明之间的关系是并列的、平等的。事实上，在人类早期文明史和封建历史时期，东方文明一直居于世界文明的主导位置，只是在近代东方文明开始落后于西方文明,但不应该因此而否认主导文明这一历史事实。

其三,一个文明体系内部在一定时期内居于主导地位的文明民族或国家,就是这个文明的代表,即主导文明。古代中东文明的代表无疑是古埃及文明,中华文明是东亚文明体系的代表,法国是近代欧洲文明发展的先驱。但一定时期在一个文明体系中处于代表位置,在另一个时期也可能就居于次要位置,在本文明体系逐渐整合向"统一化、整体化"发展时,这个文明体系的主导文明作用必将减弱,适应同一文明体系向"一体化"发展,阿拉伯一些国家在伊斯兰教指引下为建立统一的伊斯兰世界而作的各种各样的斗争和欧洲一体化的历史进程,就是一个文明体系内部走向统一、融合的典型。

其四,主导文明集中反映在科学、政治、经济、军事方面的主导作用,并不是所有方面都处于主导地位,因此,就从文明的整体发展而言,各种文明体系都在某几方面居于主导地位,并因此与其他主导文明形成矛盾斗争。因此,"文明的冲突"并不是人类创造的文明间存在不可调和的矛盾,更不是人类文明因种族和宗教不同而无法相融,而是主导文明之间争夺主导地位的冲突。冲突的形式主要表现在政治、经济、文化、军事领域,一旦这些冲突与民族、宗教和地缘政治联系在一起,就具有了民族、宗教和地缘冲突的形式,往往掩盖争夺的实质或加剧了冲突的烈度。

当今,"一极"世界的出现并不是偶然的,尽管冷战时代的斗争是以意识形态的区别出现的,但冷战结束后,取代意识形态区别的似乎是不同文明圈的对立而引发的连续不断的冲突,然而它的实质正是在政治、经济、军事上起主导作用的西方文明试图压制、阻碍、消蚀、破坏其他文明占据的因冷战结束而出现的真空。在西方文明的主导作用进逼到其他文明体系并威胁到它们的存在和发展时，与其他区域性主导文明间的冲突就是不可避免的了。同时，一些处于文明边缘地带的民族或国家，在选择与哪一个主导文明为依靠时，无形中产生出自己的朋友和敌人，这加剧了不同文明体系的主导文明之间的冲突。从 20 世纪 90 年代至今，非洲、欧洲、亚洲发生的激烈的地区和民族冲突，就是最好的证明。

与主导文明相对的一个问题就是区域文明，我们只所以用"区域文明"这个概念，而没有相对主导文明使用"非主导"或"次要文明"，是因为，主导文明的对立面是"反文明"或"衰落文明"，而不是"非主导文明"，就像在同一方向的高速车道上奔跑的汽车一样，他们有快慢先后，但没有背道而驰。

区域文明是指在一定文明区域中形成的独特的文明体系，区域文明不同于世界有几大文明这样的划分，尽管这种划分的基础依然是地域，但区域文明把所有存在于世界不同区域的独特文明都包括在其中，既承认文明体系间的差别，也承认文明体系内部的差别。不承认这两种差别同时存在，也就否认了世界文明为什么会异彩纷呈，为什么会"各领春秋"而不是"整齐划一"。今天，以美国为首的西方文明体系正在极力创造一个单一价值体系下的文明体系，他们认为，历史已经证明了西方文明价值的可靠性和唯一性，但事实上，无论这种文明的价值如何的"高尚和伟大"，世界却正在向"多极化"发展，因为，文明的"多极化"是文明历史发展到今天的必然趋势。

首先，文明起源本身就不是单一的，而是呈现为多区域、多样性的特征。尽管今天的一些考古学家和人类学家正在试图寻找地球上人类的"祖先"，但至今没有得到普遍认可的结果，非洲大陆上发现的某种 60 万年前的女性骨骼化石，被媒体宣称为人类"第一位外祖母"，但这并没有证明人类就起源于非洲，很多证据表明，寻找人类共同的唯一起源这种思路本身就存在问题，或许人类在细胞演化过程之初的确存在过唯一的原核，但这并不能证明人类就起源一个地方的一个人群，更不能证明这个人群向世界各地扩散而形成今天世界上的人种和族群。

其次，文明的"区域化"是文明成长历史的必然结果。有考古发现和历史记载的文明起源遍布全世界，这些起源不仅在时间上表现出巨大的差别，在形态上也表现出巨大的差别，这证明文明在其发生、发展过程中是以其文明载体的地理环境和人种特点为基础的，而不是"根须"状发展形态。并不是寻找共同的起源就能够证明文明的共同性，不同文明生长于不同的地域环境中，并与承载这个文明的民族群体联系在一起。就像属于同一科目的植物种子生长在不同土壤环境中其形态必然不同一样，文明的区域化是必然的。

其三，如果说人类共同性的原因在于生物种类的共性，不如说人类共同性的原因在于人类劳动的共性。人类不约而同地用不断发展的劳动方式创造了自己和周围环境，并因此创造了共同的文明，这是文明具有共同性的根本基础。我们抽象出文明的本质，是为了把握文明的共同性，这样我们才可以肯定人类文明是朝着一个共同的方向发展的，但每个区域文明是文明的具体载体，拥有着自己的特殊性，它与构成这个文明载体的其他所有因素结合在一起，构成文明整体的各个部分，而各个部分的相加绝不是文明的共同性，各个部分本身就是一个独特的文明体系，企图用一种文明体系取代世界上所有其他文明体系是违背人类文明多元化发展趋势的，也是根本不可能的。或许有一天人类会全部进入共产主义社会，但这也并不意味着生活在一种文明形态当中。今天，一些西方资本主义国家企图把他们的制度和价值观推及到全世界，就是对世界文明进步的一种倒退。

其四，资本主义制度产生以后，文明的界限由于生产的社会化、产品流通的世界化而被打破，也正是从这个时代开始，局部

第六章 文明与时代 119

文明的界线真正被打破，文明的历史才走向相互影响、相互冲突、相互促进的阶段。在此之前文明相互作用主要局限在区域文明内，区域文明外的交往冲突表现为间接和阶段性小范围。马克思在《共产党宣言》中讲的："资产阶级，由于开拓了世界市场，使一切国家的生产和消费都成为世界性的了。"抓住了世界文明走向日益紧密联系和相互影响的时间和根本原因，可以说，从此人类文明随着世界经济一体化过程必然出现更多的相争、相溶、相互促进的历史，但绝不是用一种文明取代其他文明。

经过近代到现代300多年的历史发展，区域文明并没有因为文明之间相互作用的加大提高而趋向融合，相反，区域文明的政治经济文化作用越来越突出，区域文明内部国家与民族间的合作和团结与区域文明的稳定有着越来越密切的关系。这显然是文明开始相互影响作用加强的初期反映。从当今世界地图的分布情况，我们就可以把世界文明划分出这样几个主要文明区域：非洲南部和北部文明区域、大洋洲文明区域、欧洲西部和东部文明区域、亚洲东部和西部文明区域、北美和南美文明区域。

这些文明区域都有某一文明类型的代表存在，都是区域文明中的主导文明，因此，具有相对稳定和发展的特性。同时，在欧洲、拉丁美洲、亚洲及非洲相邻的区域文明存在于一个大陆中，它们之间的相互作用，更多地表现为冲突和历史竞争态势，区域文明在各种各样的所谓"全球化"、"一体化"、"世界化"的浪潮中作用反而加强，特征反而突出，冲突反而加剧，这不能不使我们重新认识文明发展的历史阶段的问题。

如果与地球上存在的最早的生物相比，人类也只是刚刚进入学步的年龄，而文明的历史相对更为短暂，尽管看起来人类的文明程度日新月异，但不同文明之间真正开始相互了解的历史也就是千余年，近代资本主义工业产生以后才可以说文明进入相互影响阶段。也就是说，不同的文明体系刚刚学会从其他文明体系对自己的态度中认识自己，也就是说到了能够自觉认识自己的初级阶段。无疑，这也是区域文明进入新的发展阶段的开始，这个阶段必然伴随着不同区域文明的扩张与延伸，在这种情况下，一些在政治经济军事上强大的区域文明与其他区域文明产生冲突就是不可避免的了，但如果因此就说文明到了整齐划一的历史整合阶段，显然是不顾客观历史发展的现实，为"霸权主义"式的主导文明的扩张提供理论依据。

三、一极——东方文明与西方文明

今天，一极化和多极化这两种发展倾向都在向前推进，给本来就不安定的文明世界带来了新的动荡因素。

当今文明世界往往被人们划分为东方和西方两个似乎截然对立的体系，从地缘意义上看，这种划分显然没有确切地反映出文明的差别；从意识形态的分别来看，这种划分也不能完全准确地反映政治区划。它更主要是从历史文化和经济发展程度来划分这个世界的。但是，正由于历史文化的差别，在自由资本主义产生后，西方国家开始探索长久以来对东方文明世界充满的神奇异域，促使西方从近代开始对东方大举侵入，并从此把落后羸弱的东方形象留在了西方人脑海里，与此相对，东方人也从此把西方人的入侵看作是西方文明的本性。历史就是这样区分了东西方文明。

今天，东西方文明的差距不仅表现在历史文化上，更主要表现在经济发展上，当然，这两者之间有着内在的联系，但从文明的角度看，东西方文明主要差距是历史文化，既不是高低区别，也不是优劣区别，而是从内容到形式的整体性区别。但是，即使是这样一个观点,在许多西方人或东方人眼里,都是不可接受的。站在保守的东方文明的立场上看,西方文明的价值远远不如东方,西方是在依靠武力和欺骗与东方交往的;站在保守的西方文明的立场上看,东方文明的价值在于"古老",东方社会的"陈腐"只有在西方技术的冲击下才恢复了生气。

冯其庸在为法国人格鲁塞写的《东方的文明》一书作序中写道:"由于世界历史发展的不平衡,西方的工业革命,即资本主义化比东方遥遥地早出了一个半世纪,因此,西方资本主义国家,可以凭借他们的经济实力,可以利用经济先行的特有的时间条件,最后还运用他们的坚船利炮,来推行和宣传他们的西方文明。""历史本来是充满矛盾的,一方面,在某些人的眼睛里,西方文化和艺术高于一切,但在另一方面却不惜用掠夺、偷盗和重金收买的手段来获取东方的艺术品,而且公然陈列在博物馆里,把它作为世界一流的艺术品来看待。"①

上述观点向我们提供了两个信息:一个是西方文明是在工业革命中领先东方,并以此获得的优势剥削和压迫了东方;另一个是在"先进的高等的"西方文明人眼里,东方的艺术却是世界一流的,是西方文明可望而不可及的。这种看似矛盾的现象却说明了这样的事实:西方文明依然凭借优势试图成为文明世界的唯一主导,东方文明依然处在被动落后和奋力追赶当中。这种东西方文明的落后与先进的时间转换,使曾为先进的东方文明处在急需现代化的关头,但是,衡量文明的价值并不是以更现代化为标准,也不是以是否能生产出更多的物质产品为标准,而是以对人类物质生产和精神生产的贡献为标准,这种贡献却是一个历史的积累过程,或说曾经为人类文明的进步起到"台阶"的作用,不能说今天的"台阶"就比过去的"台阶"更有价值,只能说过去

---

① [法]格鲁塞:《东方的文明》,序言,中华书局,1999。

的物质和精神文明积累更是伟大的、民族化的、不可恢复的。

东西方文明在世界近代史当中出现真正的碰撞时,导致的结果就是两个截然相反的发展趋势:一个是区域文明发展态势强劲,呈现"多极化"倾向;一个是西方文明的主导作用加强,呈现"一极化"倾向。今天,这两种发展倾向都在向前推进,给本来就不安定的文明世界带来了新的动荡因素。

首先,文明的构成本身就不是单一的。世界各地生存的人们,在其漫长的发展历史中都创造了大量的光辉的文明成果,这是人类文明的共存基础。尽管近代以来,由于资本主义扩张的影响,文明逐步向几大区域文明发展,但区域文明内部构成因素依然是过去文明向现存文明推进的要素,尽管有些文明的外在形态已经不存在,但其生命已经转移为区域文明的组成部分,这样才构成了一个区域文明的主要内容和稳定形式。

其次,文明发展的历史轨迹是一个兼收并蓄的过程,但具有"兼容"能力的文明必定是"高版本"的,那么,"低版本"的文明在没有与"高版本"文明相遇时,只是按照自己的轨迹发展,或与其相近文明类型竞争互进,但在与"高版本"文明相遇斗争时,它们就面临被"覆盖"的危险。这必然引起文明间的激烈抗争,导致文明出现保守和强化现象。正如马克思说的:"相继侵入印度的阿拉伯人、土耳其人、鞑靼人和莫卧儿人,不久就被印度化了,野蛮的征服者,按照一条永恒的历史规律,本身就被他们所征服的臣民的较高文明所征服。不列颠人是第一批文明程度高于印度因而不受印度文明影响的征服者。他们破坏了本地的公社,摧毁了本地的工业,夷平了本地社会中伟大和崇高的一切,从而毁灭了印度文明。"[1]

其三,当今世界文明之间冲突的实质是政治经济的冲突,以

---

[1] 《马克思恩格斯选集》,第1卷,768页,北京,人民出版社,1995。

一种文化的意识形态的形式所掩盖。不同文明之间的冲突是自然的正常的，其趋势是文明的提高和发展，但以一种文明压倒或企图完全取代另一种文明，其结果必然是悲剧式的、残酷的、反文明的。宣扬文明冲突导致战争和分裂的人，其本质是帝国主义本性在对待人类文明态度上的赤裸表现。美国著名学者亨廷顿在《文明的冲突》一书中甚至形象地描绘了一场儒教一阿拉伯文明与西方文明的世界大战争。作者在战争描述中划分出来的对立阵线表现出露骨的挑拨和文明独裁者的心态，读之让人触目惊心。

其四，尽管当今文明世界出现"一极化"或是"多极化"发展趋势，其实都是区域文明范围内产生的，并没有出现一种真正能够成为主导世界文明的文明种类。也就是说，文明发展的历史仍然处在区域文明充实发展阶段，其区域文明的外缘与其他文明发生相互作用是文明的发展规律。问题在于，当意识形态的差别成为区别文明的高低优劣的标准时，文明只能是一个借口，文明之间的冲突也就难免选择政治经济乃至军事为手段了。

当然，从文明所涵盖的所有范围来讲，政治经济也属于人类文明的范围，甚至军事也代表了人类文明发展的程度，把文明限定在一个狭隘的范围内，会使文明成为一种虚无漂缈的东西。但是，如果把一切非文明的东西也都包括在文明内，那不也是对文明的一种否定，甚至是更大意义上的亵渎。正如今天的文明虚无主义者所宣称的那样，"人类现存的一切都是文明的结果"，这就是说只要属于人的，都是文明的，从而否定了文明的本质。而文明却是在逐步远离野蛮中产生出来的，正如胎胞并不是婴儿一样，尽管婴儿是在胎胞中发育成长起来的，但婴儿却是一个完全崭新的生命。所以把一切都归于文明"门"下的看法，显然是一种虚无的、貌似激进的观点。

但是，如果把其他文明都看作是"异类"，唯有自己的文明才是文明，这同样也走向排他主义和孤立主义。而排他主义甚至以武力灭绝其他文明的现象并不是现代才有的新鲜事,黑暗的中世纪开始宗教禁欲主义和不宽容就是对文明的排斥,因此,中世纪曾经给人类文明的进步带来一段黑暗时期。如今,西方中心主义把西方文明认作是"唯一世界性的"、"人类共同接受的"、"普遍的价值观",从而对其他文明采取蔑视、压制的手段,千方百计地使其缩小影响。这正暴露了狭隘的排他主义文明观的反文明本性。

如果从这个角度理解当今世界出现的"一极化"和"多极化"的斗争,就能够更加清楚地认识到伴随世界"一极化"趋势给文明世界带来的危害性,从而也更加清楚地认识到文明发展历史走到今天,其区域文明走向更高发展程度的必然性。对这个问题的具体认识,我们首先还要从西方文明谈起。

西方文明尽管它自己也在强调出现单一文明的不可能性,但依然在努力使自己成为一种"普世文明"。这并不完全是一种主观臆想。从近代开始,西方世界经过一系列社会整合,使其在宗教、文化、信仰、价值观、思维方式和政治制度方面获得了广泛的认同,并在工业化的推动下,赢得了世界最发达的现代化水平,至今西方世界的科技水平和金融实力仍然是首屈一指的,这些条件正在"促成"西方不由自主地向"一极"化发展。

首先,西方存在一种共同的宗教。基督教世界具有的宗教共同性超过了其他方面具有的共同性,在维系西方文明的统一性中基督教扮演着极其重要的作用。与其他文明体系不同,伊斯兰教主要集中在中东、北非、中亚的阿拉伯人当中,印度教主要集中在印度,东正教主要集中在斯拉夫民族中,而基督教信仰群体包括了一些文化及历史迥异的民族,这些民族在古代文明史中曾经占据了领先的位置,他们流传下来的思想意识被认为是人类民主思想的发源地。另外一些文明体系,像中国、日本及拉丁美洲,它们的宗教色彩并不鲜明,宗教在维系这些文明群体的作用远远不如历史文化及语言的作用大,他们流传下来的思想意识与西方民主精神的传统有巨大的不同。

其次,东方传统精神是非宗教的,但却神秘化、世俗化和专制性;西方传统精神是理性化但却宗教性,民主化但却绝对性。这些看似矛盾的东西却真实地存在于东西方文明的发展历史中。西方保留着对西方古典文明的共同崇拜,这促使西方世界在信仰和理想方面具有相似性,在社会生活当中,人们对普遍的道德、法律、权利拥有可以相互接受的基本原则,这是西方文明世界社会相似性的基本原因。但西方的民主传统是建立在绝对权威或神的意志支配下,因而战争和强权被认为是合理的。

其三,西方拥有同一起源的语言体系,即罗曼语系和日耳曼语系。尽管各民族的语言在16世纪时已经基本具有了现代的形式,但语言的同源仍然是除宗教以外西方文明的又一个重要共同性。它是西方不同民族之间思维方式共同性的一个重要原因。语言毕竟是思维的形式,随着英语的世界化,人们也更多地接触和接受西方文明。

其四,西方各国保持着相近的社会制度和自由主义信仰基础。西方社会制度的特点是精神权威与世俗权威的分离,在此基础上形成了以法制为核心的观念,在工业化过程中这种法制观念成为人们的共识,西方民主制度就是建立在这种"全民化"的法制传统中,这种自下而上的社会意识形态基础,使近代以来西方确立的资本主义制度持续了较长的时间,并仍然显示出活力。

其五,西方掌握着文明世界先进的科技和生产设备。先进的科技和生产设备使西方文明世界建立在一种可靠的物质基础上,维护和保持强大的物质生产力,成为维护和保持西方文明先进性的基础,加上目前广泛应用的信息技术,更使西方文明世界整体化形象突出,与其他文明体系的区别加大。

甚至一位英国的学者专门写了一本《文化帝国主义》的书,

大家不要以为他是要批判"文化方面的帝国主义的行为",而是以此确立的文化帝国主义,因为,在作者看来,如果对文化帝国主义直接批判,"这样的话语是对于全球的历史发展过程提出了言说,而这些言说非但是包含了、并且在某些情况下更是重新塑造了文化帝国主义论者的看法。"[1] 他给文化帝国主义开的路灯是"文化全球化"。

以上所举,反映出西方文明向"一极"化发展的基础和原因,由此我们也可以更加深入地了解当今世界出现"一极化"趋势的深层次原因,它并不仅仅是一些抱有霸权主义心态的人的个人主观行为,也不仅仅是"冷战"结束后"另一极"消失而出现的"一极"争霸的世界格局,而是有着更为广泛的深层次原因。

与此相对,文明向"多极化"发展的趋势也同样有其深层次的原因和基础,即如东方文明代表了世界文明的"多样化"一样,它正与其他区域文明向其更高、更广、更深推进,完成其文明不断发展的历史使命。当然,从人类的未来看,文明最终要在一些基本的要素方面达成"同一",这也是人类社会发展的必然趋势,但这种"同一",绝不是"高等"文明的那"一极"对其他文明的统一或统治,而是优秀文明成果的充分发展与相容,民族的与世界的和谐发展与融合。而实现这一目标的前提就是人类文明首先向"多极化"发展,只有区域文明获得充分的发展,人类文明才会出现真正的和谐与融合。

首先,东方文明是人类文明最古老的诞生地之一,它既是一些区域文明的母文明,又是文明体系中的一个主导文明,因而,东方文明在世界文明中处于独特的地位。这种独特的地位造成如下结果:一是东方文明因古老而衰落,从文明发展的周期来看,世界上古老的几大文明都处在衰落阶段,有的甚至已经消失,这

---

[1] [英]汤林森:《文化帝国主义》,54页,上海人民出版社,1999。

说明，进入近代以来，文明的发展规律并不是越古老越强劲，而是越年轻，越具有吸纳性，发展的趋势越强大。二是母文明遭遇子文明的否定，区域文明在发展到一定阶段，就需要从其自身寻求发展的原动力，这与民族心理和国家意识有密切关系，这使东方文明体系的完整性受到来自内部的破坏。

其次，东方文明具有与西方文明截然不同的文化传统、语言系统、政治制度和思维方式。也与印度文明和拉丁美洲文明不同。东方文明与西方文明显然构成两个单独文明体系，在东西方文明交汇的历史过程中，东西方文明由此而导致不可避免的冲突，并延续至今。一是东方文明因独特和古老而吸引西方文明的关注，并成为西方资本主义扩张的属地；二是东方文明因物质生产领域的落后而遭受西方文明的侵略和压迫，在21世纪这种侵略和压迫将以新殖民主义和"经济全球化"为方式。

其三，东西方文明之间的冲突将在东方文明重新焕发新的生命活力中进一步激化。西方文明在冷战结束后，错把自己当作世界文明的主导、人类共有的价值观，加上意识形态的差别，使西方文明与东方文明的冲突加剧。一是西方世界企图遏制东方文明体系的发展，使其始终落后于西方；二是东方文明正在走向新的历史发展轨道，西方世界企图使其偏离发展的核心，把西方的信仰和价值观挤进东方文明体系中。

其四，东方文明发展的最大障碍是其封建社会意识形态及保守的传统习俗。尽管从表面上看，我们似乎看不到封建社会制度存在，但实质上，一些东方文明国家的领导体制、国家意识、国家与人民的关系、人们的价值取向都留有封建社会制度的严重影响。造成的后果是：一是试图用本质属于封建社会制度的东西反对当代资本主义，结果必然是失败的，因为，无论如何，资本主义社会制度是高于封建社会制度的；二是东方文明的发展在一定程度上受制于传统的保守的封建意识形态，使其在建立生产的社会化过程中，社会意识的民主化和科学化却建立不起来。三是人民处于封建小农意识的普遍影响下，缺少独立精神和首创意识，安于专制统治和盲从意识。

由此看来，东西方文明的冲突斗争，目前西方占优势，这也是东方文明在现代化发展程度上落后于西方文明的自然结果。它必然削弱世界"多极化"格局形成的力量。但是，东方文明正在走向重新繁荣和发展的道路，正在通过经济生产的迅速发展焕发出新的活力。

东方文明的优势在于：第一，它拥有深刻而合理的世俗观念，使具有东方文明意识的人民的坚定性、忍耐性、灵活性特别突出，这也是他们历经万年而终其有的根本。今天，他们的智慧和文化底蕴决定了在市场经济中具有特别的主动性，因而会在短时间内获得物质生产领域的较大发展。

第二，东方文明体系包涵着广泛的民族和地域，形成东方文明的基础，其地域内拥有的大量资源是东方文明现代化进程的加速器。这些资源包括人力资源和物力资源。从相比较的角度看，西方文明在人力资源和物力资源的长期竞争中将处于劣势。特别是东方文明区域拥有大量的人口资源，其人口增长率远远超过西方，这从目前看似乎并不是一个优势，但随着时间的推移，它将是一个最重要的战略优势。

第三，东方文明在经历了衰落以后，正依靠自己深厚的文明基础走出低谷，而西方文明正处在如日中天的时代，按照事物波浪式客观发展规律，未来将预示着东方文明的重新崛起和西方文明的即将衰落，21世纪的世界已经显现出某些征兆。据此，不成熟从发展的意义看并不是一件坏事。

总之，人类文明的未来是光明的，前途却是曲折的，现阶段文明正处在"诸强并举，一强据优"的时代，文明大概正需要这种冲突与洗礼才能够获得质的飞跃。当然，东西方文明都是人类文明发展的结果,孰轻孰重都是意识形态角度的看法,对文明而言,冲突就是走向融合、协调的必然阶段,各区域文明充分发展将是文明获得共同性的基础和前提,没有这个基础和前提,"一极"只能给人类文明带来灾难。

第七章 文明与伦理

一、情理——自然人与文明人的统一

> 它不让人迷信,却让人守旧;不让人思考,却让人遵从;不让人创造,却让人生产;不让人崇拜天,却让人崇拜人;不让人为物欲而奋斗,却让人为"守礼"而牺牲。

文明的一个核心因素就是情理,因为,只有人才有情与理,只有在人的文明中才寄寓着情与理。情理的理论化就是伦理,人类对自己生活的社会组织结构达到伦理的认识高度,是在对道德、善良、义务、美好、良知、德行等积累了一定的实践经验和理性思考以后才形成的,正因为如此,伦理被作为人类文明社会的一个关键标志而高于一般的文明特征。

如果把文明区分为"硬件"和"软件"两部分,伦理就是文明"软件"中的核心,因此,伦理在文明中占着举足轻重的位置。

首先,伦理是人类社会发展到一定文明程度的重要标志。在原始社会阶段,人类因处在群居、部族或部落时代,伦理关系仅表现为血缘或族际关系,尽管到原始社会末期,人开始生活在一定的社会组织结构下,这时的社会组织结构主要表现为生产及其组织结构,还根本谈不上伦理结构。伦理结构的真正产生是在私有财产开始出现以后。早期社会意识产生的根源都可以从原始的财产分配过程中找到原因，正如一夫一妻制产生与私有财产的继承权有直接的关系一样，人们认识到伦理关系的存在是与人们认识到哺育权和财产权的关系有着密切联系的，显然，社会伦理关系是建立在家庭伦理关系之后。

其次，奴隶社会是人类伦理意识成长的野蛮时代，正如幼儿在成长为成人之前都要经过一个"无法无天"的时期一样，奴隶社会正是人类伦理意识将要成熟的"反正"，把人的伦理意识中的野蛮部分充分暴露出来，使人类社会再回到那个不讲人性、没有良知、任意践踏生命的社会成为不可能。但奴隶社会也并不是处于同一个发展水平或历史阶段，遥远的古希腊奴隶社会和20世纪的西藏农奴制社会是无法相比的，但它们的共同之处是拥有奴隶，依照今天的伦理道德看，奴隶存在就是对人性的践踏，但它们的的确确又处在不同的社会发展阶段上，如果古希腊奴隶制有其不可避免的历史必然性，那么西藏农奴制却是历史的悲剧、伦理的黑暗，有人要为西藏农奴制的存在寻找历史理由的话，只能说明他们是别有用心的。

其三，奴隶社会以后，是人类伦理成熟、完善和发展时期，随着人类社会组织结构的完善发展，人的伦理思想也逐步丰富和发展起来，可以大致区分为这样几个层次：第一，狭隘的伦理思想成为稳定的社会细胞家庭的主要维系基础；第二，社会承认的广泛的伦理意识成为一个民族、一个国家文明的基本特征和联系纽带；第三，超越民族和国家的界限，逐步出现人类社会共有的、普遍接受的伦理思想和道德意识，比如尊严、生命价值、保护环境等。第四，突破传统的伦理思想界限，逐步走向新的伦理意识，为未来人类社会文明的发展趋势打下伦理意识的基础。

其四，随着人类文明意识的扩展，伦理所属的范围也在扩展，出现生态伦理，科技伦理等新的伦理范畴，它们显示出伦理所表达的有关人类自身的关系范畴已被突破，把与人类生存有密切关系的环境和科技发明涵盖在伦理范围,从某种意义上说,人类与周围万物同处在一个有机联系的整体中,人类只是相互联系的活动的万物中的一个局部要素,与构成万物的其他要素相比,人类只是一个"亲族",在万物相互作用中构成人类社会。

这种观点看起来与原始人类抱有的"万物有灵"意识有些类似,其实,从某种意义上说,人类思维的进化依然遵循着"螺旋式"发展的规律,原始人意识中的"万物有灵"与今天人们认识到的"生态系统",是对同一个问题的同样认识,但却是更高级的基础上、更科学的意义上、更伦理的意义上形成的观点。由此,我们可以发现人类文明的发展史与人类自身"情理"意识的发展有着密切的联系。

"情与理"是两个相互对立但又密切联系的东西。人的"感情、情绪"是以人的生物特性为基础的,一些基本的情绪,如饥饿导致难受,危险导致恐慌,相爱导致快乐等,都建立在人的生物反应的基础上,除了人类以外,有些高等动物也具有这类反应。但在文明的进化过程中,人类的感情内容和表象,溶进了"纯粹人"的特点,并成为人类文明的重要标志。

首先,人类的感情是"可控情绪",在人类学会控制自己的感情以前,曾有过"放纵"的时期,但文明的作用结果,是使人通过理智来把握自己的情绪,不会为了感情的需要而不顾一切社会规范的约束。当然,既使在今天也有人会不顾一切来"放纵"或满足自己的感情,但这种情况往往是病态的发泄,或导致犯罪。

其次,人类的感情是"民族情绪",因为,文明的感情必然是建立在不同文明环境之上的,正如西方人表达感谢或快乐的方式与东方人表达感谢或快乐的方式不同一样,尽管这些感情的生物基础是一样的,这个特征截然分明地反映出文明在人类感情世界的作用。

其三，人类的感情是"自然情绪"，无论人的感情多么受理智的约束，无论它们具有多么强烈的"民族色彩"，感情仍然是人类的共性，是人的自然性的外在形式，因此，普遍存在的人类感情才能被所有的人类理解，并成为生活在各种文明环境下的人类群体沟通的重要桥梁。

其四，人类的感情是"个人情绪"，无论感情的基础具有多么一致的共性，但感情产生和表现却是极端的"个性化"，也有集体意识和集体感情，但它们存在的基础是每个活生生的人，因此，感情永远是个性化的，情绪永远是个体式的，只有生活在更高文明环境中的人才能够理解低级文明人的感情世界，而低级文明环境中的人却难于理解高级文明环境中的人的感情。这是理解人类感情或情绪的一个普遍现象，它充分证明文明对于人类感情世界的构成所产生的影响。

理智不同于感情，但区别理智与感情完全是为了研究的需要。事实上，如果一个人身上理智与感情的区别即如我们列举的那般分明，他必定不是一个正常人。人就是理智与感情的混合物，就像水，在一定温度下它可能汽化，也可能固化，还可能分化，就是说在不同情况下，他可能理智占上风，也可能感情占上风，还可能出现理智和感情交替占主导的可能。但理智相对感情来说，前者的基础更清楚地打上文明的烙印，或说具有稳定性和可理解性。

理智是在人类改造周围环境中产生的，人之初是与自然万物同一的，人正是在改造自然当中，逐步创造了自身。

首先，人的意识本身就是劳动的产物。劳动使人的大脑物质具有了思维的特性，因为手和劳动工具的应用促进了大脑的发展，食物的改变同样也是人类大脑进化的一个重要因素，脑物质具备了思维特性是意识的基础。

其次，最初构成意识内容的是劳动对象。人是在劳动中获得思维内容的，人只所以需要劳动而不是捕食，是因为人类最早的祖先失去了原来赖以生存的食物链，他们必须改变生存方式才能活下去，当然这一切都是在生存本能的作用下驱使他们完成的，一旦他们走出被动生存的局限，依靠手就成了唯一选择，而最早人类的手除了灵活性以外，并不具备多么大的优势，利用工具自然也就成了人类为了生存而进行的唯一选择，而使用工具，那怕是最简单的工具，都证明了人类开始了劳动，不像其他动物那样，需要是同生存本能一致的，而生存又是与固定的食物链相联系的。至于为什么在万物当中只有人类进化为人类而不是其他物种，这只是一个纯粹的形而上学的问题，我们可以举出数十种理由说明自然选择的必然性，但同样也可以举出数十种理由说明自然选择的偶然性，这是一个充满魅力的问题。但目前思考这一问题的方式只能是从结果推导起源，而不能从起源推导出结果。这是一个科学还没有完全回答的了的问题。

其三，人类理智基础的劳动对象本身蕴含的客观规律。人类能够改造自然并在改造自然当中获得独立的"思维特性"，就在于人在劳动过程中把自然对象的特性逐步上升为意识内容而储存在大脑里，随着对周围自然环境改造范围的扩大，对自然对象客观存在的规律性认识的增加，人类理智发生并发展起来。比如人认识到轮子是可以滚动载负，但什么又可以做成轮子？树木是直的，树木本身不会长出一个轮子，但树木是可以弯曲，并且有比木质更硬的工具可以对木头加以改造，于是木头成了最初制造轮子的材料。轮子的出现是一个人类理智发展的很好证明：一是人类对"形式"有了明确的认识，知道圆的形状可以转动，二是对物质间的关系有了明确的认识，知道石头比木头硬。这就是人类理智发生的根本。但人为什么能够把握事物的因果关系，并可以用不同的物质形式反映人对事物因果关系的利用？这是一个单纯用"脑物质"的特殊结构解释不清楚的一个问题，尽管哲学家们似乎已经知道了答案,但迄今为止,科学还没有揭示人脑"天生"具有的这种机能。

其四,理智形成发展过程是一个逐步由低级向高级、由简单向复杂、由表象向本质发展的过程,当构成理智的内容成为知识并成为一部分人的特权以后,理智的代表——知识也就成为权力和财富的象征;当广泛的印刷和规模化教育出现以后,掌握知识的理智成为文明社会中文明人的基本特征,从此以后,理智便以人的基本特征而固定下来,并也因此成为文明人类的根本特征。今天,没有理智的人是社会的"异类",甚至失去理智的一时行为也被社会所不容许,不能想象没有理智,更不能想象失去理智,因为前者是非人,后者却是由人到非人。

然而,光有理智而没有感情,或光有感情而没有理智都同样是不可想象的。理智超过感情或感情超过理智在人们的行为中却时常发生,从结果上看,这正是人类社会丰富多彩的原因。情与理和谐相伴是自然的人与文明的人的统一,是人类文明发展的正常轨道,然而,这个问题从现实意义上讲,它远不仅是一个理论问题,更是一个现实问题,也不仅是一个社会问题,而是一个个性问题。原因在于:

首先,人类保持理智的基础是稳定的思维状态。人在理智地思考问题时,大脑必须处于正常稳定的生理状态下,正像保持汽车发动机的正常运转就必须保持适当的温度一样,一旦温度超过正常值,发动机就会出现问题,保持正常温度的条件是冷却系统的正常运转。大脑理智的活动同样需要在一个稳定的思维状态下进行,而保持稳定的思维状态,就必须保持稳定的心理状态和稳定的生理状态上。心理和生理的关系在人体特征中表现为:生理是基础,心理是表现;心理影响生理,生理制约心理,两者互为影响。因此,一旦心理或生理遭受意外冲击,发生改变,则稳定的思维状态会发生改变,必然影响大脑的理智活动。

其次，影响人类理智稳定活动的主要因素是情绪。情绪是心理活动的外在表现，自然的情绪当然是由生理活动的状态决定的，但随着人类社会的复杂化和人内心活动的丰富，人类自然情绪越来越少，更多的是包裹着各种社会因素作用下产生的个人情绪。问题在于，第一，个人情绪的社会化趋势对违反社会习俗的个人情绪产生巨大压力，导致个人心理活动的扭曲。第二，个人情绪会随着社会环境的改变而发生变化，在有些情况下，这种变化是个人心理难以承受的，从而导致心理崩溃。第三，个人情绪长期压抑如果不仅仅是少数人，而是表现为多数人的集体心理压抑，则这个时期的整个社会心理都容易发生变态，造成情绪的混乱和理智的丧失。

其三，每个人的心理活动都表现为特殊性，因为每个人都生活在独特的成长环境中，但是如果从一定时期，一定发展程度的社会共同环境讲，这个时期和这个社会中的人又具有共同的社会心理意识。但当个人在社会中遭受挫折或意外打击下，个人心理就会与社会共同心理疏远，个人情绪就会发生异化，有时采取与社会正常理智活动相悖的"反社会理智活动"。因为，如果把这种"反社会的理智活动"认为是"非理智"的，实际上并没有抓住问题的本质，事实上他们是在完全理智状态下进行活动的，这种情况下，个人情绪的变化就完全与理智相分离，有时纯粹是为了掩盖自己的真实心理而表现一种虚假情绪。

因此，尽管理智是人类思维活动的主要特征，但理智却是建立在心理和生理这种随时受变允许的范围内，如何使自己既是一个非常理智又是一个充满感情的人，几乎是人开始理智思考自己时就产生的问题。

但是，"在我们的情感框架里，没有什么能像永恒感、变化感以及两者的浑然一体感那么基本了"，"生命物质总是要获得形式的永恒；但形式的永恒不是它最后的目标（最后目标终有完结之时），而是一种不停地追求又总是每时每刻已经达到的目标。"①

古希腊悲剧所表现的悲剧意识就是最为典型的情与理的冲突，所谓"人性悲剧"其实就是人的理智和感情在社会责任、家庭矛盾、个人冲突当中谁战胜谁的问题。来自理智方面的制约有：社会责任、国家义务、宗教诫律、社会伦理、传统习俗、道德义务；来自感情方面的影响有：血缘感情、民族感情、乡土感情、个人亲情、友谊爱情、传统信仰。在上述两方面的因素当中，有些因素如果同时在一个人身上发生作用，就必然出现哪一个因素起决定性作用的问题，正如著名悲剧《美狄亚》所表现的国家利益与家庭利益发生冲突时的悲剧结局告诉人们，理智和感情是一对不可调和的矛盾。

在中世纪宗教禁欲主义主宰人们的思想感情时，渴望美好感情战胜邪恶理智成为人们向往的精神世界。人应该回到自然感情状态，为了信仰上帝而放弃人生最美好的感情和追求，本身就违反了上帝创造世界的初衷。所以拉伯雷笔下的《太阳城》只有一条诫律，就是做你想做的事。靠美好的感情和善良的愿望就完全可以打动上帝。

这种对宗教禁欲主义的反叛，实际上起到了解放人的理智的作用，到了18世纪启蒙运动时期，知识和理性就成为人们追求和崇拜的对象了。因为，当人的感情受到严重的压抑时，理智也在哭泣，毕竟人只有在感情自由时理性追求才能大放光彩，人只有在感情自由时理智才能够获得新生。从这个意义上人们才说感

---

① ［美］苏珊·朗格：《情感与形式》，79页，北京，中国社会科学出版社，1987（苏珊对情感形式的研究远远超出了艺术领域，她给与各种艺术形式以情感方式方面的解释，然而在现实生活中人们正是在现实地表演着各种艺术形式，她的分析哲学式的研究为我艺术地理解现实和现实地理解艺术创造了条件）。

情是理智的翅膀。一旦人的感情获得了解放，人的理智也就充分发展起来了，与此相对应，近代以来，科学知识的飞速发展和新生产方式的不断改变，的确与人们理智的极大开发有密切关系。人们的感情世界也更加丰富多彩。

中国人的理智和感情发展与西方的发展轨迹有所不同。从孔子诞生以来，以汉民族为核心的中华文明体系中，就形成了形态完整和思想深邃的社会伦理观，随着中国封建农业社会制度的进一步发展完善，孔子创造的一整套儒家学说也得到了极大的丰富和发展。这种定型式的社会伦理体系，涵盖了社会思想意识的几乎所有方面：一是它是一切思想理智的范本与源头，人们可以从中获得有关"治国、齐家、平天下"的所有思想策略，只要熟读并领会了其中的奥妙，剩下的就是照办。二是它又是一切感情发起、抒发、升华的范本和源头，人们可以从中获得关于人的感情世界的真谛，也可以获得感情世界的所有奥妙，还可以得到解决情与理矛盾斗争的良方。正是中国社会存在这样一种发达的思维方式，并与中国独特的稳定的社会生产结构相适应，使中国人在处理情与理矛盾时表现的相当的理智和充满人情意味。无论如何这是一个奇迹，中国创造了与其他社会截然不同的思维方式和情感表达方式，随着文明成果的积累，中华文明体系当中这一独特的思维与情感表达方式成为其代表特征。

今天，我们依然可以看到，正是由于这一文明特性，使中华文明社会保持着一种相对稳定的社会发展状态，尽管经历了20世纪末国际共产主义运动的重大曲折，尽管经历了改革开放的阵痛，尽管经历了国内国际一系列巨大震荡，但中国并没有出现俄罗斯那样剧烈的社会动荡，也没有出现南斯拉夫式的社会分裂，而是能够在困境中求得生存、求得发展、求得前进，这不得不说得益于这一虽然古老但永远常青的社会思想伦理体系。

在世界上，各种文明体系对如何处理理智与感情的方式都经历了独特的形成过程并因而具有独特性,我们不能说中华文明中处理理智与感情的方式就是自然人与文明人的很好结合,它与它形成的历史密不可分。问题在于,不同的处理方式在面对不同历史时期所要完成的历史任务时,其作用不同。欧洲文明体系在面对资本主义生产方式提出的开拓市场、走向世界时,他们的思维和情感方式适应了这种历史变化,并在这一历史激荡过程中获得了飞速发展。中国式的处理思维与情感方式似乎并不适合走向陌生的世界,更适合于传统保守的社会结构,因此,在面对汹涌而来的资本主义列强,面对迅速变化的近代世界,他们无所适从,结果是落后、失败并被宰割。

如果我们从伦理角度分析中华文明中处理理智和感情的原则,就会发现这是一种基于发达的维护小农封建关系的伦理意识。它创立了一种高于所有社会意识的典型的伦理规范,目的就是保持等级分明的封建社会结构的稳定,把人约束在土地上,并以家庭为细胞巩固这种封建经济关系。它不让人迷信,却让人守旧;它不让人思考,却让人遵从;它不让人创造,却让人生产;它不让人崇拜天,却让人崇拜人;它不让人为物欲而奋斗,却让人为"守礼"而牺牲。总之,中华文明中的传统伦理是一种劝人保守、"以理克欲"的伦理思想。

经过了近代中国历史的阵痛,今天的中国人在处理理智和感情方式上已经发生了巨大变化,使传统的东方式的情感思维方式在新的挑战中获得了尊重和发展。

二、知欲——人的探索与探索人

当人们掌握了强大的物质生产能力和巨大的能量时,人们还没有学会如何控制自己的理智和情绪,世界就变得像这样"危机"不断。

理智与情感从另一个角度看，就表现为人类对知识的渴求和欲望的满足，而欲望的驱使是人类不断采取行动的基本动力。当然，这里的欲望泛指人类自身的一切需要，而在以往的研究中，出于某种原因，我们一直对"人的需要"在人类发展中的推动作用避而不谈，或谈得很少，其实，人正是在自身需要的驱动下不断发展，不断探索，并不断产生新的需要的。

从需要产生的客观原因看，人的需要是客观的。

我们以往避免深究这个问题，是因为在一般人看来，人的需要必定是主观的，而如果人的需要是主观的，又把人的需要作为推动社会生产方式不断发展的动力，那么这无疑在承认主观是推动社会生产力发展的动力之一。这与马克思主义唯物主义的基本原理相矛盾。事实上，把人的需要从客观角度加以分析正是马克思开的先河。马克思在《1844年经济学哲学手稿》中描述异化劳动时指出：人作为一种类的存在物，"自然界，就它自身不是人的身体而言，是人的无机的身体。人靠自然界生活，这就是说，自然界是人为了不致死亡而必须与之处于持续不断地交互作用过程的、人的身体。"[1] 这就是说人的生命过程正是自然过程的一部分，"因为人是自然界的一部分"。接着马克思提出"正是因为人是类的存在物，他才是有意识的存在物，就是说，他自己的生活对他来说是对象。仅仅由于这一点，他的活动才是自由的活动。"[2] 马克思批判了异化劳动在这个问题上把"有意识的人的存在"和"有意识地存在人"颠倒，使人为了存在而有意识地驱使工人奴隶般地劳动。

---

[1] 《马克思恩格斯选集》，第1卷，45页，北京，人民出版社，1995。
[2] 同上，46页。

这个看似哲学化的问题，实质揭示了这样一个道理：人是自然界的一部分，包括人的意识在内，都是自然关系相互联系的反映。但为什么人能够成为"有意识的人的存在"而其他动物没有像人一样呢？马克思认为是劳动。而人的劳动的本质在于，它除了满足人的需要以外，它还可以满足其他物种的生存需要，也就是人可以生产所有物种需要的产品，而其他物种只能从事满足自身生存需要的活动，正如鸟可以为自己建巢，人除了为自己建造房屋以外，还可以依照其他物种的尺度为它们建巢。但为什么人就能够从事这种"人的劳动"，而其他物种却没有呢？现代科学对这个问题依然没有拿出一个让所有人接受的结论和证据，生命科学的研究正在努力解决这一难题。从哲学角度讲，脑物质具有的"图式能力"，使人在劳动过程中能够把事物之间的联系抽象化，从而使人对周围自然界的认识具有普遍化的特点。但为什么人脑具有这种"图式能力"而动物的脑却没有呢？显然"物竞天择"规律起了作用，因为，具有"脑物质"是一般动物的普遍特征，但人脑是自然物质相互联系发展的顶峰，正如所有物种在运动能力上都依靠"脑物质"来推动，人脑是这种"动力物质"的最高发展。海豚、猿猴的大脑是除人类以外最发达的物种具有的脑物质。不过，在具有人脑物质这种"先天优势"外，现代人脑具有的能力却是人类在劳动中获得和开发的。

　　在上述前提下，第一，人为了维持生命存在而产生的需要无疑是客观的，需要的主体是人自身的客观存在。否认人自身的客观存在，也就是把人的本质建立在主观意识的基础上，实践上颠倒了人的主观意识赖以存在的客观基础。

　　第二，需要内容的不断提高发展本身也是客观的，在不断满足人的需要基础上，人的生存水平也在不断提出新的需要，并且新的需要成为人的存在特征，这无疑也是客观的。也就是人的自然能力在需要的不断开发中获得确证，这种自然能力不是主观想象出来的,而是客观物质生产和人类分工相互促进、不断提高的结果,而且一旦开发出来就成为人的客观特征。

第三,人存在的特征在需要中提高改变,需要在人自身存在特征的发展中又被不断驱动,这种发展规律本身是客观的。也就是物质生产能力的不断扩展与人的需要的不断开发,是人类社会运动发展的客观规律,如果有停止的一天,那么那一天就是人类消亡的开始。

从满足人类需要而从事生产的结果看,需要也是客观。

人的需要驱使人去通过各种劳动以满足需要,满足需要的对象当然是客观存在,劳动创造的产品自然也是客观的。这里有这样两个问题需要指明:一个问题是人被需要驱使而去劳动,是被动的,被自身生存的客观需要所迫使,如果他不去劳动就难保生存。这个问题的实质意义即使在今天也没有发生根本性改变,改变的只是人的需要范围的不断扩大,人的欲望领域的无限延伸。当然,今天的人提出的生存意义与原始社会的人提出的生存意义有天壤之别,但通过劳动来满足人类社会的需要仍然是普遍规律。这从另一个方面说明人类需要的客观性。

另一个问题是人类创造的劳动成果一旦成为满足人需要的劳动产品,它就同时成为人的一种客观需要,成为人存在的丰富的标志,成为人的一种新的分工能力的见证。这个过程表现为不断扩展的动态变化规律,就是说人自身的分工能力在劳动对象的不断扩展当中得到开发与确证;人类劳动分工范围的扩大与人自身能力的开发本质上是一个问题的两个方面;人类对其劳动对象即自然界的认识和人类对自身的认识是一个事物的两个方面。这无疑从客观对象的角度进一步证实人的需要的客观原因所在。应该说,从社会分工的扩展来确证人自身能力的开发,是一个更具有哲学意义的问题。然而,这个问题的重要性,不仅仅在于从客观对象的角度来确证主体的能力,更在于如何认识人类社会的发展与人自身发展的关系,以及如何认识人类社会生产方式的变革史。

人类自身需要和满足需要的生产活动促使人类社会向前发展,但决不能把这种需要归结为主观的欲望和个人的需求,否则这一正确观点极易被混淆而坠入庸人的喜好当中。与此相关,正是由于人类自身发展与人类劳动对象的对应关系,使人类把对自然界的了解与扩展劳动对象的范围联系在一起,并给予极大的关注与追求,这也就是"求知"。满足人求知的需要是为了更好地满足人自身需要,而随着人类"求知需要"的不断满足,这种需要演变为除了劳动需要以外人的另一个必不可少的需要。到今天,求知需要已经成为人的社会性的第一需要。

从某种意义上说,人类社会能够发展延续到今天,根本原因就是人可以把经验以知识的形式传给下一代,无法想象一个没有知识传承的社会能够存在下去,也无法想象一个没有历史传统可以继承的国家能够发展壮大,更无法想象一个不会学习的民族会是一个伟大的民族。因为,求知与学习已经成为人自身特性的表现。

首先,劳动本身就是求知的过程。只要人们从事的活动被称之为劳动,那么,其中就自然蕴涵着对劳动对象的探索、把握和利用,人们的劳动工具越精,劳动对象越广,劳动成果越大,必然需要的劳动知识越多,也就必然要求人的大脑越发达。这是一个良性循环的结果。所以,人类社会正是在劳动过程中不断积累知识,不断向前发展,不断提高的。

其次,知识的积累同时也是人类大脑利用程度提高的自然结果。大脑体积的增大,说明人类在利用大脑过程中经历了一个不断丰富和扩张的阶段,正如一个可以伸缩的袋子,外界给予它越多它会越膨胀一样,大脑接受外界的知识越丰富,脑细胞会越发达,至今,人类大脑的开发利用率只占脑容量的极少部分。就从这点看，人类知识发展的未来还只是起步。

其三，文字的产生并积累知识，是一个社会发展的必要条件。各种现存的文明历史都证明了这一点。因为，下一代人永远只能在上一代人留给他们的物质基础和社会意识形态上发展起来，而他们继承了什么样的物质基础和社会意识形态，对下一代人的发展无疑起着决定性作用，也就是说上一代人积累了什么样的物质和精神成果对下一代人至关重要。这一规律正如是一个长长的、上下往复的链条，对每一代人都是如此，于是，丰富的物质条件和优秀的文化传承最终转变为知识留传给了后人，成为一个民族、一个国家、一个社会最有价值的东西。

但是充分了解先人们的传承，掌握先辈们的知识积累，并不是一个仅靠按班就步、循规蹈矩就可以完成了的任务。如何改变学习方法，如何创新，才是每一代人能够有所发展的根本。毫无疑问，人的思维的最本质和最切近的基础，正是人所引起的自然界的变化，而不单独是自然界本身；人的智力是按照人如何学会改变自然界而发展的。但是，这种能力本身决定于人们所处的条件，决定于先前已经获得的生产力，决定于在他们以前已经存在、不是由他们创立而是由前一代人创立的社会形式，因此，新的一代人只有把前一代人创立的物质和精神基础作为新生产的原料进行新的生产和创造，这种历史联系，这种累加式的创造发展，构成了知识和求知的历史，也就是人的历史。自然的历史与人的历史的本质区别正在于此。

从另一个方面说，知识的历史是人探索自然对象的过程，而求知的历史则是人对自我的探索，因为，构成知识的历史是一个文明的已发生的全部过程记录下来的，而求知的历史却是个体发展的历史，是对个体求知欲望和能力的考验，尽管个体求知的结果最终汇集为知识的洪流，但"人们的社会历史始终只是他们的个体发展的历史，而不管他们是否意识到这一点。他们的物质关系形成他们一切关系的基础。这些物质关系不过是他们的物质的和个体的活动所借以实现的必然形式罢了。"① 主要原因有：

首先，求知的主体只能是以个体为基本形式。不过，求知发生之初完全是一种不自觉行为，只是当所要学习和掌握的知识的容量已经不能单纯依靠上一辈单独的或偶然的经验教育所能完成的时候，求知便开始成为每一个生活在社会当中的个体必然经历的一个成长过程。但求知结果因人而异这一点无疑证明：求知是一种个体的主体行为。

其次，当求知发展到只有少部分人专门从事探索的历史阶段，证明"求知"成为主体的一种特殊能力，并被社会分工所肯定。这是人类文明进步出现飞跃的一个重大标志。尽管今天教育成为每一位社会人必须经历的成长过程，但专门从事求知——也就是科学探索的人却是少数，获得成功的求知者更是少数。

其三，求知是在知识的基础上进行新的探索与创造，并最终丰富了原有的知识。从这个意义上看，求知是人类主体创造性的最高表现，是人对自己主体性能力的确证与肯定，只不过是从对客观对象的探索方面映照出人的巨大力量。因此，它也成为探索人的主观能动性与客观必然性相互作用的窗口。

综上所述，需要的客观性和人的欲望的不断满足，促进了劳动对象的扩展，而知识正是在这一"永恒运动"的需要过程中丰富和发展起来。当探索自然界与探索人相分离时，人类就开始主动把自己也作为一个客体进行探索，试图从人的客观性方面来证明自己对自然的控制力，于是，人类社会开始走入了现代历史过程。今天，这一过程依然在"永动"地向前迈进。

然而，人对自己的了解远远落后于人对自然界的控制，当人们掌握了强大的物质生产能力和巨大的能量时，人们还没有学会

---

① 《马克思恩格斯选集》，第4卷，532页，北京，人民出版社，1995。

如何控制自己的理智和情绪,世界就变得像今天这样极端危险起来。一些人不得不用更强大的物质力量去控制或压倒另一些"失去理智"的人所控制的物质力量,但人们还无法用纯粹的科学方法去证明哪一种理智和选择是正确的并因此需要所有的人遵守它们,于是,意识形态的差别和制度优劣的较量就成为试图说服人们相信的另一个战场,今天,这一战场所发生的战争依然没有结束,并成为真正战争的借口。可见,人类要想证明自己是这个地球的主宰,首先要对自己有充分的认识。

三、协调——人与自然的和谐

我们正处在人类与自然关系的一个重大转折时期,就是人的活动开始突破自然条件的限制,人类的合成产品超越自然性能,达到毁灭自然的地步。

人与自然关系的本质是人如何认识自我的问题。如果人把自己当作是自然的对立物,自认为可以无限制地控制自然,可以任意从自然物中获取自己所需的任何资源,那么,自然就是人类之外的、可以肆意索取的对象,其结果必然是人与自然关系的失衡;如果人类把自己作为自然界的一部分,把人与自然逐步分离的历史看作是自然物质发展的一个高峰,而不是背离了自然界,那么,人与自然的关系就是共存发展的关系,自然界也就是人类的一部分,其结果必然是人与自然和谐相处。

在人与自然关系的历史过程中,双方处在一种极度不平衡状态。

第一是自然处在完全被动状态。当人类自身的自然性还是人的主要特征时,自然的"脾性"完全是自然流露的,而人只有在自然的"喜怒无常"当中接受自然的洗礼；当人类开始了解自然，并取得了一定的知识以后，自然开始变为人类社会发展的基本物质基础，自然是一座取之不尽的物质宝藏；19世纪工业化直到今天，在人类发疯式地创造物质财富，用来满足自己毫无节制的欲望时，自然界沦为人类生产活动的完全被动对象，只是在自然界无法靠自身的恢复功能恢复被人类疯狂破坏的生态平衡以后，自然以它无可奈何的、特有的方式向人类提出警告。自然的被动性表现为自然无法有效地拒绝人类破坏性的索取。

第二是人类处在完全主动的状态。人类是通过创造自身的劳动来了解自然的。因此，人类的劳动活动，一方面使人类本身的自然性减少，同时对自然的"自然性"了解增加；一方面在创造自身，同时也在创造属于自己的人类社会。所以，一方面人类劳动对象的扩大同人类了解自然的程度有密切关系，另一方面也同了解自己的程度密切相关。这样看来，无论人类了解自然界也好还是了解自己也好，其途径只有一条，就是人类的劳动活动。但如何正确看待人类劳动活动的成果？如何正确评价人类在劳动活动中积累的知识体系？也就成了人类正确认识、合理对待自然界和自我的标准。那么，在不同的历史阶段，人类在回答上述两个问题时的立场和态度是迥然不同的：一是人类无法站在"进行时态"上对自己的行为和知识结论进行科学评价，二是人类还无法站在旁观者的立场上正确评价人类的行为和知识体系，于是，这个问题也就成了一个带有明显时代错误和文明缺陷的"典型"。

第三，正是人类活动的物质和精神成果同时扮演了人类认识和对待自然界的"坐标"，这种"先天的主观性"使人类无法真正客观地评价自己的行为，因而，在人类对待自然的方法和利益取向上存在盲目性。正如一个人凭着自己的需要和感觉去从事活动一样，他同时用自己活动的结果来评价自己的需要和感觉，他只能从结果上关照对象，而对象无论从结果还是过程上都对行为者无法提出自己的"忠告",以致人类只能从长远的历史结局上矫正自己的知识体系,为后人的行为提供新的参考理论。问题是,人类知识体系本身也由于认识工具和传承方式方面的缺陷而无法全面正确地反映实践经验,造成人类至今在人与自然关系上的不断失误。

不过今天的人已经清醒地认识到,人类与自然和谐相处是一个决定人类自身命运的问题,自然正如人类整体的循环系统,对这一循环系统的破坏,无异于自杀。当然,达到这一认识是在经历了无数错误和教训以后获得的。然而,人类知识体系是否因此能够指导人类处理好与自然的关系却仍然是未知数。原因可以归纳如下:

首先,由于文化差异,不同文明体系中的知识体系不同,因而对人与自然界关系的认识不同,有关此方面的新的科学发现和理论也不能准确地反映在不同的知识体系中,这就不能保证人类在对待自然界问题上采取一致有效的行动,而自然生态系统的有机联系特点,使局部保护行动的效果受到影响。今天,在对待自然的态度上,世界各国如何达成一致的认识至关重要,人类必然采取统一的行动,才能对自然有机统一体产生有效影响。因此,不同知识体系间的沟通,也就是在不同文明体系间的对话和相互了解,在今天变的至关重要。

其次,人类知识体系的传播方式本身的局限,使生活在不同文明社会中的人对与自然关系的看法难于达到统一,尽管可能在保护自然环境这一基本问题上接近一致,但上升到保护人类自己的生存环境角度去处理人与自然关系的高度解决这一问题,在很多社会根本达不到。原因是:世界上存在着发达与欠发达国家,一些国家认为首要的任务是发展生产能力,达到发达国家的生产水平后才可以更好地控制生态恶化。实质上,这也就是文明发展程度的一种差距,但解决这一问题决不是已经发达的国家抑制不发达国家,而是发达国家应该承担更多的责任,做出更多的贡献。知识体系的普及性与先进性,是促使一个现代文明社会科学处理人与自然关系的前提,但对于大多数发展中国家来说,开发和发展经济是放在第一位的,保护自然环境是第二位的;同样对于这些国家的大多数人民来说,自然环境就是提供资源的对象,只要开发有利于生产力发展,有利于提高生活水平,保护生态是以后的事情。他们拥有的知识体系很少能够有效地帮助人们提高对自然与人类社会关系的认识并付诸行动。

其三,人们对环境重要性的认识仍然低于人类对生存重要性的认识,包括发达国家,尽管他们已经清醒地认识到自然环境与人的生存环境是密不可分的,但他们在战争中仍然要使用"贫铀炸弹",仍然把危险的"核废料"倾倒在公海或转移到不发达国家。对于不发达国家来说这类问题更是摆在生存问题之后。因此,认识到自然生态环境对人类生存的重要性,并不都是产生正面效果,把生态灾难和祸水引向落后国家往往是先进文明国家的"首选",这是人类本性的表现还是文明的"悲哀"?无疑是文明的悲哀,因为,造成和认识到生态危机都是文明发展的结果,在物质文明还很落后的地方,生态似乎保持的更为自然。

所以,人类彻底解决与自然关系的问题的历史条件远没有成熟,现在只是达到了较为广泛的认识程度,根本没有达到采取广泛有效的措施的程度。同时,在发达国家和发展中国家间存在的尖锐矛盾,也使这一问题得不到很好的解决,如果发展中国家面临的主要问题已经是生存环境危机的问题而不是发展问题,那么,南方国家与北方国家谁应该承担更多责任的斗争将更加激烈。

其实,从本质意义上看,人与人之间的和谐关系又何尝不是一种自然关系,更何尝不是一种自然界平衡发展的决定要素。从人的自然属性来讲,人就是自然物质的一个组成部分,是一个有机联系的整体,如果人与人之间发生矛盾斗争,正如构成物质整体的要素之间发生矛盾斗争一样,要素之间的不平衡将会引起整体危机。从社会的客观属性来讲,社会就是"自然的人化",是人创造的、为人服务的"自然环境",构成社会的客观物质因素除了人以外,其他更具有"自然特性",因此,不同的社会与社会之间的本质仍可以看作是一种物质关系,一种"异化了的自然关系",如果社会与社会之间发生对抗,无疑于物质关系的对抗,其结果依然是引起自然平衡的破坏。迄今为止,人与人之间、社会与社会之间发生冲突斗争的结果,无不是造成自然生态平衡的巨大破坏,导致人类文明的暂时倒退。13世纪蒙古铁蹄横扫欧亚大陆,造成上述一些地区人口锐减、大批城镇荒芜,文明倒退;第一、二次世界大战的结果对人类社会与自然生态的平衡产生更大的破坏作用。

今天,人类又一次面对"自我毁灭"的危机。

这种危机首先就是来自核武器的威胁。当社会与社会之间的冲突演化为一种"核物质"的对抗,这是整个人类的悲哀。问题在于,"核武器"正是并将长期是大国之间对抗的关键筹码,一旦真的爆发核战争,必将给整个地球和人类带来巨大灾难。

其次是来自工业化污染的威胁。工业化污染对地球生态环境的破坏已经十分严重,但对于广大的发展中国家一方面承担着本国工业化进程所造成的环境污染,另一方面还承担着发达国家转移污染工业给他们带来的新的污染。目前,尽管人们已经意识到工业化污染对自然生态的毁灭性破坏作用,但各国局部利益的不同,造成在限制和治理污染方面根本无法采取共同的行动,使工业化污染进一步加重,新的污染源继续增加的趋势。

其三是不同文明社会之间的对抗加剧,导致人类社会面临严重冲突的边缘。当今世界东西方文明体系的对抗、西方与伊斯兰文明国家的对抗、西方与斯拉夫文明的对抗、西方与非洲发展中国家的对抗,都是世界形势日趋紧张的根本原因,这些对抗斗争的根本实质就是目前发达的主导文明如何对待其他文明的问题。显然,发达文明的水平并没有达到使全人类共同和谐发展的高度,他们依然用一种西方中世纪式的封建统治思想来看待全球事务,力图主导各国政治经济,并最终使其成为西方文明的一个"子系统"。这不能不说是一种违背人类文明发展规律的浅薄的思维方式。

综上所述,人与自然的和谐,其前提和根本是人与人之间和谐,因为,人既是改造自然的主体,又是在改造自然当中被改造的客体,改造者被改造,这就是人与自然的辩证关系,因此,人在与自然关系当中,他是主动者又是被动者,他决定着一个社会与另外一个社会的关系,也决定着一个文明体系对另外一个文明体系的态度,同时也决定着他们自己对待环境将采取什么样的方式。

自然是人类生产活动的对象,它是"单纯的"被动者,因为它只能单纯地遵循自然本身的发展变化规律,而没有情感因素的干扰,当人们把自然的"意外"赋予善恶报应之类的作用时,人只不过把自己的情感强加给了自然。自然对人类破坏行为的报复,只有当人类违背自然规律后才有可能发生。从这个意义上说,人类了解和掌握自然规律越多,违背自然的破坏行为会越少,然而,事实却正相反。为什么?

首先,人类掌握自然规律越多,其改造自然对象的范围越大,对自然原有平衡的破坏也就越大;人掌握自然规律越多,人的需要范围也在扩展,人从自然索取的物质元素也就越多,自然资源的需求量也在迅速上升,挖掘的深度和开采的广度都是前所未有的。因此看来,人类掌握自然规律的第一目的是在改造自然而不是保护自然,只是在自然生态平衡被强烈打破并因而威胁人类生存环境的情况下,保护自然环境才提上议事日程。

其次，科学发明的负面作用人类似乎才开始注意到，人类把不断提高的控制自然的科学力量作为人类是地球主宰的唯一标志，促使人们利用一切掌握的科学知识去改变自然、甚至创造自然。然而，整个自然界正像一个完整的系统，任何一个子系统的平衡发展都是整个自然系统平衡发展的条件，人类科学发明本身并不能反映出它所作用的局部自然是属于自然的哪一个有机组成部分。因而，当人们还在庆贺某一科学发明的巨大作用时，根本没有注意到新的自然灾难正在降临，更有甚者，很多科学发明本身就是针对如何消灭人类自己或毁灭某一地区的，这些发明成了一部分人控制另一部分人的强有力的武器，使人类智慧成为反人类的力量，这种智慧正在当今世界飞速发展着。

其三，人类社会的发展与自然对人类社会发展的承载能力正进入一个新的考验阶段，人类社会是依照不断提高这样一个线路发展，但自然却依照不可逆转的消耗规律存在着。今天人的需要与两千年前人的需要有天壤之别，从另一个角度说，今天人类从自然开发的资源也是两千年前的人类无法比拟的，似乎已经到了自然直接提供资源的尽头，科学正在创造并将长期致力于创造新的再生资源和满足人们生活方式的新材料，否则地球将不堪负重。因此，我们也正处在人类与自然关系的一个重大转折时期的初级阶段。

总之，让人类与自然和谐相处是需要解决两个矛盾，一个是人与人的矛盾，一个是人的需要与自然资源的矛盾，实质是人自身的矛盾。了解自然到什么程度，人也就了解自己到什么程度；改造自然到什么程度，人也就开发自我分工能力到什么程度。因此，解决人类与自然的矛盾，决不可能出现先解决人类认识后解决人类实践这样的问题，每一代人达到的认识自然的程度同时也就是改造自然的程度，也就是保护自然的程度。这一根本规律就要求现在的人类马上行动起来，共同为保护和创造新的人类生存环境而努力。

第八章 文明与科学

一、科学——文明的自豪

如果人类放任那些妄图利用手中所掌握的先进的科学技术的集团来征服或主宰别的国家和民族，那么，科学技术就可能给人类自己带来毁灭。

科学是人类文明的花朵，莎士比亚曾有一句名言："人啊！你是宇宙的杰作，万物的灵长。"应该加一句"更是智慧的化身"。色彩缤纷的自然依照它固有的规律进行着永恒的运动，人作为一种自然存在物，却最终站在了自然主宰的位置上，让自然界来为之服务。这一伟大而又奇妙的过程开始于人的劳动，因为人会用大脑来支配自己的双手。几万年、几十万年、甚至上百万年过去了，人类正是通过劳动，缓慢地却是必然地向前跋涉着。他们从认识石头的硬、骨针的尖，到皮毛的保暖和火的神奇开始，逐步知道了青铜、铁的坚不可摧，知道了农作物的生长和收割，知道了万物四时变化和人劳作的关系。当然，人也知道了财富、统治、贪欲和杀戮。不过，人也慢慢懂得了团结、友爱、自由和和平的可贵。正因为如此，人类渴望自己创造出无穷的财富来满足所有人的需要，渴望自己能够了解和把握变化莫测的自然，渴望成为自己命运的主人。这大概是一切科学探索的开始吧。

几十万年、几万年、几千年、近百年以来，人类的实践和这种永恒的渴望终于积淀出当代科学的宏伟图景，人类以往劳作和发明的一切经验和思想都成为这一图景的构成要素。今天，科学的发展已经把人类文明带到了一个前所未有的高度，并正在向更辉煌的未来前进，这的确是一个日新月异的时代。

科学又是文明的眼睛，它所展现的前景使文明为之自豪，尽管科学也给文明带来一些意想不到的问题，但无论如何从近代科学确立了自己独一无二的地位以来，科学的这种先导地位从来没有被动摇，相反，科学正从社会生活的所有方面证明自己是一切的主宰。科学技术的历史是和人类生成、劳动的历史紧密相伴的，所不同的是科学技术具有一种反作用力，虽然它源于人改造自然的实践活动，但随着科学技术的逐步完善，它对人的劳动实践产生巨大的促进和提高作用，而且这种相互作用的辩证关系经过无数代人的勤奋努力和卓越的创造发明，到今天科学技术产生了奇迹般的作用，那些古老而又美好的传说在现代科学技术面前一一成为现实，人类对自然奇妙现象的百思不解在今天获得了科学的解答，自然的生态规律和人类自己的命运从上帝或神的手中逐步回到了人自己手中，历史的车轮是由人的创造推动的。

我们无法确切知道未来，正像我们的先辈们不知道今天的世界一样，无论多么丰富的想象都不可能构成一幅未来存在的真实图景，因为存在决定了意识。然而，从人类开始思考万物之产生、宇宙之主宰、灵魂之有无等基本问题时，对未来的预知便成为人们梦寐以求、乐而忘返的伟大事业，所以宗教的先知和民间的占卜家们总是人们敬奉的对象。不过今天看来，对未来的预测和探索，不仅成为弥补我们想象的手段，而且真的成为我们为之奋斗的目标，成为行动和制定战略决策的指南。因为，历史已经告诉我们，它的发展是一个由低到高、从无序到有序的客观过程，而决定这一客观历史过程的是社会存在，这是一个从历史到逻辑、从逻辑到历史的客观辩证规律。在今天，这一历史发展的必然规律集中表现在代表物质生产水平的科学技术领域，显然，人类生产方式的巨大变革证明了这一点。

如果我们希望从人类历史中寻找出一个基本矛盾因素，那就是人和自然，所谓人的历史就是人与自然分离史，或说人类劳动史。从一定意义上说，人具有的唯一天赋就是劳动，更确切地说是理性参与的劳动。正是通过劳动，人一方面改造了自然，一方面改造了自己，人学会了使用工具，懂得了团结协作的力量，于是，构成了原始的生产方式。由于当时生产工具和劳动能力极其低下，人类只能共同占有劳动工具和劳动产品，才能维持生存，所以氏族公社便是唯一能够适应自然和生活的社会组织形式。这种社会组织形式大约存在了上百万年。在这漫长的历史阶段中，人只能被动地适应自然，他们懂得利用的工具仅仅是简单加工过的石头、木棍、骨头等，这大概是人类最苦难的阶段。然而，正是从认识石头的尖硬开始，人类一点一滴地了解周围自然物质的特性，知道了不同物质之间的差异，并逐步学会利用这些差异。如用兽皮来御寒，用尖利的石块掷打动物、刨树根，用木棍延伸手臂的功能，用兽骨磨制骨针等。

这是人类最伟大的地方，是人类成为自然主宰的原因所在，因为人有一种天赋的形式能力，只有人才会用理智的方式去理解外在事物与自己的关系，用人能够共同接受的思维形式分析表达自己的精神思想。这就是人类创造性技能必须具有的先天因素。正是基于此，人类才能通过简单的、极粗陋的劳动，一点点启发自己的创造技能，一点点认识周围客观环境，一点点改变自己在自然界当中的被动地位。人改造自然到什么程度也就认识自己到什么程度，人认识自然越深获得的主动性就越大，人的主动性越大对自然物性的差异就把握得更深更细。这样，人才有可能去利用更多的物质功能，更多地发挥自己的创造能力以提高劳动水平。因此，原始生产方式的改变是经过上百万年的生产实践的基础上发生的，而在以后，人类生产方式的改变周期越来越短，以至到今天生产方式下的劳动分工发展到了顶点，转而走向科学分工阶段。

原始工具可以说是一切科学技术的开始，那时人每学会一点新的东西都经历了一个漫长的过程，经过多少代人利用逐步固定下来的思维形式而被后人掌握，形成人类劳动技能的基础。人类劳动技能的每一次巨大提升都预示着一种新的生产方式的出现。事实上，生产方式的改变是一个由量变到质变、由渐进到突变的过程，其中起决定作用的是人的实践能力的改变，而提高人实践能力的是工具，工具包含着人类认识和实践两个方面的因素，因此，从劳动工具入手，我们就能发现并抓住科技文明发展的脉搏。同时，工具本身既是人类创造性思维的物质表现，又是对不同客观物质性质的认识。因此，工具是主观与客观的结合，是目的性与规律性的结合，这必然要求人的创造性思维在其中起主导性作用。这也就是今天科学技术能够改变人类分工历史的原因所在。

在这个问题上，不少人仍然机械地理解存在决定意识的马克思主义基本观点，以为人的精神意识永远是第二位的、被动的，而没有真正理解马克思提出的存在决定意识只是在探讨哲学基本问题时才具有的现实意义，否认人的主观创造性。事实上，这种"坚定的唯物主义者"本质上是官僚式的主观主义，他们犯了两个错误：第一，他们把自然存在和社会存在看作是一个东西；第二，没有看到科学技术所具有的创造性作用。因此，在现实中，这类人轻视想象和创造性思维的作用，不注重发挥科学技术和管理手段的作用。

马克思认为，存在于人类历史中的自然界才是真正的人的自然界，因此，通过人类劳动而产生的人类社会才是真正的人的自然界，而人的活动则是自觉的生命活动，因为他把自己的活动本身变成了自己愿望和意识的对象，通过实践创造对象世界，改造无机界。因此，在马克思看来，工业的历史，对自然的感性的对象化的改造，是一本打开了的关于人的本质力量的书，是感性地摆在我们面前的人类的心理学。我们可以从中把握两个相互联系的方面：一是人类劳动的物化结果，即人类社会的物质方面；一是人类精神思想发展的历史轨迹，也就是人类物质文明和精神文明。而人类精神思想中的创造性思维，即科学技术，正是人类得以发展、进步、提高的关键所在。

然而，人类自觉地意识到科学技术的价值并加以系统地研究和利用却是十分晚近的事情。按照美国著名未来学家托夫勒的理论，第二次产业革命以前的社会生产都可以称为农业生产，或说英国工业革命以前的产业革命都是农业革命。人类在经过了几万年的摸索和积累以后，却在不到四百年的时间里以惊人的、前所未有的步伐向前迅跑。以蒸汽机为标志的英国工业革命是第一次工业革命的开始，在以后不到一百年的时间里，工业革命产生了巨大的经济效果，采矿、纺织、炼铁、燃料等方面在短时间内取得了成倍的发展，直接导致欧洲国家从农业社会过渡到工业社会。更重要的是第一次工业革命证明，现代社会已进入了高度组织化和密切联系的阶段，任何重大的科学技术发明和应用都会引起巨大的社会反响。

如果说第一次工业革命走了实践——技术——生产理论这样一个过程，那么，第二次工业革命却走了理论——技术——生产这样一个过程，到今天，科学技术与生产已经成为紧密相联的一个整体，而理论却分化出来，成为一个独立的社会部门。这种应用科学技术与生产的结合和理论系统与实际应用的分离是人类文明质的飞跃，是科学技术自身发展达到全新阶段的必然结果，也是全人类走向科技时代的根本标志，就是说，在人类对客观世界的认识从局部的、片面的、孤立的认识开始，到全面、普遍、系统地把握。这一发展变化的结果就是人类能够把所有的科学理论和先进技术同时应用到一项重大的科学发明研究上，使其能够准确、迅速地得到验证并投入生产。越是高科技化，其转化速度越快。科学技术已经从间接地参与生产变成直接的生产力，而且是生产力中最活跃、起决定作用的因素。我们不否认人是生产力中的基本要素，但是如果由此得出"没有人何谈生产"这样以假设为前提的结论，那就忘记了科学文明在人身上打下的烙印，或许我们可以这样来说明，在一个全部现代化的自动生产线上，一个文盲不仅是无用的甚至是有害的。科学技术已经成为人的基本特征，成为人的生产的基本方式。

先进的科学技术在文明世界扮演着如此重要的角色有两个原因：一个是来自生产力自身发展的需要，人类自身生产和创造能力的不断提高，使科学技术逐步成为生产力发展的决定因素，这一点已经被当代经济发达国家的劳动生产率所证明；一个是来自越来越严重的、强烈的一个国家、民族生存发展的需要，这种需要表现为一个国家必须极大地提高生产力，建立强大的经济生产能力和科学技术水平，才能保持国家间的和平和民族间的安宁。这种斗争一刻也没有休止，因而表现在发展科学技术和提高生产力上的竞争日益激烈。这两个因素相互作用，加上国家从经济和政治上的大力扶植，使近些年来科学技术以惊人的速度提高发展，创造出一个既让人振奋又让人瞠目的文明世界。

当然，科学技术在给人类文明带来巨大推动的同时，也给人类世界带来巨大的灾难，以"罗马俱乐部"为代表的西方未来学派，对科学技术给当今世界带来的灾难性后果作了一定的估计。问题在于，这些灾难并不是科学技术本身造成的，而是一些掌握科学技术的人肆意妄为引起的，是国家间政治对立和自由竞争引起的。这就使我们不得不考虑科学技术的作用和如何利用的问题，如果人类放任那些妄图利用手中所掌握的先进的科学技术的集团来征服或主宰别的国家和民族，那么，科学技术就可能给人类自己带来毁灭，如果科学技术盲目地用于生产开发和商业竞争，那么，科学技术所创造利润的同时给人类带来毁灭性恶果。文明正在以进步的代价向人类自己提出挑战。

从目前世界科学技术发展的现状来看，科学技术与未来文明世界的关系主要表现为：

第一，科学技术的发展速度和水平决定未来文明的发展程度。科学技术成为人类文明进步的基本标志是当代文明的基本特征，因为，科学技术是一种物质力量，也是一种知识力量，它是两者的结合，达到这种结合正是文明进入到当代历史的表现。

第二，科学技术正在改变人类面对的有限的客观自然对象，正在创造出一个不同以往的人类社会，形成新的劳动对象。因为，科学技术所创造发明的生产手段由直接作用于自然对象发展到直接创造第二"资源"，直接作用于人造劳动对象上。这是一个前所未有的变化，标志着人类生产活动开始在新的资源对象上进行，人类需要的产品从形式直至内容也都相应地发生了变化，也就是说整个社会正在进入一个不同于以往的全新的文明时代。

第三，科学技术正在终止人类劳动分工的发展趋势，彻底改变劳动生产方式，形成新的生产关系。这是最根本的变化。分工是人类劳动生产活动和人自身发展的"基因"，由此展开的人类社会不同发展形态就建立在分工的不同阶段上，如奴隶制、封建制、资本主义制度等，对应不同制度时期的劳动对象的不同和人们需要的不同，产生相对应的阶级：奴隶与奴隶主、地主与农民、工人与资本家。这都是在劳动分工的客观发展过程中推进的，就是说人类在改造自然对象的同时不断展开的劳动分工能力，突破了奴隶制度、封建制度、资本主义制度对生产力的束缚，不断创造了新的生产关系，以适应新的分工水平，如封建生产关系的建立是地主阶级推翻奴隶制度完成的，资本主义制度的建立是资产阶级推翻封建制度完成的。

现在，历史已经发展到这样一个关头：人类自身分工能力简单地由劳动推进的历史已经结束，正在被科学技术能力所取代，或说科学技术正在成为人类劳动分工能力的一种新形式。由此建立在过去不同劳动分工水平上的社会生产方式将发生本质变化，而依赖不同生产方式基础上建立起来的不同社会制度也因此将发生本质变化，对应的阶级关系也将发生根本性变化，突破现行资本主义制度的将是一个新的阶级——知识阶级来完成。当前，世界政治经济出现的巨大震荡，说明正处在这种根本性变化的前期，知识经济形态对未来文明世界的冲击将超过以往任何一次革命。

不过，一般在科技理论界，把科学技术与未来文明世界的关系仅仅局限在发展生产和提高生产力上，或仅仅看作开发新的生产领域方面，这只是科学技术在未来文明中的应用表现，是从具体的实践角度出发得到的认识。但是，我们还必须从文明发展的角度认识这个问题，从决定文明历史发展的根本因素生产方式和生产力高度认识这一问题，这样才能真正看到科学技术在人类文明发展中扮演的角色。事实上，人类只要从事生产活动，生产方式就一定会存在，那么，在不同的生产方式下人与自然的关系显然是由生产力来决定的，而生产力的发展内因是人的分工能力，即马克思讲的人的逐步打开了的分工活动，外因是无限丰富的劳动对象，即自然界蕴涵的无限丰富的人的需要的对应物。因此，人的分工程度与认识自然到什么程度相对应。时至今日，人类认识自然的深度和广度已随着生产创造能力的巨大提高发生了惊人的变化，未来文明世界也只有遵循人类永不终止的"需要生产创造"这一规律发展，因此，作为当今生产创造能力决定因素的科学技术也就必然成为未来文明的主宰。

二、文明——科学的园地

马克思认为资本主义利用先进的科学技术和生产手段创造了巨大的社会财富，无疑是人类社会发展的一个进步。马克思批判资本主义制度是针对这种制度违反人的自然本性，几乎所有政治家都误解了马克思。

我们常说，任何事物在它产生以前，都一定会有揭示和倡导这一事物的理论，或说人类的理性始终在激励和探索着自然的奥秘。从另一方面说，任何事物的产生和存在都必须有适应它的社会环境和理论依据，正像现代科学思想与现代科学技术一样，现代科学思想源于现代科学技术，现代科学技术需要现代科学思想的指导，只有正确的适于现代科学技术的思想，才有先进的现代科学技术的产生、存在和发展的社会思想环境，而以往人类所经过的社会物质形态和意识形态，都从两个方面给现代科学思想和现代科学技术留下了发展基础：一方面是物质财富的基础，一方面是精神财富的基础。只有在以往人类文明创造的一切基础之上，现代科学思想和现代科学技术才得以产生、存在和发展。

从现代人类文明的发展程度看，现代文明的本质与它以前的文明有很大的不同，因为，科学技术成为现代生产力的核心，成为新的社会革命的推动力量，成为建设未来社会形态的物质基础，为人类文明开辟出一块全新的园地。当然，这种改变除了生产力的巨大发展和社会制度的变迁外，更重要的是人类精神思想经历了一次巨变，虽然目前看这种巨变呈一种缓慢的变化状态，但当一种全新的观念逐步取代旧的思想而占统治地位以后，它所显示出的巨大力量和不可扭转的趋势，却是任何社会力量和手段都无法抗拒的。

在生产力低下的早期人类社会，人们生活在一个极端艰难的、但却是团结互助的社会环境下，中世纪的人们把那时称为黄金时代。然而人类生产本能所促发的理性显然不能满足和停留在一个程度，这似乎是一种客观能力，于是，历史的进步就变成了一种不可逆转的趋势。但是，人类自觉地有理性地认识历史进程，并用客观的科学的态度对待这种历史的发展规律，却是十分晚近的事情，在此以前，不少哲人、智者都曾断言人类的未来，或是世界的末日，不过，这一切在实验科学逐步确立以后，就都变成了一种神话或预言式的想象了。

如果我们给现代科学思想确立一个开端，可以说从科学实验的鼻祖培根和笛卡尔起，人们开始把科学实验看成是检验真理、确定未来的唯一正确方法，相信物理学将解决人类面临的一切现实和理论问题，剩下的就是去完成这一过程。培根认为，自然界是由物质构成的，而科学认识的对象就是自然界，在认识过程中，人的"感觉是完全可靠的，是一切知识的源"，培根不愧是"英国唯物主义和整个现代实验科学的真正始祖"。而笛卡尔认为，必须建立一种新的科学思想，帮助我们追求真理，征服自然，这就是他称之为的"实践哲学"。"实践哲学"由三部分组成：形而上学，物理学，其他具体科学，其中，形而上学是树根，物理学是树干、具体科学是树枝。实际上，笛卡尔第一次用实验科学的观点对以往的宗教神学和经院哲学的思想提出了大胆的怀疑，肯定了世界的物质性和统一性，并将科学实验和逻辑方法推演为一种普遍适用的方法。培根、笛卡尔的哲学思想和所推崇的科学实验与逻辑推理的方法，对现代欧洲自然科学和唯物主义哲学的发展起了极大的推动作用。当然，我们能够首先肯定和推崇自然科学的思维方法，是与在此之前文艺复兴时期哥白尼、开普勒、达·芬奇、布鲁诺、伽利略等提出的自然科学认识论分不开的。我们探讨现代文明与科学思想的根源，是把历史当作前后相继的逻辑过程，以显示文明的发展和科学思想的积累。

我们之所以从近代哲学起源上追溯科学思想的产生，是因为正是从那时起科学成为文明的向导。在笛卡尔以后，沿着他的二元论哲学，分出了两种截然不同的思想，一种是以莱布尼茨、贝克莱、休谟等为代表的唯心主义哲学思想，其本质是反对科学，否认人的认识能力，承认先验的、抽象的精神；一种是以洛克、爱尔维修、狄德罗为代表的唯物主义哲学思想，他们宣传科学的认识价值，彻底地揭露宗教的虚伪本质，主张在科学实验面前，一切过去无法理解的都能被证明有其客观实在的原因，而那些曾是我们幻想的东西在科学的"巨神"面前将会成为现实。事实上，一切科学的本质都是反宗教、反唯心主义的，那么在科学思想发生之初，这种斗争也就自然而然地表现在当时是一切科学的总汇——哲学上，在这两种思想斗争最尖锐的时代，也正是科学思想日益成熟、即将由某一学科发展成为一种原则的时代。

于是，当一种先进的科学的思想出现以后，科学史上的每一项发明都辉煌地证明这种思想的正确性，正如其后牛顿、达尔文用他们的光辉的理论证实物质世界之间存在的基本关系，展示了人类的起源和进化的历史。相对于那个时代来说，他们在科学领域所建立的不可动摇的信心和全新的思想观念，使人类耳目一新，因为科学已以它的实证方式所建立起的普遍规律被客观事实所证实，文明终于举起了科学的火炬。此后，德国著名哲学家康德才在他的著作《自然通史和天体论》中以科学的逻辑推演提出"星云说"，批判了牛顿的上帝的"第一推动力"，把科学研究的因果关系放在了自然物质存在上，显然，当时不少伟大的科学家自身存在着科学研究的客观性与自身信仰之间的矛盾，然而已确立起来的经过实践检验的科学研究方法和思想，必然要求科学研究尊重客观事实，这就使得在近代科学思想的斗争中，以坚持客观实际为标准、以自然存在为研究对象的一方战胜了那些虚妄的、以上帝或永恒不变的"存在物"为研究对象的一方，作为科学思想的哲学基础，唯物主义终于在经过了中世纪的黑暗以后，逐渐挺拔、壮大，并在马克思的辩证唯物主义中获得了科学的证实。

现代文明与科学的联系经过了近代哲学与科学两方面的斗争与发展，终于在无数伟大科学家与哲学家的不朽业绩上成熟起来。

近代科学革命和哲学革命之所以不能割裂开去认识，是因为那时哲学研究的对象和科学研究的目的是紧密相关的，人类最感迷惑不解的是关于灵魂有无，生命之源，意识之本，宇宙之大等问题，这些都是哲学探讨的基本问题，从古希腊时代起人们就孜孜以求地去解决并回答这些问题。然而，只是在近代天体理论、牛顿物理学、达尔文进化论、维萨里的人体解剖理论等一系列科学革命后，哲学才以思辨的普遍性，将科学革命奠定的观察实验方法和自然科学唯物主义结合起来，对以往旧哲学进行了一次彻底的反省和检验，发动了一场更为深刻的哲学革命，在更为广泛和深刻的基础上回答人类的困惑和愿望。不过，至此，哲学家们终于意识到，哲学并不能代替科学，科学回答不了的问题，哲学同样无法回答；科学家们也意识到，科学应该走出哲学的笼罩，深入社会和生产之中，这就如同从一个轨道发出的物体，经过运行，然后分道扬镳了。然而，经过19世纪末到20世纪一百多年的发展以后，科学与哲学又一次相遇，当然是在更高更深层次上的结合，历史又一次证明了对立统一这一真理。

在科学与哲学各立门户、竞相发展之后，文明就在科学的带领下以其从未有过的力量和速度展现在人类面前，一系列辉煌的、改变人类历史的发现层出不穷，如果我们划一条粗略的轨迹，那么从19世纪下半叶"电气时代"开始，发电机、电动机、无线电通讯、内燃机、放射线、电子计算机、太阳能、卫星、宇宙飞船、原子物理学、相对论、量子物理学、分子生物学、系统科学等等，它们在各自的领域都产生了革命性的影响和作用，尤其重要的是，这些伟大的科技革命改变了人类的思维方式：

首先，如果说19世纪末以前的科学技术发展是以工业技艺经验的积累居主导地位，那么"电气时代"是以自然科学理论的突破为生产技术的先导，对蒸汽机来说热力学只起到配角作用，而对电动机来说电磁理论则是必需的理论条件，而电动机所创造出来的社会生产力是蒸汽机所无法比拟的。同样，英国以蒸汽机为代表的产业革命发展了近两百年，被美国以电力为代表的产业革命用几十年就赶上，成为经济巨人。人们意识到科学理论的积极性远远超过了经验和技艺本身，理论思维能力与科学技术的发展有密切关系，科学认识的任务，就是要在思维中把特殊提高到普通，提示出自然规律。

其次，人们意识到自然界各种不同性质的物质存在之间实际上是相互制约的、相互联系的，在各门科学竞相发展的过程中，如果单纯局限于某一学科领域内，而不去广泛联系和应用其他学科的研究发现，那么各门学科就将面临无法深入下去的境地。如同生物学离不开化学一样，电磁理论是物理学和化学发展的共同结果；如果没有放射线的发明，根本谈不上微观物理学和量子化学；如果没有微观物理学冲破传统的物质、质量和能量的观念，量子化学改变人们对物质结构运动的看法，相对论便无法存在；而如果不是相对论证明了物质世界存在的时间和空间不是孤立的，世界就是一个相互作用的系统，那么，此后的粒子物理学、宇宙学、生命科学、航天科学、全球构造学、系统科学便没有了发展的基础。这就告诉人们注重基础学科的研究的培养，加强边缘学科的探索和开拓。这种局面使人们学会了站在科学发展的宏观高度去分析科学和管理科学，在理论研究、科学实验和实际生产三者之间建立一种相互促进、相互作用的联系,让先进的理论指导科学实验,使科学实验的成果最快地转化为实际生产[①]。

这些在科学思想和科技应用领域发生的巨大变革,最终却是在人们的意识领域发生了深刻的革命性影响:

第一,对科学的盲目迷信消失。因为科学为人们打开了一个更加广阔、更加复杂的世界,而在科学之初,如牛顿物理学时代,人们以为用几个永恒的定律把自然的奥秘差不多就说清楚了,实际上,一切仅仅是开始!科学包揽一切解决方案被由实证变为理论,而科学带来的一些负面作用引起了人们对科学最终结论的怀疑。

第二,科学认识的结果影响整个社会意识和社会生产两大领域。因为科学观察和研究的结果,更多地是证明前人推测的错误或宗教式预言的荒谬,导致传统信仰的破灭和旧的权威的丧失,人们放弃了对虚无漂渺的愿望的追求,更多地投入现实的生活与追求。

第三,科学认识的权力和价值一方面被普遍承认,一方面被绝对垄断。因为依靠勤奋和书斋式的发明是18世纪的特征,而现在整体研究条件和国家垄断式支持变为必不可少的条件,这为科学研究的专门化和迅速转化和为应用提供了优良条件。也使大多出身一般的杰出人才能够进入科学领域,追求科学知识成为一般人出人头地的理想。

第四,科学能够证明的越多,人们的幻想破灭的越多。针对20世纪西方发达国家出现的悲观主义哲学和反科学思潮,人们发现,科学走入了一个黑色的迷宫,里面有无数的奥妙,人类只是一点一点地发现,却永无尽头,每一个充满理想而耗尽一生的

---

① 吴楚克:《科学革命和科技发展战略》,1—26页,北京,中央民族大学出版社,1994。

人实际只是又拨了一回奥妙的弹簧,与其如此,不如就此止步。这种"市民式"的思想大大地影响了一些国家和地区的科学发展方针。

　　第五,科学研究的门类越来越细,涉足尖端理论领域的越来越少。整个科学研究的队伍越来越庞大,因为系、科越来越多,越需要研究和掌握专业知识和规律,而能够执掌几门边缘学科知识,指导尖端理论研究的越来越少,一方面人们无法控制这种所谓"知识"爆炸,一方面人们不得不去发明更多的新的方法去掌握这些知识。无论是系统观、协同论、还是耗散说都是新思维方式的尝试。这与自然的无限奥妙似乎成为相对论,然而,迄今为止,人类科学的历史证明,人越来越多地把握了自然界,改变了自己的命运,自然的必然性在人的面前更多地成为人的能动性,人比自己的先辈们更自由地活在地球上。

　　如果我们单纯从科学技术革命本身去研究文明,显然抓不到问题的实质。因为,完全孤立的、纯粹的科学技术是无法存在的。科学技术原本是无阶级和政治差别的,然而,从它出现的那一天起,它就存在于一个有阶级与政治差别的世界上,而且,随着科学技术在整个社会政治生活中扮演的角色的积极性的增强,它越来越变成一个阶级的力量和政治手段。这就使如何看待人类文明成果,利用先进的科学技术为建设强大的社会主义国家服务,成为摆在我们面前的一个最现实的问题。因为当前不少人在改革开放的条件下,看不到在不同社会形态作用下科学技术的价值和作用,把先进的科学技术与掌握它的社会团体混杂在一起来认识,误解了市场经济与科学技术的关系。这就使一些人在改革开放的形势下,面对全新科技革命出现一种矛盾的心态:一方面盲目乐观地认为可以敞开国门,全面吸收和引进高新科技,一方面又悲观地感到自己的落后;一方面要坚持党的领导和社会主义道路,一方面又要抛开社会形态的差别,直接面对科学技术。这种矛盾导致了一部分人对科学技术与社会形态关系的错误理解，造成在行为上不是盲目引进，自我贬低，就是放弃时机，故步自封。这两种倾向的理论根源在于对文明与科学的关系、发展社会主义生产力与科学文明的关系缺乏正确的认识。

在马克思看来，构成社会形态的主要是生产方式和社会意识形态。在原始部落时代，那时的生产方式以及与此相对应的社会意识，只能是原始社会。我们能换一个名称就改变那已存在过的历史吗？我们过去在理解社会形态时，把阶级因素看成是主要因素之一是错误的，因为构成生产方式的生产力和生产关系才是真正的决定因素，而阶级关系只是一种表现形式，这就是说生产力发展水平是决定社会形态以及性质和发展的根本动力，而生产力发展水平的提高正是在人们改造自然界过程中，发挥人的能动性、利用客观规律的结果，或说是科学技术的直接、间接作用。比如，古人把轮子的发明和兽力结合起来，肯定是一个绝不亚于蒸汽机发明的一个伟大创举，它极大地解放了生产力。同样，造纸术和印刷术的发明，虽然没有直接作用于生产力，但是，知识的普及和大量信息的记载、传递必须有造纸和印刷技术，而知识和信息在人类历史发展中所扮演的角色却是其他任何发明所无法比拟的。青铜器的出现结束了石器时代，使人们拥有了更强有力的武器去征服别的部落，于是奴隶社会取代了原始社会。铁器的出现标志着农业发展的可能成为现实，以农业为主的封建生产方式取代了落后的奴隶制。

如此看来，标志着从一个社会形态过渡到另一个社会形态的主要是生产方式的改变，那么，封建社会的生产方式显然比奴隶社会的生产方式要先进的多，而经过工业革命、由蒸汽机启动的资本主义社会的生产方式更是封建社会所望尘莫及的，正如马克思所言："资本主义不到100年内所创造的是以往任何时代所无法比拟的。"可以说，正是世界近代史上出现的科学技术革命才使得资产阶级战胜了封建专制统治,建立了资产阶级为代表的资本主义社会形态,形成了资本主义生产方式。不过问题是在20世纪世界范围内出现了一种已被马克思所预言的、将取代资本主义的社会形态社会主义。我们如何看待科学技术革命与这两种社会形态的关系,或说科学技术革命与资本主义和社会主义的命运有多大关系,这将是表明我们思想观点的一个根本性问题。

马克思对任何科学发明和应用都持有热烈拥护和衷心欢迎的态度,恩格斯在马克思墓前的讲话中就说:"科学是一种在历史上起推动作用的、革命的力量,任何一门理论科学中的每一个新发现——它的实际应用也许还根本无法预见——都使马克思感到衷心喜悦。"[①] 因为,科学技术本身是没有阶级性的,但为谁所用和如何使用却是有政治意味的。它在人类生产发展的历史上,不仅起着推动作用,而且在现代它更是生产力的第一要素,不仅直接参与生产,而且参与和改造人的精神智力活动,所以,科技革命的作用无疑是推动历史进步的,正因为科技革命的这种进步本性决定了它与革命的社会主义的命运休戚相关。

首先,从社会主义的产生和发展来讲,社会主义首先是一种运动,是社会化的生产力反抗私人占有的资本主义生产关系,实现生产者与劳动对象的新的所有制关系,表现为现代无产阶级反对现代资产阶级的斗争。作为这一运动根本动力的社会化生产力和主体力量的现代无产阶级,都是现代科技革命的产物,并随着现代科技革命的发展而改变。因此,作为运动的反映和结果的社会主义学说和制度同现代科技的产生和发展几乎是同一频率振荡下的产物。第一次科技革命和由此引起的产业革命发生在欧洲18世纪到19世纪60年代,即是所谓"蒸汽时代",在该阶段人类生产力和生产关系发生了巨大变革,从以手工工具为特征的生

---

① 《马克思恩格斯选集》,第3卷,777页,北京,人民出版社,1995。

产方式跃进到以机器为主的生产方式，形成了工业资产阶级和工业无产阶级，在这种情况下，以马克思主义为标志的科学社会主义的诞生和 1847 年世界历史上第一个"共产主义者同盟"在英国伦敦的出现，无疑是以第一次工业革命为物质基础和阶级基础的，科学技术革命和科学社会主义必然有着内在联系。

其次，正是伴随着第二次科技革命，以及由此引起的资本主义国家之间的矛盾，导致了第一次世界大战和社会主义国家的出现。在资本主义生产由自由竞争发展到垄断阶段，大规模的工业化生产要求对原料、生产力和市场的垄断，这一方面激化了资本主义国家之间、资本家之间的矛盾，一方面驱使各个生产集团不择手段地强化最新科学技术的研究和应用，增强自己产品的竞争力，以获取绝对剩余价值。在这种情况下，不发达国家和落后地区就成为资本主义垄断的牺牲品，以出卖原料、廉价劳动力和市场来维持国家独立和民族生存。19 世纪末 20 世纪初在世界范围内掀起的民族民主革命浪潮就是在这种情景下产生的。所以，列宁根据帝国主义垄断阶段的新特征和现阶段无产阶级的历史作用，修改和丰富了科学社会主义理论，领导了俄国"十月革命"的胜利。在社会主义建设初期列宁也反复强调在一个科学文化落后的国度里，如果不实现工业化和生产的现代化，社会主义制度无法坚持和存在下去，他提出了社会主义就是苏维埃和全国电气化的结合和全面实现。而社会主义国家就是借助无产阶级专政的力量，集中社会财富和生产力量，在短时期内使科学技术和生产力得到一个巨大提高，从而为社会主义奠定雄厚的现代化的物质基础。"十月革命"后，苏联由一个落后的、多民族的、被重重包围的国家在短短几十年内发展成为一个强大的、科学技术和工业生产居世界第二位的社会主义国家，就充分证明了这一点。

总而言之，社会主义从其理论的产生到社会主义制度的出现都是现代科技革命的直接产物。在今天，社会主义所面临的严峻挑战依然是20世纪60年代出现的新的科技革命所提出和必然发生的。重要的是我们应如何认识这个问题。这是关系到我们社会主义国家生死存亡的大问题。不管社会主义形态在当代文明发展进程中引起了多么激烈的冲突和争论，有一点是可以肯定的，那就是社会主义国家在短时间内都发展了，这对整个世界文明是一个巨大贡献。也可能社会主义国家早已不是马克思预言的那样，也可能社会主义制度超越了现实而重新走回旧的社会基础之中，但科学给现代社会发展提出的尖锐问题社会主义给予了最积极的回答。

今天的问题是，如何正确理解无产阶级的阶级形态的变化与当代科学技术的关系。依照一般历史逻辑，奴隶社会的主要矛盾是奴隶主和奴隶，而推翻奴隶社会的却是地主阶级；封建社会的主要矛盾是地主阶级和农民阶级，而推翻封建制度靠的却是资产阶级；资本主义制度两个主要对立阶级是资本家和工人阶级，那么推翻资本主义制度能够靠无产阶级吗？从资产阶级产生于封建制度内部的历史过程来看，无产阶级的阶级形态在当代科学技术革命形势下正在发生根本性变化，它的一部分，或许是知识阶级将成为推翻资本主义制度的阶级力量，下一个新制度的创造者，即掌握科学技术生产力的主人。

当代科技革命以微电子技术、生物工程、新型材料、宇航工程、海洋工程、核能技术等尖端技术的应用为主要标志，它的特点是范围广，智能化、群体化和超常规发展，这次巨大的科技革命浪潮所产生的最主要的作用是促使世界政治经济朝着一体化的方向发展。世界经济、世界市场愈来愈形成一个整体，任何一个国家和地区，不论政治体制如何，都难以离开这股潮流而自行发展。

从马克思对人类未来社会的构想看，共产主义社会将是人类社会发展的一个必然形态，这是马克思在分析了人类物质文明史以后得出的结论,也是人类在经历了无数苦难和痛苦以后向往和追求的理想社会。在此以前,人类也曾不断幻想一种美好的社会形态,从古希腊柏拉图的《理想国》到近代英国莫尔的《乌托邦》,从中国古代陶渊明的《桃花源记》到近代康有为的《大同世界》,都反映了这种精神思想,马克思是将这种向往变为一种科学理论,它的基础就是人类物质生产力的发展和科学技术的无穷力量。马克思认为资本主义利用先进的科学技术和生产手段创造了巨大的社会财富,无疑是人类社会发展的一个进步,但是,资本主义所创造的巨大财富只属于少数人,而这些财富的真正创造者和生产者得到的却是微乎其微,这就是生产的社会化和生产资料私人占有的矛盾所造成的结果,这种经济上的分配不公必然导致政治上的矛盾冲突,必然出现革命,以打破这种阻碍和限制生产力发展的因素。而社会主义首先实现了占有者和生产者利益的合理化,依照科学社会主义理论,社会主义生产方式是把劳动阶级和劳动者的利益统一起来,劳动的结果归全体劳动者所有,这将使生产力得到最大限度的发挥,真正实现生产的社会化和生产资料归劳动者所有。

马克思认为资本主义利用先进的科学技术和生产手段创造了巨大的社会财富,无疑是人类社会发展的一个进步。马克思批判资本主义制度是针对这种制度违反人的自然本性,几乎所有政治家都误解了马克思。因为用现实的社会主义制度取代马克思批判的资本主义制度显然没有达到马克思的高度,"我播下的是龙种为什么收获的却是跳蚤",他只能无奈地嘲笑那些民族社会主义、国家社会主义者。

当然,这正是科学成为文明的向导的表现。

三、疑惑——科学驶向文明的动力

尽管文明始终以科学为自己的发展方向,然而科学并不是一路坦途,有时人们在科学的发明面前迷失了方向和良知。

如果说科学的力量是无往而不胜的,那么科学力量所要达到的范围也是无穷无尽的,也就是说科学所面对的是一个永远充满疑惑的世界,如果有一天科学穷尽了人类的疑惑,人类也就发展到了尽头。这不是一种悲观主义,正是因为科学所要打开的大门一个接着一个,人类接近真理的大门才越来越近,人类掌握真理的"级别"才越来越高,但人类不可能穷尽真理,因为,人类所要探索的领域是无法穷尽的,从这个意义上说,人类文明是在一个由"问号"构成的、无限延伸的锁链桥上前进着的。这一连串的、无穷的疑惑成为科学驶向文明的动力。如果让我们列举科学所面临的疑惑的话,可以看出尽管科学取得了前所未有的发展,但科学并不是无往不胜的。

首先,科学要解决人对自己"出身"的疑惑。人类对周围世界的了解可能远胜于人类对自己的了解,迄今为止,人类并没有完全科学地解释人为什么成为人这个问题,尽管从哲学上我们肯定了劳动对人成为人的根本性作用,但并没有科学地解决为什么只有人的劳动能够使人成为人,为什么人具有先天的"图式能力",为什么人脑物质是物质世界相互联系发展的高峰。在这些问题没有得到科学的回答以前,类似人是外星来客、上帝的创造物、神与物的结合等理论产生的条件,也是现存所有宗教存在的重要原因。特别是一些邪教正是打着"神"或创世主人的幌子欺世盗名，蒙骗盲从百姓。因此，了解人自身是科学面临的最迫切需要解决的疑惑。

其次，科学要解决人对"意识"本质的疑惑。人类意识的产生发展对人自己来说是一个"谜"，尽管辩证唯物主义已经从哲学上解释了关于意识的本质和特性问题，但并没有从科学上完全解决意识的本质和特性问题，因此，包括"梦"在内这样的潜意识依然是科学努力探索的领域。到底人的意识是如何产生的？意识的规律到底是什么？意识和情感在大脑中处于什么样的关系位置？意识是不是人的根本特性？意识可不可以独立存在？这些问题与人的"出身"问题有密切关系，但同样没有获得令人满意的答案。它使当代人类科学和生命科学成为最重要的研究领域

其三，科学要解决人对"宇宙"的疑惑。茫茫宇宙中，地球上的人类到底是唯一的还是其中之一，尽管偶然有外星人造访地球的报道，也有关于UFO的目击者和照片，甚至地球上一些让人无法理解的遗迹不得不让人把它们与宇宙的其他智慧联系在一起，但迄今为止并没有一个发现被科学研究所证实而得到公众的普遍接受。人们始终在猜测和希望中等待着奇迹的发生，科学为了解释这一奥秘也作了最大努力的探索，但我们依然在希望中等待。这个问题同样是宗教解释宇宙的"专利"，更是一些邪教借以蛊惑人心的固定领域。

其四，科学要解决人对自然有害现象规律的认识问题。尽管人类已经把自己称为自然界的主宰，但自然界时时暴发的地震、干旱、洪水、狂风暴雪、海啸、火山喷发、荒漠等束手无策，或被动应付，而没有表现出"主宰者"的样子，显然人类对这些自然特性并没有根本了解，因而无法掌握这些自然现象的运动规律，这与人类在掌握毁灭自己武器方面所做的努力相比显然是太不相称。很久以来，人类在这些自然灾害面前总是等待发生以后再想方设法克服，人类一直在梦想了解、甚至控制这些自然现

象，科学似乎还没有把它的全部力量投入到这个领域。

其五，科学要解决生产的无限发展和自然资源的有限供给之间的矛盾。当代科学技术在解决这个问题方面已经开始了卓有成效的努力，但由于经济发展水平的极大不平衡，这个问题在世界不同国家和地区面临的形势也截然不同。有些国家已经在充分利用有限资源方面达到了先进水平，但大部分国家依然在竭尽全力开发和买卖本国的自然资源，这将使人类在未来几十年内面临巨大的资源短缺的问题，并因而影响世界经济安全和政治平衡。显然这是一个全人类的问题，而不是某一个国家能够解决的问题，它需要全世界各国联合起来共同保护和合理利用有限的自然资源，开发新材料领域。

其六，科学要解决疾病对人类生命的威胁。医学科学在现代文明世界的发展是人类进步的一大标志，人们从对诸神的祈祷和恶魔的诅咒中解放出来，他们可以从医学科学所揭示出的人生老病死的原因中得到安慰，尽管至今仍然有很多疾病是人类目前没有完全了解和控制的，但就从医学科学已经取得的成果来看，解决这些问题只是一个时间问题。正是在医学科学取得的巨大成就的促进下，有关生命科学的基因工程和生物工程成为当今世界最具前景的产业。人们对生命的关爱促使人们想方设法去延长人的生命周期，也带动相关科学的发展，并取得相当的成就，我们有理由相信，尽管生命现象就是一个生息相伴的过程，但科学文明的发展将赋予生命和死亡以人类应有的尊严并满足人们的愿望。

总而言之，现代科学面对的是人类生活中面对和出现的所有问题，科学对这些问题负有不可推卸的责任，正因为人们相信科学的无穷力量，使掌握科学知识成为现代人不懈追求的目标，并成为一个社会有用之人的必备素质。这就促使知识经济时代的产生和知识资本的出现，这两个新生事物的本质，其实就是科学的本质和价值体现。

为什么科学的本质和价值只是在文明发展到如今的高度才得到了如此突出的表现，对这个问题的回答，充分反映了文明的发展与科学昌盛的关系。

首先，"脑力"是人劳动的基本特征。

劳动作为人与自然之间交换联系的唯一方式，人也在劳动过程中把自己从自然当中提升出来，人越是了解自然，就越远离自然，也就使人自身能力更丰富化。如果说第一次提升是把人从纯粹依赖自然的狩猎状态进化到农耕状态，那么第二次提升就是人学会了利用自然力去克服自然的工业文明时代。时下，人类理智的积累已经达到了可以利用、消费、使用理智成果的阶段。"知识就能创造价值的时代"，反映了人类从直接作用于自然对象的劳动，向间接地利用自然对象之间特性的劳动方式发展。人类之所以能够间接地利用自然对象之间不同的特性，从事任何动物无法进行的创造性劳动，就是因为人在劳动中会使用"脑力"，人"脑力"的进化史，就是人劳动发展史的写照，正如人劳动发展史揭示了人的"脑力"进化史一样，它们是"攀登与扶梯"的关系。而且人类进化史只要没有终结，"攀登与扶梯"就没有止境。

人类理智的发展集中表现在"知识"上，因为人具有把社会生活中的经验记录下来、并传授给后代的独有能力。经过 3 到 4 万年人类劳动实践经验的积累，特别是自近代工业革命以来，人类创造物质财富的能力和手段获得了前所未有的发展，与此同时，知识的积累和传授方式也获得了革命性飞跃。它突出表现在：

一是科学性成为衡量知识价值的首要标准。人们对揭示自然规律、正确总结劳动实践经验的知识抱有真理性信仰。大量的科学原理和科学体系的建立使人类自信百倍增强，"知识就是力量"，应该说是认识到知识价值的最早和最典型的表述。

二是科研部门国家化。像欧洲诸国建立的皇家科学院，国家图书馆，包括像沙皇俄国这样的军事封建国家也建立起科学研究机构。这些机构为确立科学知识的权威起到了不可忽视的作用。

三是教育知识传授的社会化迅速兴起。学习新的科学知识和理论，培养年轻的科学研究者成为主要任务。同时，不断出现的科学发明和发现所揭示出的自然界奥秘和生产能量，刺激了一代又一代年轻人学习的兴趣，并形成一个国家完整的教育体系。

四是应用科学知识在生产领域逐步利用。科学知识的巨大力量迅速表现在生产领域中，加速了资本主义的自由竞争，使资本主义商品涌向了全世界，"正像它使农村从属于城市一样，它使未开化和半开化的国家从属于文明的国家，使农民的民族从属于资产阶级的民族，使东方从属于西方。"①

可以这样说，工业革命带来生产领域中应用科学知识的越来越广泛的使用，是今天知识经济时代出现的社会基础。不应该把知识经济的出现与前此以往的经济形态割裂，相反，而是要从人类劳动方式的改变中去探讨新经济形态出现的根本原因，从劳动创造价值的形式变化中揭示出人类物质财富增长方式的改变，而不是一味地去试图证明人类物质财富增长性质的改变。

其次，知识成为人类劳动生产的基本条件。

与人类"脑力"充分发展分不开，但迄今为止，人的"脑力"的发展还没有到了离开创造价值的劳动就可以直接创造价值的程度。今天，任何创造价值的劳动离开知识是不可能的，同样，离开人类劳动实践而凭空想象"知识"也是不可思议的。一方面，知识本身就是在劳动实践中产生，并随劳动实践的发展而发展；另一方面，知识的价值来源于知识在劳动实践中的应用，并在当今成为一切人类生产活动的必要条件。但即使这个条件在知识经济时代达到生产成本的60%（按照国际经合组织的标准，认为达到知识经济产品的评价标准），它依然是最重要的"条件"，而没有取代劳动直接创造

---

① 《马克思恩格斯选集》，第1卷，277页，北京，人民出版社，1995。

价值本身。某些人反驳这一观点的主要是拿美国微软公司作为论据，它就是完全靠出卖磁盘上的"知识"创造出巨大的价值的。这种观点是用狭隘的"有形"的物质劳动取代全部人类劳动的。一个非常明显的事实是：这种"软的"、"无形的"知识本身就是人类劳动实践的产物。它是通过人们的"脑力"或说"智力"劳动创造价值的，这种劳动本身所消耗的人类肌肉、脑力、神经、设备，以及劳动力所需的必要的教育培训前期支出，都表现在微软出卖的磁盘上，并以当前社会商品交换中衡量一般人类劳动的标准来确定它的价值。正因为这类劳动所需要的"知识"条件十分严格，劳动力的教育准备投入高，劳动过程中脑力的支出大，设备的高技术要求强，所以，它的产品的价值较传统商品高。

其三，学习、使用和创造知识也是劳动。

按照马克思关于人类一般劳动的看法，它是筋肉、神经、脑等的一定消耗，那么，学习、使用和创造知识也是一种劳动。因为，在学习、使用和创造知识的过程中，人的脑和神经，乃至筋肉都有大量消耗，特别是创造知识这类"脑力劳动"，更需要付出巨大的脑和神经能量。根据邓小平关于科学技术是第一生产力的伟大思想，我们同样可以得出学习、使用和创造知识是劳动创造价值的第一要素这样的结论。

世界知名的早期未来学家哈罗德·沙恩在20世纪七十年代初出版的《未来的教育意义》一书中就已讲到：由于生产上的巨大变化，高级技术领域中出现的新职业，大大要求教育机构对人们进行知识更新、回炉以及再教育；学习经历可以一直贯穿于人的一生，直到老年。而阿尔温·托夫勒对未来人学习知识的意义提的更高，把一个民族能否进入未来工业化时代与能否形成全新的未来教育联系起来，"随着第三次浪潮文明的成熟，人们创造出来的不是高居前人之上凭空想象出来的男女，也不是哥德和亚里士多德式的超人种族，我们只是自豪地创造一个种族，一种文明，一种不愧为完美而灿烂的充满人性的文明。"[1] 无疑，只有全民族的整个科学文化水平达到适应知识经济时代的生产生活的必然要求时，才能创造这样的文明。

如此看来，对现代化生产来说，离开具备掌握现代科学技术和管理方式的劳动者，是根本不可能实现的；对现代人来说，不掌握当代社会生产生活必备的科学知识，培养应有的能力，是根本不能满足知识经济时代对劳动者的基本要求的。就是说，在知识经济时代，劳动生产与劳动者素质成为一对不可分割的关系。用历史的螺旋式发展观来看，这是人类劳动发展与人自身进化关系达到和谐统一的开始，是"攀登与扶梯"关系的合二为一，是人类自身丰富性的高度发展在个体方面的完善要求。从这个意义上说，学习、使用和创造知识能与当今人类生产活动区别开吗？不仅不能，而且，科学技术作为第一生产力，掌握科学技术也就成为具备第一生产力的前提条件。

从创造价值这个角度看，学习、使用和创造知识的过程，并不像过去一样是一个静态的、被动的、单个的行为，而是动态的、主动的、合作行为；并不是一个人喜好、个性选择的结果，而是社会需求、个人价值体现的要求；并不是知识无价，全人类共享、想学什么就学什么，而是要付出代价、付出勤奋的劳动，必须掌握基本的知识内容，并取得社会认可的证书。这一切说明，学习、使用和创造知识本身就是一个创造价值的劳动过程，或者说，本质上是当代社会衡量社会一般劳动的必要条件，社会在购买产品时，其价格中就已经包含了形成一定合格劳动力教育培养的支出费用。这也才能说明在知识经济时代，具备一定知识的专门人才，其具有的劳动力价值高于一般劳动力的原因所在。

---

[1] ［美］托夫勒著，黄明坚译，《第三次浪潮》，456页。北京，中信出版社，2006年。

并不是知识本身创造了价值，而是通过学习、使用和创造知识的劳动，使知识与劳动能力合二为一，从而在社会生产生活领域中直接创造价值。

需要强调的是，学习、使用和创造知识作为当今社会必需的、特有的社会劳动过程，形成了教育系统、信息系统、科学研究系统，这三个系统与整个社会的物质生产部门相对应，并直接为整个社会"生产"、"提炼"、"造就"生产者。可想而知，这才是知识经济时代给整个社会带来的革命性变化，这才体现了知识经济时代为什么"知识就是财富"，"知识就能产生价值"的根本原因。

其四，"知识劳动"也具有价值和使用价值。

马克思在研究资本主义商品经济时，对商品这个经济学的细胞作了哲学式的经典分析，解决了他之前那些经济学家百思不得其解的问题，为他之后一切有价值的经济学理论打下了坚实的科学基础。迄今为止，马克思关于商品经济的基本理论原理，以及由此深发开来的劳动价值论，不但没有过时，反而是我们分析新经济形态的理论基础。

劳动是社会发展根本动力，劳动创造的社会物质和精神财富的逐步扩大，是社会进步的标志。在相当时期里，社会物质财富的实现是在商品的交换过程中体现出来的，而与物质财富增长相伴相生的精神财富的实现却隐蔽在物质财富之后，或以思想的物化成果形式流通于专门的市场，实现自己独特的价值。但只要是商品，它就具有价值和使用价值。在人类物质和精神财富高度发展的今天，这两者在创造劳动价值上趋向合一，而且无形的"精神"内容开始在一件商品中占有较大的价值成份，按照OECD的计算，当一件产品中知识的含量达到60%，就属于知识经济的产品了。那么，当知识成为劳动对象、劳动要素时，"知识劳动"本身就具有了商品的性质，它的特点是不在于这种特殊商品"有形还是无形"，而在于它本身具有使用价值,并因走向市场而具有价值。①

可见,"知识劳动"作为一种劳动力商品,它的价值是在社会衡量一般知识劳动水平的平均价格中确定的,与传统的使用价值不同,它的使用价值更多是间接地表现在产品生产的外部,或直接表现在社会效用而不是物化产品上。"知识劳动"的使用价值具有更宽广和服务的性质。

"知识劳动"是指在知识经济时代,社会生产生活领域广泛存在的以利用知识为主的创造价值的劳动,至于知识在这种劳动中是处于生产资料的地位,还是表现为生产力必备要素,是问题的另一方面。但只要从事的这类劳动在创造的产品中知识的价值含量达到一定比例,就属于知识经济形态下的"知识劳动"了。

实现价值的商品的一个必要条件是有市场。在当今世界各国,学习、使用和创造知识的市场可以说"蓬勃发展",从典型的维护知识产权、发明专利、名牌价值、著作权保护,到有偿教育、在职培训、战略咨询、点子公司,直到图书策划、电视广告、传播媒体、通讯信息、网络终端,等等。从20世纪七十年代开始,世界向人们展示了一幅"知识爆炸"、"信息膨胀"的红色图景,请不要兴奋,透过红色我们看到的是知识的系统化、产业化、商品化,过去一些从来被认为是人类共享的知识,如今需要支出一定价值才能获得;过去一些从来就被认为是由社会负担的知识化过程,如今也要体现价值化;过去把科学技术的发明创造看作是个人天才勤奋的偶然结果,如今,天才勤奋与创造价值紧密联系在一起,使科技发明处在一种系统化的、有目的、产生直接间接效益的完整规划之中。

可以肯定,在未来世界中,从事"知识劳动"的人将占到劳动生产者的绝大部分,这一方面是因为维持整个社会良好运行的

---

① 王旭东、吴楚克主编:《知识经济全书》,第2编,北京,经济出版社,1998。

系统已达到如此高的科技程度，以至离开"知识劳动"将成为不可能；一方面是因为地球可直接利用的物质资源的减少，使社会财富的创造转移到以知识的学习、使用和创造为主的劳动领域中，并直接促进再生资源和新的替代方式的产生，改变已有的生产或生活方式，向更高层次的"自然化"回归。到那时，表面上人们的生活简单了，但其中所包含的每一件用品、每一个物件都是高科技的产物，是与周围环境有机互换的部分。因此，"知识劳动"将是知识经济时代创造价值的劳动的主要形式。

一个社会经济形态变革这样巨大的历史演进，无论如何不会是突然降临、偶然发现、概念提示、伟人谈论的结果，而是早已在原有的经济形态中潜在、孕育、萌芽、出现、发展到新的完善发展。是的，"人们自己创造自己的历史，但是到现在为止，他们并不是按照共同的意志，根据一个共同的计划，甚至不是在一个有明确界限的既定社会内来创造自己的历史。在这里通过各种偶然性而得到实现的必然性，归根到底仍然是经济的必然性。"[1]

正如工业经济形态"取代"农业经济形态一样，它不是农业经济形态的消失，而是一种高级方式取代低级方式，工业化渗透到其他落后于它的生产方式中去。因为，人需要的客观性决定了被需要的性质，并在日益丰富化中开发出新的生产领域和生产方式，这是根本原因。同时，一些传统产业的萎缩、消失，并不是人需要的萎缩、消失，而是社会以新的生产方式取代或满足了人需要的变化增长。从农业经济形态到工业经济形态的历史看，似乎漫长了一些，但与整个生物进化史相比，人类还处在摇摇摆摆、步履蹒跚的儿童时期，我们还没有达到人需要性质的改变，没有彻底完成人自身丰富性的开发阶段，因此，尽管从农业经济形态发展到工业、后工业经济形态，但人类社会发展需要的生产领域

---

[1] 《马克思恩格斯选集》，第 4 卷，733 页，北京，人民出版社，1995。

在增多而不是减少，只不过生产方式在适应不断先进的生产技术。

如今，知识经济形态的出现既有与前此经济形态变化的共性，也有它的特殊性。从共性角度看，知识经济形态将突破传统经济形态在生产方式上的概念和内涵，"知识可以提高投资的回报，而这又可反过来增进知识的积累，人们可以通过创造更有效的生产组织方法以及产生出新的和改进的产品和服务而实现上述目的。这样，就存在着持续增加投资从而使一个国家的经济连续增长的可能性。新的思路是：知识同样可以从一个企业或产业溢散到另外的企业或产业，几乎可以不用额外费用便可重复利用。这样的溢散可减轻由于资金紧缺对经济增长造成的压力。"[1] 人们预测，在未来的经济发展中，"知识"将作为生产的关键要素存在，任何产业或企业的发展离开"知识要素"将是不可想象的。因此，在生产方式的三大要素中，知识将堂而皇之地占据主导地位。

首先，知识经济形态不是一种具体的生产方式，它是作为一个普遍的新的生产要素被其他生产方式所必需，是科学技术在生产力的发展中逐步提升为独立的、决定性生产要素的最终结果。因此，知识经济形态与其他经济形态的关系不是取代与被取代的关系，而是接纳与汲取的关系，是利用和消费的关系，也是不断创造新知识适应新需要的关系。

其次，知识经济形态"因为它藐视一些基本的经济理论，如稀缺原理。知识和信息往往是丰富的，缺少的只是以有意义的方式利用它们的能力。另外，知识也不易转变为标准经济交易中的客体。被销售的信息在买卖双方之间的传播是不对等的，所以购买知识和信息是困难的。"[2] 这就在知识经济时代出现了新的产业部门，来进行以知识和信息为主的经营活动，它们是知识经济

---

[1] 杨宏进等：《以知识为基础的经济》，7页，北京，机械工业出版社，1997。
[2] 扬宏进等：《以知识为基础的经济》，8页，北京，机械工业出版社，1997。

形态的典型行业，但决不是知识经济形态的唯一标志；是知识经济形态客观发展的新兴产业，但决不是知识经济唯一惠顾的产业。与其他经济形态相比，它具有中介性质。"知识"将作为今后所有经济活动的普遍要素而存在。

其三，知识经济形态将使"KNOW-WHO 变得越来越重要。KNOW-WHO 涉及谁知道和谁知道如何做某些事的信息。它包含了特定社会关系的形成，即有可能接触有关专家并有效地利用他们的知识。不同企业间和专家之间高度的分工而形成技能的广泛分散，对于经济活动具有重大意义。"[1] 知识经济将改变社会结构和社会阶层的原有模式，使掌握 KNOW-WHO 成为人们和企业追求的目标，并以此形成新的社会运动中心。这将极大地带动和促进教育与培训的发展，极大地带动和促进以有效利用知识信息为目的的产业的兴起。

人类创造的一切知识都是科学之树的土壤，科学之树结出的非凡成果又为知识注入了新鲜血液和发展动力。如此良性互动，最终改变了人类社会的发展模式，创造出新的经济形态，举起了新的文明的航标。科学开辟和倡导的文明应该是一个光明的世界，然而，黑暗时时伴随着光明；尽管科学是人类生产和发展的最光辉的结晶，然而，科学也时常把最残酷的战争带给人类；尽管文明始终以科学为自己的发展方向，然而科学并不是一路坦途，有时人们在科学的发明面前迷失了方向和良知。今天，把科学全部用于人类和平和发展事业依然是一个充满斗争的课题，正确地评价和利用每一项科学发明仍然是对人类理智和道德的考验。让我们在知识经济的时代里，真正把科学摆放在文明的顶峰，成为指引人类社会不断向前发展的明灯。

---

[1] 杨宏进等：《以知识为基础的经济》，9—10 页，北京，机械工业出版社，1997。

第九章 文明与艺术

一、标志——从不同的人到共同的文明

艺术既是阶段的又是永恒的,既是形象的又是被理性融化了的,既是情感的个性化又是情感表达的普遍化,艺术是人类最独特的精神财富。

假如把人类文明的积累看作是一个宝塔形状,那么艺术就是这个宝塔顶上的明珠;假如人类是自然物质发展的最高结晶,那么艺术就是最高结晶的标志;假如科学是人类文明发展的航标,那么艺术就是航标上的彩带;假如理智是人类区别其他动物的本质,那么艺术就是它的形式。总之,只有人才有艺术,只有文明的人才能创造艺术,只有文明的眼睛和耳朵才能欣赏艺术,艺术就是人。

从艺术角度探讨文明,正如从花朵谈起美丽一样,是一个无尽的话题,尽管人们公认艺术是我们人类独有的创造和最文明的标志,但对艺术的本质是什么这一老而不衰的问题。迄今为止,仍没有确定下来一个让人们普遍接受的定论,这不足为奇。包括那些以为真正找出了自然规律中的绝对真理不也随着人类科学的发展而改变,更何况是诸如艺术这样不断变化的人类情感思维呢。

如何通过艺术的表面形式去把握艺术的本质,从古希腊时期

的哲学家们就开始了探索,当然由于历史发展的必然局限和哲学家们的主观偏好,总使对艺术本质的理解打上那个时代的烙印,显示出那个时代的要求,而未能永恒地超越时空,这绝非是站在今天去责备前人,而是对目前我国艺术理论界对艺术理论研究远落后于时代的忧思。从一般规律看,精神文明的进步与物质文明的进步是相辅相成的,但在特定时期,精神文明的主要典型艺术却与物质文明的发展成反比,今天我国物质文明在改革开放的推动下取得了巨大的发展,但精神文明显然落后于物质文明的发展步伐,这的确值得我们反思。

从实践的角度看待这个问题,我们发现,从物质一元论去理解思维和存在的关系,往往把存在与意识的关系抽象到哲学天空中空气最稀薄的高度,导致在一些具体实践领域,比如艺术领域,无法正视许多真实存在的东西,无法个性地表达艺术地观察生活的思想。尽管改革开放在经济生活领域产生了巨大的推动力,但正是由于经济生活变化太快,而使人们无法从旧有的艺术思维方式和欣赏观念中摆脱出来,使艺术走向了模仿和引进的迷失阶段,这种状况直接或间接地导致艺术思维的枯竭。因为,实践作为人与自然的中介和手段,无论在哲学认识论还是本体论上都具有决定意义。而以往,无论是旧唯物主义的物质决定论,还是唯心主义的意识决定论,都无法正视世界的统一性,而目前艺术理论界恰恰处在这两个极端:一个是摆脱不了旧的唯物主义观念,认为艺术就是现实生活的反映;一个是进入了主观随意领域,认为艺术纯粹是主观意识的产物。它们都站到了这个问题的两个极端。

首先,当我们把任何机械的一元论打破后,才能正确地理解实践的真实含义,从而才能说明艺术的本质。假如我们不想去建立一种适合于任何时代而皆准的艺术本质论,问题就现实了。因为社会实践除了它必须有的对象性关系之外,还有实践的时空性，人类历史是一个不间断的实践过程，而每个时代的人类社会实践都具有特殊的时空性，由此我们才区分不同时代、不同地区、不同民族的实践和艺术创造。因此，当我们把实践看作是人类与自然相互作用的一个过程时，这个过程是由人类生命运动来联系的，而不是生产，生产是为了生命的存在和延续，于是，追求生命现象的永恒和自由驱使人们通过劳动获得一切能够发展生命、获得幸福的自然存在，因而才创造出不同时代、不同地区、不同民族的伟大辉煌的社会，而不同时代、地区、民族的艺术正是这种创造过程的精神产物，并因此具有时代、地区、民族的特征。如果离开了具体实践的时空，用"我们的"艺术观念去解释所有的艺术，其结果表面看来似乎找出了人类艺术灵魂的共性，其实是割裂了艺术产生的历史和本性，导致艺术观念的狭隘和创作思想的单调，使我们的艺术理论不是把许多真正的艺术排斥在外，就是把许多非艺术纳入其内。因此，从实践的不同时空性，才可以概括出不同阶段艺术的本质和特征。

其次，假如创造文明的基础是劳动，假如人类理性思维的基础也源于劳动实践，那么，艺术也必然源于劳动，这是通常的观点。问题在于，人的第一需要是生命运动，由此人们去劳动创造；而艺术是人生命运动的第二需要、第二特征，是人类思维情感发展的必然现象，它与人的劳动处于"同一级别"，可以肯定，艺术不是为"杭育杭育"的劳动而产生的，也不是劳动的副产品，而是人类自身生命情感运动的产物。人在对自然加工改造过程中，也就在改造他本身的自然，促使他的原来睡眠着的各种潜力得到发展，并服从他的控制。因此，正如挖掘者不能代替挖掘出来的产物一样，人类艺术产生的创造力就来源于人自己。一般认为像早期劳动中的号子、原始社会时的雕饰、壁画、巫术的仪式、器物上的纹路都是劳动中暗含艺术的最早萌芽，今天人们谈及它们都用真正审美的眼光和口吻倍加推崇。不容否认，这些文物中的确显示出先人们的创造天才，在现代人眼里具有古拙的美或美的最初意味，但是，是否所有带有美学色彩的文物都可以称为艺术？今天的人甚至可以把古代的绞刑架当作艺术品收藏。从创造工具的角度看，如果"美的"就是"最适用的"，那些所有显示了美的追求物品都是艺术精神的体现？美的创造就等于艺术的创造？

其三，用美的本质或审美的本质取代艺术的本质，是艺术出现两极分化的理论根源。假如艺术美的创造与其他美的创造的区别只表现在形式上，那么势必存在一个亘古不变的美的本质，这本身就与艺术不断变化的规律发生矛盾，似乎美的本质具有本体论的意义，而艺术只有形态学的意义，于是，只有美的艺术才是真正的艺术，而"不美"的艺术就是不具备美的本质的东西了。事实并非如此，当艺术以不同时代、地区、民族精神思维发展需要的方式变化时，它是全面的但又是个别的、传统的又是现代的、理性的又是非理智的、协调的有时甚至是对立的。正如阿拉伯艺术与欧美艺术之间时有无法"理解"的冲突一样，证明艺术的本质不能从艺术作品本身去寻找。

其四，既然我们否定了美的本质是艺术的本质，也就否认了审美先于艺术了，艺术的本质就只能从人自身来寻找。有些艺术理论家为了使艺术的产生具有"悠久"的历史，宁愿把原始的图腾、仪式、巫术等赋予审美的特性。其实这些东西当初并不是艺术也并非审美的产物，它们的本意已随着产生它们的时代过程的消失而不存在了，今天人们觉得它具有审美意义，那是今天的人用审美的眼光去理解它们的结果，艺术不是为审美而产生的。

事实上，原始人在观察外界时，外界物体的影像并不像今天那样真实地反映在他们的感觉器官上，而是经过了一个类似儿童观察外界得出的印象这样一个阶段。美国著名艺术理论家鲁道夫·阿恩海姆曾经细致地研究了这个问题，认为："儿童和原始部族的人画出的画中之所以充满了一般性的特征和未经变形的形状，恰恰是因为他们画的是自己看到的东西。"[①] 就是说原始人的感觉是绝不同于今天人的感觉，因而，他们对事物的理解也绝不同于近代、现代、当代人们的理解。于是，在我们今天看来完全是不可思议的器物，就成了令人惊奇的艺术品，可是，我们也许根本就没有理解其中所包含的意义。尤其是目前历史研究领域中存在的把今天自己的感觉强加给古人的事情比艺术领域更为普遍。

那么，艺术的产生并非源于劳动，只是劳动开启了人类潜在的精神需要和表达需要的天然才能——艺术，在实践发展的一定阶段，随着人类思维情感的丰富，形象地再现人类思维情感的普遍性与自由性具有的完整的艺术形式，这时才出现了真正的艺术，因此，艺术的本质是人类思维情感完整化的必然产物，是人类自身分工能力成熟的标志。所以，从古到今，真正的艺术都能得到不同实践阶段的人们的欣赏、理解和珍爱，真正的艺术都形象地显示了人类思维情感的普遍性与自由性。艺术既是阶段的又是永恒的，既是形象的又是被理性融化了的，既是情感的个性化又是情感表达的普遍化，艺术是人类唯一的精神财富。

在对艺术的本质的确定中，我们肯定了艺术是人自身精神能力的发展结果，事实上，这就揭示了艺术与文明的本质关系，因为，文明展示了人类在物质和精神方面的全面发展进程，而艺术代表了这一进程中人类自身思维情感发展的完整性，也就是说当艺术以"艺术的形式"真正出现并成为审美的对象时，人们已经

[①] [美]鲁道夫·阿恩海姆：《艺术与视知觉》，223页，北京，中国社会科学出版社，1984年（这本书被一些研究美学和艺术理论的人视为科学地解释审美和艺术感觉的权威理论，在它的庞大细致的理论中的确提出了很多发人深思的问题，但我认为它的意义不仅是在艺术领域，他对历史学家们找到正确的理解"历史的感觉"有极其深刻的帮助）。

把艺术作为固定的人类精神情感普遍性和自由的表达方式了,也就标志着人自身完整性的获得。正如一幅还没有上色的素描,当色彩绘制上去以后,它就展示了画面的完整性,艺术就是色彩,是人的独特色彩,是人的生活的色彩,艺术使文明丰富多彩。

二、价值——不同文明的共同标准

不同文明环境中艺术的共同标准正是文明共同性的反映,是人类生活共同性的说明,当然更是人类思维情感共同性的证明。

艺术是文明王冠上的明珠,艺术的价值是文明价值的标尺。尽管文明区分为不同的区域,尽管不同文明区域的艺术风格迥然不同,尽管每个民族的审美心理千差万别,但在艺术价值的理解上却具有非常接近的看法,在所有的文明成果中,艺术价值的肯定最具有普遍性,这显然不是一个偶然,它表示了人类在思维情感的普遍性和自由性上的统一,表现了人类情感成熟经历的共同性,表现了人类在感觉心理和感觉思维上的相似结构。无论如何,从艺术价值的共同性方面,我们可以推演出文明发展的另一个引人入胜的方面。

应该承认,单纯从人这一方面看文明构成的内容是基本相似的,首先是主体构成的相似性,人类的基因基本相同,差别不在人的生物本质,也不在人物特性,而在人的社会性方面,这是因为人是同一物种演化的结果,面对的地球就一个,劳动主体的条件是基本相近的。但不同文明区域之间之所以存在着明显差别,根本原因在于人们具体的生存环境是不同的,是在不同生存环境中创造着文明,正如南方和北方、沿海和内陆、高原和盆地造就出不同材料构成的、不同使用目的和形式的劳动工具一样,艺术所反映的内容和形式也就具有独特性。

但在真正的艺术产生以前，还不存在艺术价值共同性的问题，即使是在真正的艺术产生以后，所谓艺术价值问题只是在劳动价值和市场价值方面体现出来。从审美和艺术性角度评价艺术价值问题显然是中世纪以后的事情，也就是说在人们把真正的艺术品摆在艺术价值的展台上必须是人们对艺术价值的共同性有了明确的认识以后，而在此之前，一个中国唐代的瓷器上的花纹具有多么大的艺术价值，显然是与该瓷器的使用价值相联系的。

一旦人们认识到不同文明区域艺术作品的特殊价值以后，艺术价值的共同性便迅速体现出来，人们很快发现那些与艺术创造性质相同的"非艺术品"也具有很高的艺术价值，甚至高于纯艺术的价值，如宗教绘画、宗教器物、王室用品、祭祀用品、古代衣物和居家饰物等，于是艺术价值便在全世界范围得到了承认：即想象的、天才的、独创的情感表达的物质形式。它的内在价值表现在人们可以从中发现不同人群情感思维发展的历史轨迹，而它的外在价值表现为它的个性化、稀有性和创造性，对一些被人们奉为神器或祖传圣物的价值，主要表现为积淀在器物上面的历史意义，而并非器物的艺术性。

艺术价值共同性的存在对人类文明的积极作用表现在：

第一，承认人类情感思维的共同性。一方面是艺术作品创造形式的共同性，一方面是人类欣赏艺术作品形式的共同性，前一种共同性是以物质形式为对象的，后一种共同性是以主观情感为基础的，两种共同性构成人类艺术价值的基础。但是评价艺术价值却是以艺术本身表现的独特内容和个性化为标准的，也就是所谓"越具有民族性和个性化的艺术越具有世界性"，这是艺术价值独特性的表现，其根本原因是人类文明多样性和追求精神个性多样化决定的。

第二，艺术创造的个性化本身就是艺术产生的基本动力。因为艺术作品都是以个性化创造为主要形式，以个体体验为生活基础的，所以艺术都表现了不同时代的生活侧面，并且由于这种生活的不可重复，使其具有了"永久的艺术魅力"。艺术发展史证明，个性化是艺术存在和发展的生命。与个性化相对的就是模仿，因此，模仿艺术是无价值的，可笑的。但是，今天的"模仿艺术"如此众多，以至人们几乎无法看到真正的个性化艺术。艺术的"程式化"生产是一种"类模仿艺术"，它使艺术的个性化价值大打折扣。

第三，艺术内容的民族化是艺术价值的根本。艺术所反映的生活必须是依托于某一民族，并以这一民族的历史和生活为基本内容，而艺术记录下来的关于这一民族的形象的历史，是其他任何形式的再现都无法比拟的，正因为人类文明史是由这样一个个民族个体构成的，因而艺术所反映的民族化的生活和历史就具有构造文明史的价值，并获得其他民族的欣赏与珍藏。人们特别对保持古老民族传统的民族艺术的价值十分珍爱，是因为这些艺术保留了那些民族古代时期具有的情感思维和艺术形式，而这些情感思维与艺术形式已经成为这个民族独特性的集中表现。

第四，艺术表达形式的独特性是艺术价值的重要原因。艺术表达形式因语言、历史、环境的差别而五彩缤纷，但由于人类思维情感的共同性使五彩缤纷的艺术所表达的意义被其他人所理解和欣赏，随着艺术价值世界化趋势的发展，那些越具有民族化、个性化的独特艺术越被人珍视而拥有更高的价值，这种艺术审美价值的导向也促使艺术在不同地区、不同民族间追求差别与独特性，并成为一种趋势。

以中国北方和南方少数民族艺术审美发生和发展的原因及独特性来看，我们似乎可以更清楚地认识这个问题。我们从历史地理和考古资料上做些比较分析。古代北方民族生活地区正如著名历史学家翁独健所言："在北方，主要是长城以北，从东北沿蒙古草原到西北的宁夏、甘肃、新疆以至藏北高原，以细小打制石器为特征的细石器文化,是北方新石器时代的主要文化。它们的特征一致,地域相连,统一构成了中国北方草原、沙丘、高原地带从事游牧和狩猎的古代民族的文化。"① 据考古发现,这里曾是一个古老的文明发源地,在阴山南麓"大窑文化"遗址出土的大量石器,经碳十四测定有 50 万年的历史,以后发现的"兴隆洼文化"、"红山文化"、"昂溪文化"、"富河文化"、"小河沿文化"都证明在东北亚南部地区有一个发达的文化带,是蒙古人种和蒙古亚人种的祖先。在由血缘氏族和家庭氏族发展以后,逐步形成不同的部落,并向民族过渡,形成活跃在北方草原上的胡民族系统的诸多古代民族。

狩猎和游牧生活在早期表现两个规律:一个是逐步向高纬度发展,形成人口分布稀疏、游牧地广阔、猎物丰富的游牧区域;一个是不断的部族战争和与中原地带的掠夺性事件不断发生。这两个规律造成两个结果,一个是北方古代民族游牧文化的扩展和高寒特性的形成;一个是民族流变、消融过程加快,民族交通变迁历史复杂。这是我们把握和认识北方民族审美价值产生发展的最基本的自然和社会原因。

古代南方民族活动的区域在长江以南、雅鲁藏布江以东、云贵高原和濒临南海的南部大陆。这一带河流湖泊众多,高山峻岭密布,植被覆盖广,年降雨量大,平均气温高,年温差比北方小,自然生态环境比北方优越,可食用的植物果实和活动在山地丛林的动物较多。但该地地貌复杂,交通不便,不宜于大量的人口流动,也不能展开长久的大规模的战争。所以,各民族间相对平稳。从考古资料看,南方各古代民族同样有着悠久的历史,有着自己固有的祖先和社会发展历程,一些少数民族还曾建立过辉煌的王朝。西南地区的考古发现,特别是云南元谋文化、河姆渡

---

① 翁独健:《论中国民族史》,载《民族研究》,1984 年第 4 期。

文化的考证，说明我国南方少数民族地区的历史文化不仅十分发达，而且是我国民族和文化的重要发祥地。

如果我们从中原地区新石器时代早期的裴里岗文化来看，农业经济已成为人们生活的主要来源，但南方属亚热带地区，这里不仅气候温和，雨量充沛，而且还有众多的江河、湖泊、沼泽及茂密的山林，这对于各种亚热带动、植物的生长、繁殖极有利。在水中和陆上有着丰富的可直接利用的食物资源，人们用较简单的工具就可以得到这些生活必需的食物。同农业生产比较起来，一方面，渔猎和采集活动不仅收效快，而且劳动方式简单易行，在这种自然资源丰富、能连续不断地供人们索取的情况下，人们自然不会舍近求远。所以，南方的原始居民虽以渔猎和采集为主要生产活动。另一方面，这种环境虽然有利于渔猎和采集经济的经营，但毕竟是一种简单的原始落后的生产方式，其最大缺陷是消极地索取自然资源，而且还受到气候、节气、资源及工具的限制，因而收获带有很大的偶然性。所以，特别需要有劳动技能和机智的人。同时，要求劳动者不间断地以最大耐力去劳作，使得他们终日出没于山林及江河之中，我们会发现由于劳动生活的独特要求，使南方古代民族中对智慧和技能、勇敢和耐力的需要，成为一种带有普遍性的集体心理并逐步演化为一种独特的审美情致。[①]

因此，自然环境上的明显差异对南北方少数民族的形成发展产生了客观性影响：

一是对劳动生产方式的限制和要求。北方的自然生态环境是游牧狩猎经济的物质基础，决定了人们只能从动物中获取食物能量，而南方丰富的自然食物资源和温暖的气候，适于相对稳定的

---

① 冯育柱、于乃昌主编：《中国少数民族审美意识史纲》，第3章，第2节，西宁，青海人民出版社。

采集农耕生活,这是人类适应大自然的天才表现。

二是对民族人口的繁衍融合的促进和局限。北方地域辽阔,人口迁徙流动性大,大规模的部族战争造成不同民族间的经常大量的人口交流,但也使民族人口数量增长无规律,甚至一些古老强盛的民族在长久的战争中消亡;南方各民族间地域封闭,语言种类多,覆盖面却小,人口发展平衡,但民族内部通婚限制了民族的扩展。

三是对民族性格和文化特征的影响。我们并不认为地域特征是形成民族文化独特性的决定因素,但我们确认它是一个不可改变的基本因素。正如法国著名艺术哲学家丹纳区分海洋民族文化、山地艺术、内陆文化等,充分意识到生活在不同自然环境中的人们在文学艺术上也必然显现出它的作用。

北方各民族由于气候寒冷,自然变化剧烈,形成民族性格中坚韧的一面,同时与猛兽动物间频繁的冲突搏斗也形成他们性格中勇猛狂暴、团结协作的精神,在文化特征上即表现为崇拜和赞美自然万物、顺应自然规律、崇尚英雄、豪放、憎恶背叛、狭猎。在文化形态上自然就出现了大量英雄史诗、长调民歌、动物谚语、兽形青铜器和狼、熊图腾意识的传说等。

南方各民族由于山地、丛林、河湖较多,气候温和,四季变化差距不大,但局部自然条件有明显差距,所以,形成他们性格当中机敏、忍耐的一面,同时由于采集活动的偶然性和山地生活需要顽强的意志也形成民族性格当中坚强抗争和勇于探索的精神,在文化特征上表现为崇尚机智勇敢、憎恶凶暴丑恶、崇拜自然威力、赞美与自然关系中表现出的智慧与和谐,在文化形态上出现祭神歌舞、短调山歌、象征性装饰、大量的民歌谚语、鸟、植物和图腾意识的传说等。

生产方式与分工在一些人看来,与民族文化形态并没有直接关系,他们往往把问题归之于民族性格、民族心理或民族意识这类第二性的东西，因为他们没有看到生产方式与分工是社会存在的主干，而其他都是主干的分枝或枝叶。当然枝叶繁茂有时会遮挡主干，但不承认它的存在是幼稚的。还有一些人往往偏爱马克思曾说过的"经济与文化发展的不平衡"来说明文化形态的发展，甚至把它演变为一种规律，十分省力又十分机智地说明了一些复杂问题。实际上，不平衡只是形式上的表现，本质上依然是平衡的，"高不可及的艺术典范"决不是超越了时代，恰恰是那个时代的消失。同样，今天给予的"唯一的美的享受依然是消失时代的作用。"正如今天不少"热心"人意图重新恢复或建立久已消失的那些民族文化，但请不要忘记它永远不会再次成为"高不可及的艺术典范"。因为，曾有的生产方式和分工已经消失，而且在消失的生产方式和分工下才会产生和出现的民族意识与民族文化发生了变化，虽然精神文化的发展有自身的独特性，但谁能明白今天去刻画岩画和创作英雄史诗都是"现代结绳记事"，即使是同一个民族也都已经"换了人间"。因此，我们需要了解和理解生产方式与分工对民族文化形态的不同作用。

在艺术发展史上有一个明显的事实：即艺术表现手段的变化。欧洲中世纪只有管风琴，而近代却是钢琴的天下，现代的全套电子音响与电影、电视艺术都是前人根本无法预见的。这一变化的决定因素不是艺术自身发展的结果，而是生产方式的改变与人类自身分工趋于更细致化的结果。因为，中世纪生产方式是以手工业和农业为主，那时人们对自然对象的认识只能达到这个水平，由此决定的人们对对应自然对象的分工也只能创造出管风琴。这就是说人认识自然到什么程度，也就产生什么水平的分工，而分工标明了人自身能力的开发，反映了人与自然对象的对应关系，到近代钢琴产生的对象条件和人自身的条件都出现了，存在才是现实的。问题的实质就在这里。

北方少数民族在一定历史条件下的生产方式和分工水平决定

了他们自身作为人的能力的发展和趋势。当然这其中包含了审美能力的发展和趋势。南方少数民族的生产方式和分工水平同样是他的审美能力获得启发和发展趋势的决定因素。因此，这里的赘述是为了说明问题的本质。如果我们确证了北方游牧生产方式与分工的独特性，即狩猎、游牧和在此基础上产生的畜牧业内部分工，那么就可以把握它的审美情趣和取向的历史走向。因为，与动物打交道，追随畜群四处迁徙，他们必然对各类动物有深刻细致的了解，对季节和植物生长变化有清醒的规律性的认知。这种狩猎游牧生产方式是变动的，分工也局限在狩猎、游牧的对象性活动中。因此，将动物的生命泛化为万物有灵和动物崇拜，狩猎和游牧需要的胆量和豪气，部族战争的残酷转化为一种崇高和英雄崇拜；自然的四季变化，草木荣枯与宰杀动物，特别是驯养了的动物，转化为一种悲凉的情感，这些都是游牧民族所具有的情感特征。与此相对应，英雄史诗、动物故事、祭天舞蹈、长调民歌、马头琴、兽形饰品才随之产生。这些及艺术形态的发展和表现出的审美情智的成熟正是一个民族艺术史的走向。

而南方古代少数民族由于自然环境的差别，其生产方式主要以采集野生浆果、植物根茎，或捕捞鱼虾，或猎取山林野兽，或种植一些可食作物为主。在劳动活动中由于体力、技巧以及协作的需要产生了比较细致的分工，特别是妇女的作用尤为突出，在生产中扮演重要的角色，因此，采集和农耕以及其他一些辅助性生产活动是当时主要的生产方式，它的分工自然是围绕着这种生产方式所面对的自然对象而出现。那么，采集活动给人们带来的欢乐带来偶然与必然的情感活动，就逐步升华为一种表达某种审美情感的集体性舞蹈，有时还伴随几句歌词，显得生动活泼，极富劳动气息，在今天的湖南和云南的大部分少数民族中仍然有这类舞乐，而且以妇女为主。同时，采集劳动中收获的偶然与必然，使南方古代民族中对命运的思索和鬼神的观念特别发达，使他们的情感中生成对命运琢磨不定的抱怨和普遍的祭神舞乐的需要。前者是南方少数民族以哀婉情调为主的吹管乐器及其曲调产生的审美因素，后者是集体祭神舞乐产生的心理基础。在南方农耕和渔猎表现为与气候季节和自然色彩的和谐，温暖的气候、充沛的雨量、丰富的渔猎产品，这使他们的装饰艺术、建筑风格、民间爱情传说和故事以及饮食文化相对发达。这些文化形态和由此形成的审美感情是以后南方各少数民族审美情智逐步成熟并发展的决定因素。

综上所述，首先，在艺术形态上，北方以英雄史诗、动物岩画、长调民歌、兽形饰物、民间传说和谚语为主。南方以祭神舞乐、短调山歌、雕刻建筑、吹管乐器、民间故事和爱情歌曲为主。

其次，在审美要素的组成上，北方主要以崇高与悲壮、豪迈与粗犷为主，把残酷性与英雄性、自然流动性与兽形崇拜矛盾地结合在一起。南方主要以悲壮与秀美、机智与勇敢为主，使自然复杂性与人的坚忍性、劳动的偶然性与人的智慧、生活的稳定与情感的流动组合在一起。

再则，在审美心理特征上，北方民族视域辽阔，生死、灵肉冲突尖锐，形成对崇高、悲壮、豪迈、粗犷的心理适应力与欣赏偏好。南方民族多见山清水秀，人与自然较为和谐，但局部环境复杂与劳动偶然性大，形成对壮美、秀美、智慧、勇敢的心理适应力和欣赏偏好。

最后，在审美方式上，由于语言文字的差别，北方民族的思维特征以抽象能力见长，南方民族多以形象动感为主；另一方面由于审美习惯的差别，北方多以象征和宏大为美，南方多以形象和精致为美。一些人认为象征不是北方审美的方式，其实，象征和兽形类比是古代北方艺术最突出的特色。当然，大家不要忘记这种概括只是抽象性的，我们的目的在于说明这种差别正是南北方古代民族审美意识的各自独特性,它们对每个民族审美价值形成过程都产生着重要作用。①

通过上述分析,我们会得出这样的结论:不同文明环境中艺术的共同标准正是文明共同性的反映,是人类生活共同性的说明,当然更是人类思维情感共同性的明证。但是,这种共同的艺术价值却是各自独特生活的反映,是不同民族特殊生活环境和历史的写照,并因此具有了独特的艺术价值。在现代文明历史中,这种由艺术共同价值引起的"文明趋同"正成为当代世界性潮流,包括信息和经济全球化在内,艺术世界化是文明发展的趋势。

三、永恒——艺术通向文明的顶峰

人类拥有这些永恒的艺术珍品,才拥有文明,才拥有个性,才拥有精神世界。

文明是否具有永恒的价值,这不是一个凭想象就可以回答的问题,因为,文明如果不是永恒的,那就是说人类历史也不是永恒的,起码我们现在并不能证明人类历史就一定会是永恒的,但如果文明不是永恒的,人类历史将会在何时何方终结?这个问题同样是无法确定的。在无法确定文明是否具有永恒性的过程中,艺术正在向具有永恒的意义和价值方向发展,因为,就从人的存

---

① 冯育柱、于乃昌主编:《中国少数民族审美意识史纲》,第3章,第5节,西宁,青海人民出版社,1994(参与中国少数民族审美意识史的研究,使我第一次深入地了解了中国北方少数民族以游牧文化为特征的艺术形式,在对自然生态和社会结构进行分析后,认为文明区别的基础依然是生态环境的特殊性)。

在来说，只要人类存在一天，艺术将永远是文明最具有永恒魅力的顶峰。

艺术的永久魅力一直是人们津津乐道的事实，尽管人类经历了一个漫长的发展历史，但留下来并为后人欣赏和赞美的却只有艺术，更确切地说是蕴含了艺术创造精神的物质遗存。今天，用审美的艺术眼光观察、设计和制造事物几乎成为人们最普遍的原则，这不能不说是艺术价值永恒性的基本原因。

从宏观意义上讲，艺术是否具有永恒价值的决定因素并不在艺术本身，而在于文明的延续，如果文明终止了，一切艺术也就无从谈起。从微观意义上讲，一个文明即使是消失了，但其遗留下来的艺术却依然具有永恒的价值。因此艺术的永恒前提是人类文明的永恒，而艺术的永恒却超越局部文明，正如玛雅文明和克里特文明一样，人们对消失了的文明遗留下来的蕴含精美的创造精神的艺术作品，充满了极高的审美情趣，因为，在那些艺术作品中记录了消失了的人们的生活和事迹。

就艺术本身而言，具有永恒价值的艺术的一般条件应该是：

第一，时代生活的独特反映。无论是哪一个文明区域、哪一个时期的艺术作品，如果对其产生的时代给予的独特的观察和反映，都会成为那个永不重复的时代的真实写照，从而具有永恒的价值。如古希腊史诗描绘和反映了古希腊时代的历史风云，并因而使古希腊史诗具有了永恒的艺术价值。

第二，艺术个性的真实反映。天才的艺术创作精神是艺术作品具有永恒价值的内在表现，人们从中可以看到和领略到创作者的精神世界，并因而观察到当时社会政治经济文化及著名人物的变化发展过程，正如但丁的《神曲》，它之所以成为站在地平线看到近代文明光明的第一个人，同时又成为中世纪最后一位预言家，正是因为他的作品成为后来人们观察和了解中世纪革新人物矛盾的世界观的唯一范本，反映了当时政治经济文化和人物的精彩大全，而且是个性化的全面反映。

第三，民族艺术精神的精华。任何艺术作品必然依托于民族生活之上，融于民族精神之中，离开民族社会生活氛围的孤立创造或虚无主义的表白，只能是苍白无力和短命的。蕴含着民族精神精华的艺术作品在历史的洗礼过程中，会越来越显现出永恒的艺术价值，因为，它说明了一个民族曾经拥有的历史价值。世界上一些伟大民族拥有的英雄史诗就是最好的证明。

总之，艺术的最高境界就是追求其永恒的生命力，在大浪淘沙的历史过程中，真正能够留存下来成为永恒的艺术的只是少数。但正是我们人类拥有这些永恒的艺术珍品，我们才拥有文明，才拥有个性，才拥有精神世界。相对整个文明而言，所有的艺术都是文明的智慧结晶，都是人类精神发展的独特历史记录，都是文明发展的另一条轨迹，因此，精神的永恒就是艺术永恒的表现，艺术永恒代表了人类生生不息的运动历程，它将永远谱写下去。

但是，当代艺术正在"毁灭于高超的科学技术"，因为，"程式化"这一艺术最大的敌人，正由于科学技术在艺术领域的广泛应用而得到"普及"。艺术创造的"个性化"难度大大降低了，所有过去完全依赖于生活经验和个人修养的东西被科学技术分解的"体无完肤"，而且登峰造极，你想要什么有什么，想看什么就给你拿出什么。公众关心的事项变为对明星经历和偶像的崇拜。艺术的困惑在于他们真是属于艺术吗？

第十章 当代文明与冲突

一、亨廷顿——新文明冲突的定义者

"文明冲突"的理论被广泛地应用在有巨大的文明差距之间的斗争上，说明区域文明正在成为一个整体而与其他文明相争夺，也就是说，文明潜在的系统性正在变为整体特征。

亨廷顿是美国哈佛大学教授，著名的奥林战略研究所主任，他在当代国际政治研究中有广泛的影响，特别是他的著作《文明的冲突与世界秩序的重建》，引起了各国学者的兴趣。总体来看，不管这本书带有多么大的偏见，不管他表现出的西方文明中心主义者的面目多么明显，也不管他创造什么样的新的"冷战"思维，他的确是一个直截了当的学者，书中的确提出的很多发人深思的观点，正由于此，这本书才会在世界各国引起广泛的关注，假如他真是一个浅薄的赤裸裸地为西方寻找敌人的政客，恐怕此书也不会产生这样广泛的影响了。

从他对文明的探讨来看，他显然是从"区别"为出发点的，这种观点始终贯穿在他的全书中，他直陈各种文明的区别、高低、作用、影响，由于他不可摆脱的西方中心主义的作祟，使人们感到他在评价各种文明中在为西方文明寻找对手，这也在情理之中。

他对文明的类似定义式的概括是"文明是对人最高的文化归类,是人们文化认同的最广范围,人类以此与其他物种相区别。"[①] 他进一步解释,"人们的认同有各种层面:一个罗马居民可能以不同的强度把自己界定为罗马人、意大利人、天主教徒、基督教徒、欧洲人、西方人。他所属的文明是他与之强烈认同的最大的认同范围。"显然,在亨廷顿看来,尽管文明表现为人们主观认同,但如何认同?认同什么?认同的范围有多大却是各不相同。因此,"文明是最大的'我们',在其中我们在文化上感到安适,因为它使我们区别于所有在它之外的'各种他们'"。[②] 从这里开始,"区别"成为文明价值的核心。

既然文明主要表现为认同,那么认同的范围将对这个"被认同"的文明起决定性作用。"文明可能包含大量的人,如中国文明,也可能包含很少的人,如讲英语的加勒比文明。纵观整个历史,一直存在着许多小的人类群体,它们具有独特的文化,但缺乏更大范围的文化认同。人们一直根据规模和重要性来区分主要的文明和边缘的文明,或者区分主要的文明和被征服或流产的文明。"[③] 接下来,亨廷顿通过各种方法来探讨主要文明流变的历史规律。

他认为,西方文明所走过的文明发展史不同于东方文明所走过的文明发展史,因此,两者所遵循的历史规律也是不同的,那么,西方文明发展与其他文明不同之处是什么呢?亨廷顿列举了如下几个方面:

一是古典遗产,在亨廷顿看来,"西方从以前的文明中继承

---

① [美]亨廷顿:《文明的冲突与世界秩序的重建》,26页,北京,新华出版社,1999。
② 同上,27页。
③ 同上,27页。

了许多东西,包括最引人注目的古典文明。包括希腊哲学和理性主义、罗马法、拉丁语和基督教。伊斯兰文明和东正教文明也对古典文明有所继承,但在任何方面其程度都远不及西方。"

二是天主教和新教,"从历史上说是西方文明唯一最重要的特征"。

三是欧洲语言,"语言是仅次于宗教的、使一种文化的人民区别于另一种文化的人民的要素。西方在其语言的多样性方面不同于大多数其他文明。"

四是精神权威与世俗权威的分离,"在伊斯兰教中,上帝即皇帝;在中国和日本,皇帝即上帝;在东正教中,上帝是皇帝的小伙伴。作为西方文明象征的教会与国家之间的分离和一再出现扨冲突,在其他文明中并不存在。"

五是法治,"法治是一个文明社会的核心观念,是从罗马继承来的……在大多数其他文明中,法治在影响思想和行为方面是一个较不重要的因素。"

六是社会多元主义,"历史上,西方社会一直是多元化的。欧洲的多元性与同时存在于俄国、中国、奥斯曼帝国和其他非西方社会中的市民社会的贫困、贵族的虚弱和中央集权的官僚帝国形成鲜明对比。"

七是代议机构,"社会的多元性最初导致了等级、议会和其他代表贵族、教士、商人和其他利益集团的机构。这些机构提供了在现代化过程中演变为现代民主体制的代议制形式。后者在世界的其他地区是不存在的。"

八是个人主义,"上述许多西方文明的特点促进了文明社会中所独有的个人主义意识及个人权利传统和自由传统的出现。而这个在西方被视为最重要的价值,在世界范围内最不重要。"[1]

从上述亨廷顿关于文明的定义和西方文明与其他文明的区别中,我们可以做这样的分析:

第一,亨廷顿是站在今天西方文明历史的成就上看待和评价各类文明的,而且是以西方文明的价值观为衡量标准。这不足为怪,他的历史观主要遵循汤因比的"现代派史学"观点,意在用当代西方文明理论来建构新的西方文明体系。这是亨廷顿文明理论的基本出发点。

第二,这本书就当代世界不同文明体系间的关系,提出了很多精彩的见解,收集了大量的资料并对其做了认真的分析。如果你是带着研究的态度阅读这本书的话,会从相反的方面得到很大启发。但是,在很大程度上这本书不是一部纯粹的学术著作,尽管可能亨廷顿本人主观上想用学术的方法研究这个问题,应该承认他的确抓住了问题的要害,但他毕竟是学者兼政客式的人物,言语之中,有意无意间他把自己替美国政府未来战略出谋划策的意思表露出来,这到也无可厚非,但他设想并形象地描绘出未来西方文明与伊斯兰—儒教文明的冲突,那种战争场景描写让人感到他的确是一位狭隘文明论者兼帝国主义者。

第三,亨廷顿重在肯定文明的"认同"价值,以此说明"不认同",即不同文明间区别为什么变的越来越重要。这一方面反映出"冷战"结束后制度与意识形态差别退居次要,另一方面反映出当代文明多元化和自由选择文明类型的趋势对不同民族国家的争夺,这实际仍然是以西方社会理论和物质强势为基础,向其他文明提出挑战,为西方文明在与其他文明竞争中创造优势。

第四,亨廷顿对文明的诠释具有多重价值,反映出当代西方

---

[1] [美]亨廷顿:《文明的冲突与世界秩序的重建》,20—22页,北京,新华出版社,1999。

知识界的普遍观点，特别是他对西方理性主义传统和东方权威主义传统的看法，值得我们注意。他的确看到了西方文明传统的优势，抓住非西方文明存在的弱点。我们不应该因为别人指出我们传统文明中的糟粕而拒绝学习。文明并不是已经摆好的"筵席"，我们可以发扬优秀，摒弃落后。

第五，亨廷顿摆出的西方文明的特点，是在与其他文明，特别是东方文明的比较中得出的，这从另一个方面反映出东、西方文明确实存在相互影响，而且相互影响的广度、深度、图谋都在日益增强。从文明冲突被亨廷顿正式揭开帷幕的那一天开始，人们更加关注文明的冲突，它是为什么？是否应该有更好的结局？如果说亨廷顿在这个问题上的表白具有为西方大国战略提供依据的味道，那么，它对其他文明起的作用却是相反。

亨廷顿在探讨东、西方文明的差别时提到：20世纪伟大的政治意识形态都是西方文明的产物，然而，西方从未产生过一个主要的宗教。这看似一个简单的类别问题，却反映出东、西方文明差别的实质，因为，这两种文明之所以产生出截然不同的思想理论，其根源在于西方文明形成过程中的人本主义传统，而东方文明却是把人的权威交给了神。东、西方为什么会出现这种差别呢？

回答这个问题是困难的，因为，无论你怎样深入，你都会发现最初的根本决定因素寻找不到，或者说，单纯从文明的理论或历史理论中得不到令人满意的答案，而答案可能在生物学、人种学、考古学、宇宙学或地球物理学当中，很多学者不愿意承认这个问题的答案可能已经在历史的长河中消失。

可是，如果从人种学意义上追寻造成东、西方文明差异的主体原因，现在这种差别已经看不出它可能起到的决定性作用来自什么地方；如果从自然环境角度区分不同区域人群的主观思维特性，却不能得出普遍意义的规律，只能是局部的影响作用；如果从历史学角度研究这个问题，只能从某一个主导文明或非主导文明中去找出差别，但也只能是一些文化的、社会学意义上的原因，找不到根本性的普遍因素；如果从宗教学角度去分析这个问题，那显然是更为晚近的原因，况且宗教本身的差别也需要从本源上探讨清楚。因此，造成东、西文明差别的根本原因至今没有一个令人满意的答案，当然，这并不妨碍我们去研究它们之间的差别，以及这些差别对当今人类社会的影响，特别是对东、西方政治经济文化交流的影响。

但是，在亨廷顿看来，正由于当今世界几大主导文明之间的差异，是引起未来不同文明之间冲突的根本原因，尽管造成文明之间差异的根本原因还没有搞清楚。他认为"在正在显现的世界中，属于不同文明的国家和集团之间的关系不仅不会是密切的，反面常常会是对抗性的。但是某些文明之间的关系比其他文明更具有产生冲突的倾向。在微观层面上，最强烈的断层线是在伊斯兰国家与其东正教、印度、非洲和西方基督教邻国之间。在宏观层面上，最主要的分裂是在西方和非西方之间，在以穆斯林和亚洲社会为一方，以西方为另一方之间，存在着最为严重的冲突。"①

亨廷顿关于文明冲突的观点，是依据苏联解体后世界政治局势和地区冲突的现实。但是，如果依照他对文明差别的划分，近代以来的所有冲突都可以多少说是文明的冲突，只不过今天世界几大文明的区域比较明显，各种文明的特征由于传媒的发达而人所共知。但是，用了"文明的冲突"可以更好地掩饰西方霸权主义、强权政治的野心。同时，过去用意识形态来区分敌友的标准已经时过境迁，而文明的区划似乎正好把"友""敌"区别出来，

---

① [美]亨廷顿：《文明的冲突与世界秩序的重建》，199页，北京：新华出版社，1999。

于是，真实的"地区冲突"与"文明的冲突"相合，为西方建立起新的战线。不挂"文明的冲突"的牌子，西方似乎失去了战略对手。

因此，亨廷顿的文明冲突论，一方面显示出对世界几大文明格局的新视角，另一方面也表现出他为西方文明不可挽回的衰落的担忧。他把振兴西方文明作为己任，而西方文明的振兴之路就是走"西方的民族主义"，即西方文明圈内的民族国家的文明统一性，强化这种统一性的唯一途径就是寻找西方文明的敌人，"如果没有真正的敌人，也就没有真正的朋友。除非我们憎恨非我族类，我们便不可能爱我族类。这些是我们在一个世纪之后正在痛苦地重新发现的古老真理和更加充满情感的侈谈。那些否定它们的人也否定他们的家庭、他们的财产、他们的文化、他们的出生权，以及他们本身！他们不能轻易地得到原谅。"[①] 尽管这是亨廷顿引用小说《死亡环礁湖》中的语言，但它的的确确是亨廷顿自己内心的真实表露。

也许人类文明的发展真的到了相互碰撞、冲突、争夺的阶段，事实上这种碰撞、冲突的历史由来已久，只不过以往的历史始终表现为民族的、经济的以及后来的国家的、政治的冲突形式。现在，文明的冲突被自觉地应用在有巨大文明差距之间的斗争上，说明区域文明正在成为一个整体而与其他文明相争夺，也就是说文明潜在的系统性变为整体特征，那么，这说明文明真正成熟了。我们或许不应该为今天到来的文明冲突悲哀，因为，尽管可能出现的冲突形式是暴力的、灾难的，但哪一次历史进步不是以"恶"的方式来推动的？

---

① ［美］亨廷顿：《文明的冲突与世界秩序的重建》，4页，北京，新华出版社，1999。

二、民族主义——狭隘文明观的对应物

一方面由于世界政治经济发展不平衡的距离拉大，一方面由于独立国家内部民族势力发展不平衡的影响加强，促使一些民族独立国家在发展到一定历史阶段时重新走向分裂或者重新走向统一。

严格地说民族主义问题不属于文明理论本身的研究范围以内，但是随着类似亨廷顿"文明的冲突"理论的传播，民族与宗教问题成为其主要内容，而且，民族主义也成了某一种激进文明代表的别名。20世纪八十年代后，民族主义也的确以从来没有过的汹涌浪潮席卷了世界各地，所以，布热津斯基才宣称"共产主义之后的民族主义"认为，21世纪民族主义思潮将是全球影响最广、冲击最大的思潮。

如果从民族主义本身包含的历史文化、宗教习俗、民族特性角度看，民族主义应该包括在文明范畴内，显然，它是一种狭隘文明观的产物，因为，它把文明曲解为一个民族专有的产物，并因而排斥其他文明的正常影响和交流。

民族主义中的"民族"也与文明理论中的民族不同，它也是民族情感中狭隘主义的产物，并上升为一种模式化。英国的一位学者认为"民族主义主要是一种政治原则它坚持政治和民族单位必须一致。"[①] 当然，也有的学者更多地从民族主义在民族发展

[①] 欧内斯特·盖尔纳：《民族和民族主义》，1页，牛津大学出版社，1983（盖尔纳关于民族主义的观点在欧洲学术界有一定影响，一些学者从他的这个观点中进一步深化对民族主义的看法）。

历史中保护和发扬民族生存权、发展权角度肯定民族主义，其实这是一种弱小民族反抗大民族剥削、压迫的民族反抗思想，与民族主义还是有一定差别的，如果这种民族反抗思想上升为一种普遍的模式，并不分民族的大小、强弱而成为一种政治原则，它就是一种民族主义。

所以，英国的另一位学者认为："民族主义早于民族的建立。并不是民族创造了国家和民族主义，而是国家和民族主义创造了民族。"[1] 这种观点的启发意义在于我们可以把近代资本主义产生以后现代民族国家出现结合起来，事实上，斯大林也正是从这个意义上提出资产阶级民族和无产阶级民族的，并为了达到在社会主义时期建立统一的"苏联民族"而有意忽略其他更为古老的民族。尽管在政治出发点上他们根本不同，但从近代以来政治经济对民族国家的影响方面探讨民族主义这一点却是共同的。

民族主义主要表现为一种思想精神和群体运动，它一般是利用民族思想意识中的民族历史传统和宗教精神来强化民族观念，并与族际主义或爱国主义相结合，在民族或国家危亡时演变为一种群体运动。这种运动有两种作用：一种是正面的、反对民族侵略和压迫的，如中国近代开始的争取民族解放和独立，反对帝国主义、殖民主义、封建买办的宰割和奴役，这种民族主义在正义斗争中演变为民族凝聚力，并成为后来民族国家意识的基础。另一种就是负面的、保守的、反动的民族主义，它表现为两个极端：一个是大国沙文主义为特征的霸权民族主义，沙皇时期的俄罗斯、第二次世界大战时期希特勒的纳粹德国、今天的新的种族主义，其实质就是这种霸权意识下的民族自大狂，另一个民族排

---

[1] ［英］埃里克·霍布斯鲍姆：《民族与民族主义》，10页，上海人民出版社，2000（这本书对民族主义进行了历史溯源性的探索，对有关事件和研究成果进行了十分可贵的评价，他似乎想显示出欧洲学者与美国学者在这个问题的区别）。

他主义为特征的狭隘民族主义，对民族之间的正常交流与往来持反对态度，特别是多民族国家内部的民族分离主义，实质都是狭隘民族主义。因此看来，民族主义并不能笼统地加以肯定或否定，而要放在不同的时代背景和具体的实际环境下，给予正确的评价。同时，一种民族主义在不同发展阶段的性质也可能是变化的，同样不能一以贯之地理解认识。

而我们一般对近代以来出现的民族主义运动与19世纪末到20世纪中叶的社会主义思潮联系在一起，因此认为："由于反对帝国主义是各国民族运动的共同目标，因此不管各国运动属于何种类型，采取何种斗争形式，都构成了当时无产阶级世界革命的一个重要组成部分。"[1] 这当然是列宁开创的把殖民地半殖民地国家发生的民族解放和独立运动与无产阶级革命联系在一起的结果。今天看来，20世纪发生在这些相对落后国家的民族解放和独立运动能否达到、是否属于无产阶级革命的确是一个值得重新审视的问题。

民族主义是近代以后的产物，在此之前，民族走向国家的历史还是一种不自觉的历史自然行为，近代法国大革命和美国独立战争，应该说是现代民族主义产生的历史标志。法国大革命把反对封建专制王权、争取"民主""自由""共和"与热爱法兰西民族与祖国结合起来，这是一种前所未有的历史进步，它能在法国形成，是与18世纪以法国为核心的欧洲思想启蒙运动有直接关系。法国大革命之父卢梭就以他的"社会契约论"和"人民主权论"开启了民族主义的大门。他认为"人是生来自由的"，但当国王是整个民族、国家的中心时，王朝利益取代了民族利益，人民就不可能有爱国热情，整个民族看似统一，实质却是分裂的。

---

[1] 余建华：《民族主义：历史遗产与时代风云的交汇》，40页，上海，学林出版社，1999。

只有当人民获得平等自由、获得权利和幸福时，民族与国家才是合一的，祖国也才是每一个民族成员的国家。因此，一个理想国家应该是公民通过社会契约组成国家，公民人人享有自由平等，每个公民的意志从属于全体人民的意志，国家通过全体人民的意志来体现国家意志，即最高主权。而这种制度是封建专制制度根本不能相容的，因此，推翻封建制度建立人民主权的共和国，便成为近代以来世界政治史的主流。无疑，卢梭是近代民族主义精神的先驱。

法国大革命播下的民族主义与共和国家的种子却在欧洲大陆迅速形成一种潮流，一方面对内反对封建专制，争取民主共和，建立统一的民族国家；另一方面对外摆脱异族压迫，争取民族解放与独立。从19世纪初直到19世纪中，整个欧洲都掀起了一场资产阶级民主共和革命，为欧洲近代民族国家向现代民主国家发展奠定了基础，除俄罗斯以外，欧洲的民族主义革命已基本完成了它的历史使命。

从19世纪末到20世纪中，世界范围的殖民地半殖民地国家也爆发了一场声势更为浩大的民族解放与独立运动，直接冲击垄断帝国主义和本国封建主义的压迫和剥削，导致第二次世界大战的爆发，并以第二次世界大战后世界大多数民族国家实现独立或走上所谓社会主义道路为标志的发展道路。

第二次世界大战后在非洲和拉丁美洲出现的民族主义思潮，是民族主义走向分化的开始。欧洲民族主义思潮在这个时候已经走向反动，在控制和反对非洲国家和拉丁美洲国家的民族主义发展趋势上，形成与发展中国家对立的思想和策略，在受东、西方意识形态对立的影响下，进步的民族主义思潮受到制约，民族国家的发展进程受到阻碍，民主自由思想受到严密控制。无论在西方内部还是在东方内部，民族主义思想都受到严重的压抑。这就为苏联解体后，世界范围重新爆发各种民族主义思潮积蓄了力量,埋下了隐患,点燃了导火索。

近几年来,各种民族主义思潮在世界范围内的政治运动和局部冲突中扮演着极其重要的角色,大有泛滥之势,但对这股思潮产生的缘由和发展趋势众说纷纭,不少西方学者和政治家纷纷撰文,预言民族主义将是下个世纪最重要的政治思潮。当然,他们大多数是别有用心地把民族主义推崇为"历史转型期"动荡的根源,因为一个强大的、能和西方对垒的苏联被不可遏制的民族分离主义给肢解了;因为前南斯拉夫陷入了民族冲突和分裂的泥潭;因为德意志民族"无法阻挡的统一要求"而使东德统一于西德;因为亚太地区国家的"民族危机"而要尽力联合起来遏制中国的发展。诸此种种,民族主义成了他们随意干涉别国内政、歪曲民族意愿的口实。所以,他们暗自得意,暗地里推波助澜,表面上又庄重倚正,实际上他们窃望民族主义的大火在社会主义国家都燃烧起来,甚至不顾自己的诺言和人权原则,急不可耐地试图使台湾问题和西藏问题国际化,让中国也出现个"巴尔干"。

不过,请不要忘记,连他们自己都认为的民族主义这把双刃剑不定何时又放到自己的脖子上。就在半个世纪前,不少国家就是靠这把剑斩断了帝国主义套在他们身上的殖民主义枷锁。今天这股民族主义思潮泛滥的结果是冲决新殖民主义体系向社会主义道路推进,还是像资产阶级预言家们所企望的那样朝着"民主自由"发展,历史还没有得出结论。

首先,西方国家用新的殖民主义手段重新划分势力范围是引起当代民族主义思潮泛滥的根本原因。

列宁在分析垄断帝国主义时,曾断言世界已被帝国主义瓜分完毕并将重新瓜分。我们不要以为在经历两次世界大战以后,帝国主义瓜分世界的本性已经改变,我们不要以为在帝国主义旧殖民体系基本完结以后,帝国主义已经失去可供瓜分的地区和国家,世界形势的发展只使帝国主义改变以往赤裸裸的侵占和野蛮的剥削，而是依靠暂时的局部的联合，依靠集中资本，垄断技术，贸易壁垒加上政治孤立，甚至禁运、封锁直至武装干涉等手段迫使发展中国家主动找上门来，开放市场，接受"体面"的盘剥。这种对自然资源和商品市场的瓜分、对发展中的民族国家接受"盟友"地位的"诚意"的控制，恐怕不亚于一场战争，从某种意义上说，这更是一场全面的战争。1995年，马来西亚总理马哈蒂尔在一个公开场合抨击西方国家"企图把它们的道德价值或缺德行为强加给世界其它国家"，指责它们"仍像过去殖民国家一样赤裸裸地"施加影响，"只不过是换了面具而已"。

谁都知道美国在海湾战争中表现出的"公正"护卫的英雄模样全然是为了自己在波斯湾的地位和石油利益。海湾战争极其典型地表现了借助遏制地区性势力扩张而乘机控制利益范围、插足别国事务的帝国主义行径。英国《卫报》在1991年1月29日的一篇文章中也承认海湾战争是一场"捍卫西方的利益免受第三世界人民利益的损害"的"典型的十九世纪的旧式战争"。而一些阿拉伯国家深感"前门驱狼，后门进虎"，在这种情况下，一些泛伊斯兰组织的活动赢得了人们的同情和理解，同时也使一些阿拉伯极端组织加强他们旨在针对帝国主义的恐怖活动。

北约东扩是俄罗斯不得不吞下去的一颗苦果。俄国人尽管意识到他们失去的太多，但现在他们似乎别无选择。北约东扩问题除了西方从政治意义上彻底击垮前华沙组织的势力模式、根绝后患以外，更主要的是通过经济的、军事的乃至意识形态上的控制最终达到重新瓜分东欧的目的，使欧洲的"老对手"俄罗斯难以重温昔日大国之梦。从某种历史意义上说，它使我们感到这依然是沙俄的"大斯拉夫帝国情结"与"盎格鲁—撒克逊体系之美梦"的冲突。

我们且不谈西方资本家在东欧几国的广播电视、新闻出版行业所占股份的深刻含义，单就美国向东欧诸国大肆兜售武器就充分说明了这个问题。据英国《卫报》1995年10月3日的一篇报道:"今年二月份,克林顿总统签署了一项不大引人注意的行政命令,批准10个东欧国家有资格从美国购买先进武器。这样做有一些战略考虑,其结果将是通过军事设备和技术,而不是通过条约把这些国家圈入北约联盟"。一位美国大学教授在《危机调查》1994年冬季号第20期上十分坦率地写到"正如在八十年代的十年间第三世界的危机已无可避免地暴露出来一样,全球资本主义的后果也问题重重,里根(和撒切尔)革命并不是那种目标在从政治上重组全球的革命,可以预示一个新开端,他放松了对全球资本主义的控制,而全球资本主义也一直在竭力反抗政治约束。社会主义国家的瓦解是这一计划的一部分,另一部分则是驯服第三世界,如果有必要,宁可在经济制裁和爱国者导弹的配合下施以侵略,但是这些最好作为最后不得不采用的策略。迄今为止,最好的选择莫过于培植自愿与全球资本主义结合或联盟的阶级而形成内部控制。"但即使是这样,一些西方学者仍以冠冕堂皇的言辞否认帝国主义试图重新瓜分世界的野心。所谓"帝国主义的新手段"或曰"后殖民主义"和"老殖民主义"本质上是一样的,他们的目的都是称霸世界、控制别国,只是在新形势下手法不同而已,在地区冲突和民族、宗教矛盾中,美国等西方发达国家现在用的是"人权"干涉主义、文化霸权主义和经济制裁主义等手段,以图彻底摧毁第三世界人民的民族独立、国家主权的意识和历史创造主动精神,实现灵魂的奴隶化和附庸化,以便永久地内在地臣服于西方的经济政治模式和价值观。

其次,当代民族主义思潮爆发的直接原因是世界范围内民族解放运动基本完成以后,重组民族独立国家以获得更有利的发展条件和生存空间的矛盾反映。

如果从近代资产阶级民族民主独立运动开始到今天,世界上已有180多个独立国家。我们把这一历史过程分为两个时期:一个是资产阶级民族主义的觉醒和资产阶级民族国家的产生时期,一个是以殖民地半殖民地民族解放独立运动和社会主义国家的出现时期。前者从 1789 年法国革命开始到第一次世界大战,后者以俄国十月革命为标志到 20 世纪七十年代末。而从八十年代起,我们认为世界进入了一个已经独立的民族国家重新组合并进一步争取生存空间和发展条件的新阶段。

民族主义思潮和近代民族独立国家的产生是从资产阶级开始的,但从一开始它就陷入了一种无法摆脱的矛盾状态中,因为,一方面资本主义商品经济的发展必然要争夺国际市场而要求消除民族国家间的保护主义和贸易壁垒,另一方面资本主义经济的发展和资产阶级统治的加强又要以强大的保守的民族国家为后盾。所以,恩格斯在 1893 年《共产党宣言》意大利文版序言中曾指出:"但是在任何一个国家,资产阶级的统治离开民族独立是不行的。因此,1848 年革命也就不能不使直到当时还没有统一和独立的那些民族意大利、德国、匈牙利获得独立和统一。"所以,列宁说:"在全世界上,资本主义彻底战胜封建主义的时代,是同民族运动联系在一起的"。①

资产阶级把自己发财致富的欲望放在民族扩张主义的战车上,以强大的资产阶级民族独立国家为后盾,用"血与火"的手段把落后民族的独立国家变为自己的殖民地,或摧毁弱小民族的独立愿望使他们永远成为剥削和奴役的对象,但是,从"十月革命"开始,以殖民地半殖民地人民的民族解放运动取代了资产阶级的民族主义运动,这一运动的实质是殖民地半殖民地国家和落后民族开始争取民族独立和国家统一,如果单纯以摆脱殖民压迫建立独立统一的民族国家为标准衡量,那么落后和发展中国家的民族主义对建立 20 世纪世界民族国家政治秩序起了不可或缺的

---

① 《列宁选集》,第 2 卷,508 页,北京,人民出版社,1995。

作用。民族主义这把双刃剑在被压迫人民和落后民族手里发挥了比在资产阶级手中更光明更巨大的作用。

但是世界范围民族解放运动的完成，并不意味着民族国家独立运动的结束，区域性国家联盟的加强和欧洲一体化进程的加速，也不能说明民族国家的历史使命开始走向完结，相反，一方面由于世界政治经济发展不平衡的距离拉大，一方面由于独立国家内部民族势力发展不平衡的影响加强，促使一些民族独立国家在发展到一定历史阶段时重新走向分裂或者重新走向统一。

以八十年代为起点，在美洲，英属洪都拉斯在1981年成为独立的伯利兹。在亚洲，盛产石油的文莱在1984年摆脱了英国取得了完全的独立。在欧洲，1990年德意志在经历了分裂—统一—分裂的历史之后又重新统一；1993年捷克斯洛伐克以和平方式按照两个不同的民族分为捷克共和国和斯洛伐克；南斯拉夫1991年分裂成为斯洛文尼亚、克罗地亚、波黑、塞尔维亚黑山和马其顿共和国，而且局部统一和分裂的势力都在加强。在近东和中东，1982年以色列获得了对南黎巴嫩的军事控制；1994年巴勒斯坦人在加沙和杰里科获得了自治；1990年，南、北也门合并为今天的也门共和国。在非洲，1980年白人统治的罗得西亚变成黑人治理的津巴布韦；1994年，南非放弃了种族政权；1990年，纳米比亚摆脱南非统治独立。在前苏联，1991年，俄罗斯和另外10个加盟共和国宣布独立，波罗的海三国也于1991年独立。

的确，重组国家的历史开局是剧烈的，而且以东欧和前苏联这些前社会主义国家为重心，这一方面是由于他们没有高度重视建设多民族社会主义国家长期存在民族问题，以为社会主义制度本身就已经消除了民族矛盾存在的基础，甚至在公平发展原则的掩盖下人为地助长了民族分裂势力。更重要的一方面是帝国主义以"民主"为幌子，借助极端民族主义思潮的影响对社会主义国家进行全面"和平"演变造成的。但如果仅仅把这一历史趋势看成一种政治势力消失后的偶然现象,甚至赞美为"民主的恢复"那是极端短视的。

世界政治经济和势力范围的分裂、斗争与统一的矛盾运动必然反映在国与国、民族与民族之间,它势必导致各主体民族为获得更大的生存空间和发展条件不断调整族际关系,这是一个不断重新整合的历史过程,这一过程的实质就是使各发展阶段民族国家跟上世界经济发展步伐,用人类先进的物质文明取代落后的物质文明,以民主统一、和平自由的多民族强国取代专制分裂、受制于他人的弱小国家,在一个统一的国家内以全体人民的平等和劳动自由取代歧视压迫剥削,用能使全体人民共同繁荣和幸福的制度取代少数人压迫多数人的腐朽政治制度。

其三,当代民族主义思潮激化的原因是两极化消失和地区不安定因素增长形成的负面反映。

第二次世界大战结束后,当人类刚刚联合起来打垮几个妄图主宰人类的法西斯国家以后,人们发现自己又陷入了另一个"超级霸权主义"的时代,从1945年的苏、美、英三巨头召开的"雅尔塔"会议开始到1989年美、苏"马尔他"首脑会谈为止,在这44年中,世界几乎被一分为二,形成了两个更大范围的对立势力,而这两个集团之间在政治、经济、军事上的明争暗斗便成为世界舞台上的重头戏。不过他们之间的这场斗争不同于以往历史上任何一次类似的斗争,历史将从这里开始。

社会主义国家在短时间内形成与帝国主义国家对垒的态势,不仅仅是军事的对立,也不仅仅是经济的竞争,更不单纯是意识形态的斗争,而是一种全面的代表人类为探索未来发展道路的截然相反的路线之争。因此,它必然是一个长期的曲曲折折的历史实践过程,这一过程必然遵循公理取代强权、进步战胜落后、光明代替黑暗的历史法则。这一法则也是我们判断在两大对立势力彼消此长过程中民族主义思潮的性质和作用的准绳。那么两极化消失为什么对民族主义思潮起激化作用呢？为什么苏联、东欧在放弃了社会主义以后会出现如此尖锐的民族矛盾呢？

一是因为两极对立时期，各极内中的民族矛盾让位于更重要的全局性冲突，一旦两极消失，民族矛盾就凸现出来，特别是前苏联、南斯拉夫国内民族矛盾由来已久，只是建立了社会主义才把各民族联合起来，走上团结互助、共同发展的道路。而放弃社会主义制度的结果，就是使已经建立起来的良好的民族关系在资产阶级利己主义的趋动下开始走向倒退。在前苏联解体过程中，俄罗斯作为最关键的一环最初还保持着原有的联盟轴心的样子，但在1991年8月事件以后，叶利钦掌握了中央部分权力，大俄罗斯主义急剧膨胀，引起了其它各成员国的强烈不满。1991年12月俄罗斯、乌克兰、白俄罗斯三个斯拉夫国家领导人在布列斯特举行秘密会谈，在这个曾经挽救过苏维埃共和国命运的地方，他们宣布三国成立独立国家联合体，并宣布苏联作为国际法的一个主体和一种地缘政治现实已不复存在。俄罗斯人则认为：在俄罗斯本身面临经济灾难的时刻，不能迫使俄罗斯人承担帮助人口增长过快的中亚各共和国的大笔费用。

二是因为两极化时期形成的安全体系，对一个体系内部的各国、各民族来说既是一种外部压力，又是一种内部保持团结、平衡的内应力，一旦这层保护消失后，原来相安无事的各民族，特别是小民族面临生存危机，尤其是当俄罗斯政局急剧变化时，担心重新落入沙皇统治的阴影又笼罩在东欧各国人民的心头，而以往形成对大国的政治经济依赖心理导致了不同民族趋向依靠不同的大国势力，于是已经愈合的民族间的疮疤又一次被现实残酷地揭开了。前南斯拉夫民族冲突的根本原因就在这里。第二次世界大战中德国入侵者就利用波黑三个民族之间的矛盾挑起民族间互相残杀。从1992年4月5日开始的波黑战争，又重新使波黑三个民族互为仇敌,"再也不能生活在一起了"。虽然俄罗斯以彻底的"民主化和自由市场经济"来取悦西方盟国,但西方人仍然认为:在近期内,东欧人的安全要求对北约来说是十分重要的,因为东欧国家在其政治和经济转型时期需要北约的政治支持。尽管目前没有外部势力威胁到东欧的安全,但北约不想因对东欧的安会问题显得漠不关心而疏远东欧领导人。所以,北约东扩是西方的既定方针。

三是因为帝国主义国家处心积虑地挑拨离间、制造民族矛盾。今天,在世界地区性冲突和民族矛盾激化的地方没有一处帝国主义不插手的,特别是苏联解体后美国成为世界上唯一的超级大国,便急不可耐地"履行世界领导的各种责任"。不过,正如新加坡《联合早报》1995年11月3日在一篇文章中写到:"最令人不满的是美国插手波黑,又是支持一方,压制另一方,战火越演越烈,至今无结局。总之,世界上凡是美国和平使者所到之处,那里就难得到和平。"这一结论是对帝国主义历来如此的行为的总结。从印巴克什米尔之争到阿以耶路撒冷之争,从西藏问题到台湾问题,从撒哈拉沙漠到巴尔干地区,从波斯湾到朝鲜半岛,从封锁古巴到入侵巴拿马,这些地区冲突和危机的加剧无不与帝国主义的干涉和争夺有关。亨廷顿在《文明的冲突》一书中也承认:"事实上,西方正利用国际机构组织、军事力量和经济资源驱使世界为维护和保证西方控制权和西方利益,为推进西方的政治、经济价值观而努力。"

其四,当代民族主义思潮的发展趋势依然集中在第三世界寻求和平与发展上。现在,"民族主义"被西方舆论界炒得火热,似乎当今世界上任何一种冲突都可以用民族主义来加以解释。亨廷顿这位西方久负盛名的政治谋士在《文明的冲突》一文中也谈到"共产党人可以变为民主主义者,富人可以变为穷人,反之亦然,但是俄罗斯人不可能变为爱沙尼亚人,阿塞拜疆人不可能成为阿美尼亚人。"他以牧师的口吻险恶地挑拨民族间的敌对。不过他把这种民族对立用"文明的冲突"来加以掩盖，企图让人们理解目前的民族分裂和战争是迈向"文明和民主"的一个必然过程，把人们的视线从帝国主义的你争我夺转移到所谓"文明的断裂带"。但是，资产阶级的"高等文明"是否使那些"落后"的文明得以改变而进入"高等文明"的行列呢？帝国主义的认同和援助是否真的给那些"民主的伙伴"带来发展和繁荣呢？得到一个肯定的回答并不难，只要我们关注一下非洲几十年来的发展状况就可以否定西方"高等文明"的"真诚的帮助"，只要我们了解一下苏联和东欧各国在放弃了社会主义这五个年头里人民的生活状况和经济发展指标，就对"民主自由伙伴"的慷慨允诺有一个再清醒不过的认识。

就拿投资来看，西方发达国家是不会拿他们的美元去非洲冒险的，所以，由于近几年亚洲经济发展的高速增长才使发达国家的投资者趋之若鹜。因为"美国近几年在亚洲投资回收率超过23％，为其发达国家投资回收率的两倍。如果以发达国家在第三世界年投资2000亿美元，回收率20％计算，一年即回收400亿美元，这个数字几乎是拥有五千万人口的埃塞俄比亚年国民生产总值的七倍。非洲大陆所获外资只相当于马来西亚一国之数"。①非洲和拉丁美洲的第三世界国家在国际货币基金组织和世界银行的开发资助下，得到的结果是越来越贫困化，越来越仰人鼻息而苟且。因为，西方援助的目的或是使这些国家永远处于原料出口的地位，或是使他们在世界经济中处于弱者的地位，这就是帝国主义的本性。他们决不愿更不允许第三世界国家强大而成为他们的竞争对手。

在这种情况下，第三世界国家在民族民主解放和独立运动以

---

① 从熙：《第三世界》，载《当代思潮》，1995年第4期。

后，从更高的层次上重新唤起民族意识，高举民族主义旗帜，争取全面平等独立和发展机会就具有一定的必然性和历史进步意义。当然，在多民族和多宗教的国家，民族意识和国家意识之间的关系是十分复杂的。特别是对一些原本历史上民族矛盾比较尖锐而帝国主义插手较深的地方，民族主义思潮容易带上种族主义色彩和强烈的排他心理，这时的民族主义就可能成为民族分离主义或民族间冲突的诱因。但是，从总的历史趋势看，当代民族主义思潮依然是向着各国各民族共同和平发展的道路上推进。即使是像巴尔干地区经过严重分裂和战争的各国，一旦和平有望，争取发展和维护和平就成了他们的首要任务。因为，人民要和平，世界要发展。

我们不应该忘记塔岛悲剧。澳大利亚的塔斯马尼亚岛，面积26215平方英里，有史以来塔岛就居住着被人类学家称为"大洋洲尼格罗（黑种）人"的土著人，他们大约有二十多个部落，每个部落又分为若干民族。塔岛土著人文化具有独特的风格，他们的语言是一种与任何语言都没有联系的简单语种。在殖民统治者到来之前，他们仍处于钻木取火的石器时代。但从1804年开始，塔岛殖民统治者开始了长达30年之久的"黑色战争"，对岛上的土著居民进行残酷的种族屠杀。殖民统治者在岛上开始了"杀人竞赛"，当时岛上总督亚瑟竟然悬赏每活捉一名未受伤成人奖5英镑，每活捉一名未成年孩子奖2英镑。到1832年塔斯马尼亚人仅存120名（另说203名）。到1876年最后一名塔斯马尼亚人离开人世。如果我们惊叹在社会主义制度下少数民族在如此短时间内获得了全面的发展和提高，那么，我们也为资本主义国家少数民族在如此短的时间内就几近消失而吃惊。资产阶级统治者不会让落后的少数民族有机会去发展和壮大，更不会让他们拥有自己管理自己的权力，自然也就谈不到"分离"的可能。这大概也是资产阶级值得"夸耀"的地方吧！

2008年5月,布什政府企图实现美军在伊拉克的永久驻扎,为此,竭力在参众两院通过一项相关法律并敦促伊拉克政府接受这一法律。据说,美国人民会因此觉得伊拉克战争是值得的,从而有助于共和党的总统大选。这就是文明的冲突。

三、社会主义——准确把握中国国情

> 漠视自己国家的历史,漠视自己民族的文明传统,放弃历史和人民对生活方式的选择,结果只能是倒退和四分五裂。

中国在近代以前一直是东方文明的主流,是世界文明发展的核心,中国的政治经济文化发展水平居于世界前列。但近代以来,中国社会成为封建专制落后的代表,成为西方帝国主义宰割和剥削的对象,成为"东亚病夫"。在经过了血与火的考验,在中国共产党的领导下,中国终于走上了现代民族国家的发展历程,从20世纪那样贫穷落后的国家发展建设成为一个强大、繁荣、充满希望的社会主义民主国家,坚持有中国特色社会主义就是走东方文明的振兴之路,充分认清我国当前的国情,就是充满信心、一心一意地建设祖国,使东方文明发扬光大。

从20世纪八十年代起,世界社会主义运动进入了一个改革的时代,这一方面是因为社会主义国家普遍从巩固建设阶段到了发展改革阶段,另一方面是因为传统的社会主义政治经济模式遇到了西方资本主义的联合挑战。在社会主义国家内部外部都出现要求变革的形势下,出现了两种改革方法和趋势:一种是以苏联戈尔巴乔夫为代表的民主社会主义改革派,他们用"民主化、公开性"来彻底抵毁社会主义制度,最终不得不放弃执政党地位。

一种是以中国邓小平为代表的坚持建设有中国特色社会主义道路的改革派，我们在邓小平社会主义初级阶段理论的指导下，通过建立社会主义市场经济与适合中国国情的民主政治制度，完善和促进社会主义制度的发展。事实证明，坚持实事求是的原则，把马克思主义与中国革命的具体实践相结合，就能够既保持共产党的领导，维护社会主义制度，又能充分体现社会主义制度的优越性，使社会主义经济政治发展达到一个较高的速度。

改革开放的30年，是中国历史上经济发展最快最好的时期，也是建国以来中国在国际影响上稳步上升，周边环境最平稳的时期，是人民生活水平提高最快的时期。

1992年，中国国民经济获得了又一次高速的持续发展，国民生产总值完成23988.4亿元，比1991年增长12.8%，其中，第一产业增长3.7%，第二产业增长20.5%，第三产业增长9.2%。

1993年，中国国内生产总值已经达到31380亿元，又增长了13.4%，成为改革开放以来又一个增长最快的年份，其中农业增长4%，工业增长20.4%，第三产业增长9.3%。

1994年，在宏观调控得到加强的背景下，国民经济仍保持快速增长势头，国民生产总值为44918亿元，比1993年增长11.8%，其中农业增长3.5%，工业增长17.4%，第三产业增长8.7%。

1995年，国内生产总值已经达到57733亿元比上年增长10.2%，其中第一产业增长4.5%，第二产业增长13.6%，第三产业增长了8%。

1996年是实行第九个五年计划的第一年，在坚持适度从紧的货币政策的前提下，仍然获得了快速增长。国内生产总值为67795亿元，比上年增长9.7%，第一产业增长5.1%，第二产业增长12.3%，第三产业增长8%。

2000年，国民经济保持8%的年增长率，国内生产总值迈上8.6万亿元的新台阶，经济总量跃居世界第七位，12亿人的温饱问题基本解决，社会主义市场经济体制初步确立，香港、澳门回归祖国。

20世纪六十年代出现的发展经济学认为：任何国家的经济都不可能以超过7%的速度长期、持续增长。但是，"亚洲四小龙"在六十至八十年代的20年中，国民经济的年平均增长率超过7%，因而被称为"东亚奇迹"。从20世纪八十年代开始，发展经济学家改变了自己的观点，认为，一些小的国家和地区，利用国际市场和资本，采取出口为主导的经济发展模式，就有可能在10年甚至20年内经济增长超过7%，但是像中国和印度这样的农业大国不可能有这样快的增长速度。而改革开放以来中国取得的接近10%的经济增长速度，打破了他们的预言，被称为"中国奇迹"。

的确，从1978年开始的中国式渐进改革开放取得了更加瞩目的成就，不但实现了"农业化国家"向"工业化国家"的转变，而且从经济体制上实现了由计划经济向市场经济的转变；不但实现了国民经济持续高速增长，而且实现了香港、澳门回归祖国；不但综合国力和人民生活水平得到了空前提高，而且国际地位和影响也得到了充分肯定。1997年11月24日，在法国出版的《非洲青年》周刊登载了一篇署名文章中写道："在21世纪的头几年里，我们肯定会看到中国将作为一个新的世界经济强国出现在世人面前。在21世纪初期，中国的雄心将会具体地显示出来，继续令我们惊讶不已。"

20世纪最后20年对世界社会主义运动来说，是最重要、最曲折、最令人难忘的时期，绝大多数社会主义国家在这个改革的年代里，从"改革走向改向"，不仅使执政的共产党垮台，社会主义制度被抛弃，使国家和民族利益遭到了前所未有的损失，人民经历了巨大的磨难,而且,并没有因此得到民主社会主义的"改革家们"许诺的"和平、民主、幸福",也没有得到西方资本主义国家允诺的"人权、自由、美元"。

在我们总结那些遭遇不幸的国家和人民的苦难经验的时候,一些人会问:难道他们没有考虑资本主义私有制的本质和西方大国肢解他们的用心吗?他们难道不能摆脱"西方的援助",重新获得更加有效的发展体制吗?对这个问题我们的导师马克思有着比现在一些人更深刻的理解,他用十分生动形象的故事阐明了一个非凡的道理:

"在沙弗高伦附近的巴拉迪兹寺院里,有一位传教师波纳维达·布兰克驯养了四十只白头翁鸟,他把白头翁鸟的下嘴壳全部割掉了,于是,这些鸟自己再也不能获取食物了,而只好从传教师的手中得到饲料。一些庸夫俗子,他们只是老远地看到这些鸟如何向这位可敬的传教师飞来,落到他的肩上,安然地在他的手中用餐,因而对他这种高超的教化和修养感到惊服。一位给这个传教师做传记的人说,鸟儿们非常之喜欢他,把他看作是自己的恩人。"[①]

试想在资本主义价值规律和竞争规律的作用下,哪一届政府能把大量的国民收入全心全意用来发展另一个落后国家的经济!占人口少数的有产阶级怎肯把他们自己的钱捐出来让大多数人也过上平等幸福的生活!所以,在资本主义所谓的"全球经济一体化"中,落后的国家和民族将越来越落后、越来越贫穷,富有先进的民族越来越先进和富有,"这种制度化的偏见之所以能够持久和扩展,在很大程度上是由于歧视在剥削和社会秩序的再生产

---

① 马克思恩格斯:《法兰克福会议中关于波兰问题的争论》,《马克思恩格斯全集》,第5卷371—372页,北京,人民出版社,1982。

上起了关键性的作用。种族偏见是美国资本积累的基础之一。"①

社会主义制度的建立标志着人类社会发展形态的一次划时代飞跃，但它不是在资本主义最发达的国家中出现的，而历史性地表现为一种新生与腐朽、进步与落后的两种制度、两条道路的反复斗争。我们不要因为它遭到一时的挫折，就把它曾在那些落后国家创造的发展奇迹一笔抹煞，哪一次历史进步不是以社会的巨大牺牲为代价的，文明不也正是在长期的不文明的历史中锤炼出来的。但漠视自己国家的历史，漠视自己民族的文明传统，放弃历史和人民对生活的选择，结果只能是倒退。因此，如何在当前社会主义运动处在低潮时期，清醒认识国际局势和中国国情，自觉维护党的领导，坚持马克思主义信念，坚持社会主义，提高斗争策略与艺术，就成为认清国情的一个重要目的。

尽管中国国情的变化发展是巨大的，但不要忘记，我们是从一个极低的起点上开始的，整体国民经济发展水平还是很低的；不要忘记，我国国情中存在的内部隐患仍然十分严重，面临来自西方资本主义大国的威胁日益严重。这就要求我们在充分准确地把握我国国情的特点和优势外，我们还要客观准确地认清我国面临的国际环境，增强建设有中国特色社会主义信心。

首先，在科学技术高度发达国家，直接从事农业和体力劳动的人口的比重非常低，如1980年美国的农民人口占总人口的5%，蓝领工人占20%，白领工人占到60—70%，而到1999年，这一比例已提高到农民人口占3%，蓝领工人占10%，白领工人占到85%。而我国大部分人口分布在农村，尽管乡镇企业和非农业生产吸纳了很多农业人口，但仍有超过60%的人口在从事农业生产，这制约了我国工业化发展速度。

---

① ［美］曼纽尔·卡斯泰尔斯：《经济危机与美国社会》，203页，上海译文出版社，1985。

其次，按世界银行分布的对世界各国的分类，凡人均国民收入（CNP）765美元以下的国家为低收入国家，766－3035美元为中等收入国家，我国按汇率值的人均CNP是620美元，与印度、巴基斯坦，尼日利亚、越南等国家同列为低收入国家，尽管按人均购买力我们的排位有所上升，但国民整体生活水平仍然很低，影响社会生产发展和革新速度。

其三，资源和环境问题正日益限制我国经济的持续有效发展。可耕地减少，世界人均占有耕地是4.3亩，中国不到1.5亩，仅是加拿大的1/19，美国的1/9，法国的1/3，印度的2/5。水资源短缺，中国每人每年约占有2.400立方米水，相当于世界人均占有量的1/4，美国的1/5，印尼的1/7，加拿大的1/50。能源有限，分布不均，中国煤多油少，人均占有量低，已探明煤炭储量1.000亿吨，人均100吨，而且能源浪费严重，利用率不高，发达国家能源利用率达到50%，我国仅达到30%。环境恶化，水土流失、土地沙化、草原退化、江河污染是目前我国经济发展面临最紧迫的问题，尽管每年改造治理的投入大量增加，但基于总体国力的限制，短期改善的困难大。

其四，劳动力素质和国民受教育水平低。在高收入国家的从业人员中具有高学历的至少占26.5%，而我国仅占2.8%，乡镇企业只有1.3%；25岁以上受过高等教育的人口百分比，高收入国家平均27.6%，我国是3%左右，美国是46.5%。而中国经济持续发展的后劲还在于科技和教育，因此，提高全体国民素质，实施科教兴国战略，是推进改革开放不断向前发展的关键。

其五，国际政治环境不佳，周边国家关系不稳。在经过了北约对南斯拉夫的战争以后，我们还觉得当今世界发展的主题是和平与发展吗？日美周边事态条约签订生效后，我们还觉得战争只是一种想象吗？西方资本主义威胁的下一个目标就是中国，这是不由我们自己的意志为转移的，即使是你彻底放弃社会主义，走私有化道路,你也只能是一个"三流或四流"国家;如果你继续坚持党的领导和社会主义旗帜,你就必须作好迎接"新冷战"的准备,在斗争中发展壮大自己。

上述国情是中国进入21世纪面临的不利方面,了解国情的不利因素,在某种意义上甚至比知道我们的有利因素更重要,因为,只有清醒地看到我们的短处,才能扬长避短,克敌制胜。

美国学者戴维·张在《邓小平领导下的中国》一书中讲到:"中国的特点很多,如人口众多、幅员辽阔、物产丰富、可耕地贫乏、生产方式和生活水平低下、饱受贫穷和落后、历史悠久的儒家传统文化、辛亥革命的挑战、苏联经济模式失败等。中国很难照搬任何外国的现代化模式,无论是西方的、东欧的、甚至是日本的模式。中国就是中国,她只能走自己的路。"

四、文明"生态"——人类共同发展的前提

> 人类只有一个地球,只有一个文明世界,让我们用当代文明人的胸怀看待文明吧!

"生态"一词一般指动物、植物、生物等的生存环境,而文明的"生态"应该是指各类型文明的生存环境。毫无疑问,当今人类文明的生存与发展也需要一个良好的环境,因为,今天文明发展已经到了相互交流、相互融合、相互影响的普遍化阶段,如果不同文明间彼此敌视、彼此反对、彼此隔绝,文明得以生存和发展的生态环境必然遭到破坏。从这个意义上说,文明生态是人类共同发展的前提。

文明生态的形成与世界文明发展成长的历史密切相关,如果说在20世纪以前,文明的发展还是以各类型文明剧烈冲突、兼

并、归类为特点的话，那么，20世纪后直到今天，几大文明类型已基本形成自己的范围，并在各自文明圈内展开整合，文明圈外展开更大范围冲突的前奏。

首先，文明的历史已经十分"沉重"，或者说，文明的生态环境中已经有许多"赘生物"，这是文明生态环境需要认真治理的原因。尽管科学思想和民主精神成为文明人类的基本素质，但不讲科学和不讲民主是当今文明世界的一大特点，在东、西方文明的冲突中，这种不讲科学与民主的倾向，有一点类似中世纪宗教不宽容的"风格"。这难道不是人类文明生态环境的恶化又是什么呢？

其次，极端民族主义在世界各地的泛滥与各国处理国内民族问题的暴力倾向，成为对应产物。这几乎是从美国国内种族歧视到世界一些地方、一些国家普遍存在的问题，它说明我们在解决人与人之间、民族与民族之间能力的下降，结果是直接威胁到当今一些国家人民的生存环境，这难道不是人类文明环境恶化又是什么呢？

其三，"冷战"结束后，西方霸权主义、强权政治"盛兴"，导致一些国家在处理国与国之间关系上，以武力相威胁，以军事干涉为手段，以政治讹诈为借口，以颠覆、破坏、分裂为目的，这种流氓行为只能说明"最文明社会"的精神道德严重退化，难道不是文明生态环境的恶化又是什么呢？

其四，科学赋予人类改造自然界的无穷力量，当今却成为破坏自然，甚至破坏人类自身的力量。人类在为自己成为"万物的主宰"高兴时，不要忘记，主宰人类的恰恰是人类的主宰智慧。一些科学发明越来越表现出的反人类性，反自然性，反道德性，使我们不得不对人类把握自己智慧的能力表示怀疑。

人类文明本质的同一性与形式的多样性在今天比任何时候都更加明显地暴露和对立起来，一方面是因为，同一性带来各类型文明趋向融合与统一，这并不是所有文明的共同愿望，相反，它在人们内心深处引起了恐慌，正如人们在世界经济一体化、金融全球化、传播信息化面前时时感到困惑一样，它带来的也许并不是人们渴望得到的；另一方面是因为，形式多样性本身就与同一性的本质相矛盾，今天这种矛盾的暴露是与几大文明圈的形成有密切关系，但文明圈之间却因此冲突明显加剧，强调差别本身就是在强调矛盾，特别是当意识形态也加入进去以后，文明间的矛盾变得更加尖锐复杂。

的确，今天文明留给我们人类好像是越来越沉重的"负担"，然而，毕竟我们还是文明的创造者，虽然我们同时又是文明的继承者；毕竟我们还是文明的享受者，虽然我们同时又是文明的保护者；毕竟我们还是文明的，虽然我们也有一些很不文明的。人类只有一个地球，只有一个文明世界，让我们用当代文明人的胸怀这样看待文明吧。

文明形式本身就是多样性的，因为人们生活的环境就是不同的，让多样性成为世界文明花园的基本特征。

文明内容本身就是各异的，因为历史传统和生活本身就是不同的，让丰富多彩成为组成世界文明的主要特征。

文明是人类共性在创造物上的反映，它是人的根本表现，让文明历史健康发展，为我们自己造福。

第十一章　跨文化与东亚文明

一、交流融通——跨文化研究的理解

社会的一般发展规律在亚洲是不可靠的，因为亚洲文明远不同于欧洲，但是，似乎亚洲古文明更早地影响了世界其他文明区域，而欧洲文明却在近代影响了世界。

跨文化研究（Cross-cultural research）是指对不同国家、不同地区、不同民族的文化进行比较，研究它们的异同及其形成的原因，从而寻求人类文化的共同特征和普遍规律。跨文化研究既是一个新概念，又是一个老话题。所谓新概念是指跨文化研究在社会科学领域还没有自己的理论和方法，形成一门独立的学科，甚至在英汉文字典中也很少见到这个词；所谓老话题是指跨文化研究自19世纪以来一直为各国社会科学家所运用，并创造出各种风格不同、理论迥异的学术流派。

英国人类学家爱德华·泰勒运用跨文化研究，创立了文化进化论。美国的人类学家刘易斯·摩尔根运用跨文化研究，揭示了原始社会的基本特征，找到了一把解开人类史前期的哑谜的钥匙。法国心理学家列维·布留尔把跨文化研究运用于心理学，创立了跨文化心理学。美国文化人类学家朱利安·斯图尔德对美索不达米亚、埃及、中国、秘鲁和墨西哥5个地区的文化进行研究，创立了文化生态学。马克思、恩格斯创立的唯物史观，从某种意义上讲也得益于跨文化研究。可以毫不夸张地说,大多数人类学家都求助于跨文化研究形成自己的思想。跨文化研究以其广阔的视觉、多维的综合、交叉的验证、主位和客位相结合等优势,在社会科学领域有着不可替代的地位和作用,受到各国学者的重视和青睐。美国出版的《1973年跨文化研究和研究者指南》列举了大约30种包含跨文化研究报告的杂志,展示了跨文化研究的丰硕成果。

跨文化研究不仅在学术上有着很高的价值,而且对于促进世界的和平和发展也有着重大的现实意义。此外跨文化研究还能帮助本国、本地区、本民族克服文化自我中心主义。加强对异国、异地、异民族文化的了解,增进彼此之间的理解、友谊和团结,促进政治、经济、社会、文化的交往,有助于消除由文化冲突带来的政治冲突以至武装冲突,在更广泛的意义上实现"求同存异"的"大同世界"。

跨文化研究基本上有两种类型,一种是对比较接近的两种以上文化的比较研究,另一种是对广为分散的两种以上文化的比较研究。如果我们把文化A到文化Z当作两个距离最远的文化,那么前一种类型是研究文化A、文化B和文化C,后一种类型是研究文化A、文化M和文化Z。这两种类型的研究都各有其特点和功能。但是后一种类型的研究,对于揭示文化的共同特征和发展规律有着更强的说服力。

(一) 跨文化研究的历史

跨文化研究出现在19世纪六十年代,杰出的倡导者是英国人类学家爱德华·泰勒。他的研究以丰富的民族志为背景,在对各种文化进行详细分析和比较过程中奠定了研究文化的基础。泰勒认为,任何地区都经历了一系列文化进化阶段,他用民族志资料论证了人类早期的进化阶段,用历史资料论证了人类后期进化阶段，并认为欧洲 19 世纪的制度就是由上述进化阶段发展而来的。泰勒在《论适于婚姻和遗传规律的风俗发展的调查方法》的论文中，还提议运用统计学上数值相符的方法对几种流行的风俗进行研究，以弄清它们相互关系的性质。25 年以后，霍布豪斯、惠勒和金斯伯格等学者进一步运用跨文化研究，探讨了文化的进化。他们把 552 个社会分类为低级的狩猎民、高级的狩猎民、从属的狩猎民、初级的农民或牧民、中级农民或牧民、以及高级的农民。而且，他们建立了为每个"民族"记录有诸如法律制裁的类型、继承方式、居住模式、性习俗、妇女待遇、战争方式、社会分层等级之类特征的跨文化索引。

以泰勒为代表的进化论学派确信全人类基本上是统一的，进步是人类历史的普遍规律，社会从简单形式向复杂形式发展。但是，进化论学派都倾向于用独立并行发展的观点而不是历史传播过程的观点来解释文化进化，并且用人性的基本类似性来解释地理位置不相干的民族有同样文化习俗的事实。他们认为，来自不同原始情境的文化特征是可以比较的，因为它们是"处于同一发展阶段"人类心灵的产物。跨文化研究变成了理解人性的手段。这些弱点导致了后来进化论学派被传播论学派所代替。

同一时期，美国人类学家摩尔根在跨文化研究方面做出了卓绝的贡献。他首先实地考察印第安人的生活方式、风俗习惯和组织机构，进而扩展到其他国家和其他民族，进行比较对照、交叉验证。他在科学史上第一次收集了具有独一无二的极为丰富的关于全世界各民族亲属称谓特点的资料，从中发现美洲印第安人亲属制度也流行于亚洲的许多部落，并且以略加改变的形式流行于非洲及澳洲的许多部落。他从亲属制度中恢复了与它相应的家庭形式，开辟了一条新的研究途径及进一步窥探人类史前史的可能。摩尔根还通过跨文化研究证明：美洲印第安人部落用动物名称命名的血族团体，实质上是与希腊人和罗马人的氏族相同的，美洲的形式是原始的形式,而希腊——罗马的形式是晚出的、派生的形式;上古时代希腊人和罗马人的氏族、胞族和部落的全部社会组织与美洲印第安人的组织极其相似;氏族是人类进入文明时代以前所共有的制度。恩格斯说:"摩尔根的伟大功绩,就在于他在主要特点上发现和恢复了我们成文历史的这种史前的基础,并且在北美印第安人的血族团体中找到了一把解开古代希腊、罗马和德意志历史上那些极为重要而至今尚未解决的哑谜的钥匙。"①

马克思的《人类学笔记》、恩格斯的《家庭、私有制和国家的起源》等著作可以说是运用跨文化研究来阐述和完善唯物史观理论的典范。马克思、恩格斯除了引用摩尔根等人的大量跨文化资料以外,他们自己也收集和研究了希腊和罗马、古代爱尔兰、古代德意志人等等许多种类不同的跨文化资料。他们运用印第安人、希腊人、克尔特人和德意志人的跨文化资料,揭示了氏族、胞族、部落、部落联盟的基本特征及其发展过程,科学地阐述了人类早期发展阶段的历史。他们运用希腊人、罗马人和德意志人的跨文化资料,阐明了氏族制度解体和国家形成的过程,剖析了国家的起源和实质,揭示了阶级社会的一般特征。从马克思、恩格斯的跨文化研究中,我们可以看到,他们不是以一、二个地区或一、二个民族的资料为仅有的依据,而是把视角投向东西两半球、欧亚非澳美五大洲。正如马克思所说:"研究必须充分地占有材料,分析它的各种发展形式,探寻这些形式的内在联系。只有这项工作完成以后,现实的运动才能适当地叙述出来。"他们以全盛时期美洲印第安人的氏族制度为蓝本,研究了希腊人、罗马人、克尔特人和德意志人的氏族制度,相互对照,交叉验证,从各种形式的氏族制度中概括出氏族制度的共同特征,把历史的

---

① 《马克思恩格斯选集》,第4卷,2页,北京,人民出版社,1995。

实证研究与抽象的逻辑研究有机地结合了起来。更为重要的是他们视物质资料的生产方式为历史过程中的决定性因素，以此来说明文化、制度等上层建筑并划分历史时期，这是他们高出同时期跨文化研究学者的地方。马克思、恩格期讲的经济基础既包括生产和运输的"全部技术装备"，也包括人们赖以生存和发展的"地理基础"。这对于研究古代文化是十分重要的。

从19世纪八十年代起，文化进化论逐渐为各种形式的传播论所取代。传播论反对文化单线进化论，主张如实地描写不同地区所经历的不同发展。传播论重视作为文化发展外在契机的各民族之间文化要素的借用、传播的事实，认为各民族文化中的类似现象，是过去民族迁移的痕迹，应该用传播和移民的历史过程来解释文化历史。传播论从传播角度解释一定范围内的文化类似性及其连续分布，并用这种方法重建一定地区的特定文化复合体的历史。传播论给跨文化研究增添了一个重要的新维度的思索。但是，传播论反对进化论所持的核心思想，即社会进步和发展的思想，并把文化现象的历史发展和空间移动对立起来，把人类文明的共同特征仅仅解释为接触和借用的结果。传播论企图通过运用判断文化特点相似性的标准，建立一些起源性文化，认为是这些起源性文化通过移民传播到世界各地。到了20世纪二十年代和三十年代甚至还出现了更极端的单文化起源地论，诸如泛埃及论、泛巴比伦论等。因而，传播论必然为历史所淘汰，但传播论独特的视角和一些新概念如"文化圈"、"文化层"等却保留了下来，丰富了跨文化研究。

20世纪二十年代，美国人类学家默道克在耶鲁大学建立了《人类关系区域档案》。这是一种内容广泛的资料目录，它收集了600多个社会的民族学资料，是跨文化研究的重要工具。这种档案信息容量大，因而发现的速率也大，使已有的民族学资料得到有效的利用，受到美国所有大学和国外许多大学的重视。默道克认为，到20世纪，人类学有足够的资料提出跨文化比较的一般原则，也就是说应该建构跨文化研究的理论了。默道克在他的《社会结构》一书中，为了做出亲属关系和其他社会组织方面变化的统计学概括，使用了人类关系区域档案。他为亲属制度中的某些常见变化设计了因果关系机制，并用在社会制度史的重建上。但是，许多学者认为：默道克那些用以相互比较的基本单位，诸如部落或民族、文化或社会仿佛被视为天然就是有所限定和自我区分的；他们根据林奈的原理建立一种文化种类的分类学，正像动植物分类说明进化的顺序一样，根据其形态学上的特点对社会分类也将证实社会进化的变化规律。索引中记录的信息根据数字的分类法而加以编码，最终还将使全部注解能够直接进入计算机的分析。这看起来也许相当现代化，但是如果储存的信息最初就有缺陷，以后用电子计算机计算的统计分析将越来越混乱。

在上世纪的同一个时期，英国出现了功能论学派，代表人物是马林诺夫斯基和拉德克利夫·布朗。这个学派既反对进化论的观点也反对传播论的观点，但是在跨文化研究方面却继承了相同的传统。他们认为，一个社会必须作为一个系统而不是作为一个组成部分的集合来加以分析，但是由于一次只考虑一个参照系，分析者也许会把他的问题分解成容易处理的部分。由此，也许会形成一些适合于任何地方的政治或亲属分析的一般原理。他们取得了某些值得注意的成功。当所有被考虑的社会具有共同的地理位置和自然环境而且在规模上和一般文化方面非常类似时，说明这种跨文化研究非常富有成果。继功能论学派之后，法国出现了结构论学派，代表人物是列维·施特劳斯。他们认为社会是一个交往系统，文化产品是有结构的，在较为抽象的层次上对文化结构加以比较是合理的。文化系统事实上像语言一样被使用，正是通过文化，人们能够把自然的世界和社会的世界作为他们能够与之达成协议的一个有序场所来认识。亲属系统、政治系统和神话系统都是人们发明的分类系统。它们所包含的结构是对应于人类一般才能的逻辑结构。他们认为，文化系统可以比较，不仅因为它们明显相似，而且因为它们代表着一个共同结构主题的逻辑变形。功能论和结构论为跨文化研究提供了结构功能的分析比较，使跨文化研究得以建立在多维度的思索和多视角的测量的基础之上。

上世纪五十年代，美国文化人类学家朱利安·斯图尔德把跨文化研究与生态学结合在一起，创立了文化生态学。他认为，文化的进化由于适应环境而产生出多样化、特殊化，呈现出"多样进化"的局面，从而有可能把广泛传播的、不同地理和生态地带的文化发展的平行序列进行比较，在此基础上揭示文化的总的进行规律。斯图尔德比较研究了首先出现文明的美索不达米亚、埃及、中国、秘鲁和墨西哥5个地区的文化模式，探讨了人类文化起源和发展进程。斯图尔德十分强调文化与环境之间的关系，他认为人类文化及其变化是基于对自然环境众多的、而且日益复杂的适应性。斯图尔德反对传播论关于所有文化都起源于一个中心的观点，但是也反对环境决定论。他主张文化生态学应该成为一门"解释具有地域性差别的一些特别文化特征及其文化模式的来源"的科学。由于文化生态学有着广阔的应用前景，因此，受到各国学者越来越多关注，近二、三十年来对文化的生态分析和研究日益盛行，已成为当前人类文化研究的重要趋势之一。

跨文化心理学最早是由法国心理学家列维·布留尔首先开始进行研究的，但是作为一门独立的学科，却是在最近几十年才进行系统的研究。跨文化心理学以两种以上的跨文化资料为基础，研究不同文化背景下人的心理的共同性和差异性，研究社会文化特点对心理的影响。跨文化心理学反对把种族划分为劣等、中等、高等的种族主义偏见，力图对人类行为的差别做出正确的评价，把这种差别看作生活方式的不同，而不是优越程度的不同；不要试图按照我们自己的标准去理解其他民族，其他民族有他们自己的方式和评价标准，以此创造特性，形成分类并进行理解。美国的跨文化心理学家对东西方文化差异进行了大量的比较研究，指出西方文化强调个体、成就动机、理性证明、科学方法以及直接的自我表现，东方文化注重共同幸福、体验证明、直观逻辑、宗教哲学方法以及微妙间接的人际关系。他们认为，文明与激情、竞争、奋斗等等刺激因素有关，社会越文明，心理失调就越多。精神病是文明付出的代价，一方上升发展的原因就是另一方上升发展的结果。知识的增加，艺术的进步，安逸的增多，方法的改进，精确性的增长，伦理的提高，它们本身没有扰乱人的脑组织，造成精神失调，但是与它相伴而来的更大和更多的精神活动的机会和报酬，不确定的和更冒险的就业，以及更多的失望，频繁的感官欲望的刺激，经常的事故和伤残的危险，大量无根据的希望，以及为取得达不到的东西和实现不可能实现的目的更痛苦的奋争等等，无时无刻不在刺激和伤害人的心智和精神。相比之下，东方文化被认为更符合人的本性。跨文化心理学通过不同文化之间的行为比较，不但促进了心理学研究，而且也使跨文化研究大获裨益。

上世纪六十年代以来，美国和西欧出现了跨文化研究热，许多学者热衷于对西方文化与东方文化、德意志文化与南欧文化、欧洲文化与中东埃及文化、美洲和大洋洲土著民族的原始文化与欧洲民族的文化进行比较研究。他们的研究既有跨国度的空间型比较，又有渗入共时、历时因素的时空型比较；既有宏观比较，又有微观比较；既有平行比较，又有交叉比较。无论在广度上和深度上都把跨文化研究推向了一个新的阶段，并衍生分化出一些新的分支学科。时至今日，跨文化研究方兴未艾。

(二) 跨文化研究的主要观点

如上所述，跨文化研究已有 100 多年的历史，但是至今尚未形成自己独立的理论体系。正如默道克所指出的，现在是到了建构跨文化理论的时候了。我们试图根据各个学派提出的理论观点，取其精华，总结和概括跨文化研究的理论和方法。

第一个观点：跨文化研究认为，不同地域、国家、民族的文化具有共同的特征，它是时代性与民族性的统一。

阐述这个问题之前，首先要对文化这个概念做出界定，否则会产生歧义。爱德华·泰勒早在 1871 年就把文化定义为"一个复杂的整体，它包括知识、信息、艺术、法律、道德、习俗以及人作为社会成员所获得的各种能力和养成的各种习惯"。自此以后，有关文化的定义据统计有 160 种之多。新近提出的一些定义都倾向于把实际行为同行为背后的抽象的价值观、信念以及对世界的感知加以更明确的区分。换句话说，文化不是可见的行为，而是人们用以解释经验、产生行为并由行为所反映的价值观和信念。据此，我们可以清晰而简洁地说，文化是指人类的精神生产能力、精神生活方式和精神产品。各个学派通过对众多不同文化的比较研究，指出所有文化具有下列共同的特征：

（1）文化是共有的——文化是一个群体共有的理想、价值观和行为标准，是群体成员相互联系时共同使用的概念、规则和程序。虽然个体是文化的承担者，但文化的居所是群体。文化使行为和意义相联系，使个人的行为得以被群体所理解。

（2）文化是习得的——所有文化都是习得的，而不是从生物学方面遗传的。人们通过在某一文化中长大成人而习得这一文化。正是通过文化传承，人们学到社会视为恰当的种种方式，以满足自己由生物性所决定的种种需要。这里要指出的是：人的各种需要是无需学习的，而藉以满足这些需要的方式则是学来的。

每一种文化都确立了满足这些需要的方式。

（3）文化是以符号为基础的——人类的全部行为都源于符号的使用，正是通过符号系统，人类才得以交流思想、情感和愿望。文化中最重要的符号是语言，符号性的语言是构筑人类各种文化的基础。正是通过语言，人类才得以将文化代代相传。

（4）文化是整体性的——文化是由文化特质、文化结构和文化模式构成的整体。文化中的各种孤立的要素并不构成其为文化，文化整体性必须是文化的各种要素与一定形式的有机结合。文化的各种要素作为一个相互联系的整体进行运转，这就好比一台机器，各个部件必须全部适应。文化中的任何一个要素如果发生变化，常常会在不同程度上影响到其他的部分。

文化是伴随着人类自身产生而形成的一种多元性历史现象。人类为了生存就必须通过自己的劳动制造工具，以自己所做的改变有效地适应自然、利用自然。人类在适应自然、利用自然的实践活动中，产生了语言，发展了心理感知和抽象思维能力。人类的进步与文化的进步同步。人类社会由低级向高级发展，文化也由简单到复杂演化。一定时期的文化总是反映了一定时期的社会经济结构和政治上层建筑。因此，我们说文化具有鲜明的时代性，这也是文化具有共同特征的原因所在。美国人类学家费根说："不同的国家虽然远隔万里，但他们解决问题的方式却经常是惊人的相似。"不同地域、国家、民族在地理环境和社会经济结构上的差异，必然反映到文化上来，使文化本身的形成、内在结构、表现形式等各方面带有明显的地域性和民族性，这也是文化所具有的特殊性。地域性和民族性体现了一个民族文化传统积淀和特定地区文化的特点，代表了该民族的民族精神和文化类型。正是文化所具有的地域性和民族性，使人类文化千姿百态，绚丽多彩。文化的共同性寓于文化的特殊性之中。没有各个特殊的、具体的文化，就不可能抽象出它们共同的特征。没有各个地域性的民族性的文化，也不可能展示出时代精神的风貌。任何文化都存在于具体社会空间和一定的历史时期，是时代性与民族性的统一。

第二个观点：跨文化研究认为，任何一种文化的变化和发展都是通过继承、创新、传播、融合的方式实现的。

进化论强调继承和创新在文化的变化和发展中的作用，传播论强调传播和融合在文化的变化和发展中的作用。事实上，文化的变化和发展普遍存在纵向的流传和横向的交融，即通过自身的传递、继承、创新和与各种文化相互接触、相互融合的方式来实现的。文化继承是人通过对文化载体具体体现的人类过去活动成果的学习、掌握和运用。文化正是在一代一代的传承过程中长期逐渐积累起来的。各种文化通过继承，积淀为人们的行为模式、思维方式、心理特征，形成一个民族的思想风貌。它凝聚着一个民族的精神智慧。因而，我们说文化继承是文化发展的现实基础。

文化创新是人在不断扩展自身、完善自身和超越自然状态的冲动和要求下，突破原有的文化内容和形式，创造出新的文化内容和形式。一项创新可能是一个全新观念的产生，也可能是对某些现存因素的重新结合。大多数创新是长期实践的结果，是对当代科技运用的精心改进的符合逻辑的结果，是对周围环境变化的反映。任何文化创新都是在前代文化的基础上形成的，离开了继承，创新便是一句空话。继承和创新构成了文化纵向的流传和发展。

文化传播是人与人之间、群体与群体之间、社区与社区之间的一种文化运动或文化扩散过程。任何一个地区或民族的文化不可能是完全封闭、自成体系的，它们都不同程度地受邻近地区或民族的文化影响，哪怕相互是仇敌，也不会受到阻碍。婚姻嫁娶、贸易往来、宗教传播、人口流动、民族迁徙等等，都会导致文化的转移和交流。人类的共同性和文化的共享性使文化传播不可避免。在文化传播中，传入和传出是双向的，影响和被影响是相互的，每一种文化都在传播中通过变形和转化，而为另一种文化所接受和发展。所以，我们说文化传播是文化变化和发展的重要条件。

文化融合是两种以上的文化特质通过长期、连续的接触，融合为一体，产生一种既不同于原有文化又不同于输入文化的新质文化。文化融合往往是文化创新的契机，许多情况下的文化创新是从引进其他异质文化开始的。但是在文化融合中，异质文化的引进必须为人们所普遍接受，并与现存的文化模式相适应，否则会引起抵制，产生文化冲突。文化融合的过程是一个潜移默化的过程，也是人们根据自己的经验和价值观重新界定文化和认识文化的过程。美国文化人类学家克鲁伯说："任何一种文化都是一个复合体，并且是内部各种成分混合长成，这些成分大部分是自古就有的，也有从别的文化借入的。""每一个文化都会接纳新的东西，不论是外来的或产自本土的，依照自己的文化模式，将这些新的东西加以重新塑造"。

第三个观点：跨文化研究认为，不同地域、国家、民族的文化共同性和差异性归根结底是由经济基础决定的。

西方学者对影响文化变量的诸多因素进行了大量的研究，如气候、食物、土壤和地形对文化的形成和变化的影响；蛋白质摄入、内分泌平衡、遗传选择等生物适应变量对文化变量的影响等等。他们的研究从各个不同侧面说明了文化变化的原因，同时也说明文化是一个受内在的、外在的各种因素影响的多变的复杂的体系。在人类历史的早期，人们对自然条件依赖的程度比较大，文化受自然条件的影响也就比较大。恩格斯曾分析说："东大陆，即所谓旧大陆，差不多有着一切适于驯养的动物和除一种以外一切适于种植的谷物；而西大陆，即美洲，在一切适于驯养的哺乳动物中，只有羊驼一种，并且只是在南部某些地方才有；而在一切可种植的谷物中，也只有一种，但是最好的一种，即玉蜀黍。由于自然条件的这种差异，两个半球上的居民，从此后，便各自循着自己独特道路发展，而表示各个阶段的界标在两个半球也就各不相同了。"① 随着社会的发展，生产力的提高，人们对自然条件的依赖逐渐减弱。人们越来越多地利用自然界来达到自己的目的。人们开垦荒地，使它适合于耕种，建立灌溉系统，把许多不毛之地变成肥沃的良田。现在的许多动物和植物不仅是大自然的产物，也是人类劳动、人工选种和培育的结果。人们把有益的植物和动物从一个地区带到另一个地区，使整个大陆上的动植物界发生了变化。生产发展的水平越高，人与自然的联系就越纷繁、越复杂，从而自然条件对文化变量的影响就越减弱，文化与自然的相交距离越远。在这种情况下，仅仅用自然条件来解释文化变量的原因显然是不够的了。它解释不了在同一地区、同样的自然条件下为什么会出现两种以上不同类型的文化。它也解释不了在不相同的自然条件下，在世界的不同地区，为什么社会却经历了大致相同的文化发展阶段。

跨文化研究注意到，人不仅生活在自然界中，而且以自己的生产实践活动在积极地影响自然界，改变自然界，为自己创造新的生存条件。人的生产实践活动是人的生命活动的基本形式，决定着社会生活的各个方面，构成人类社会的现实基础。人的生产实践活动内在地包含着人与自然、人与人以及人与其自我意识的关系。因此，从人的生产实践活动中，寻找影响社会文化发展的因果关系链条的决定部分是合乎逻辑的。马克思、恩格斯正是循着这样一条正确的思路，建立了既能说明文化相异之处又能说明文化相似之处的唯物史观。马克思说："我所得到的，并且一经

---

① 《马克思恩格斯文选》，第 4 卷，19—20 页，北京，人民出版社，1995。

得到就用于指导我的研究工作的总的结果,可以简要地表述如下:人们在自己生活的社会生产中发生一定、必然的、不以他们的意志为转移的关系,即同他们的物质生产力的一定发展阶段相适合的生产关系。这些生产关系的总和构成社会的经济结构,即有法律的和政治的上层建筑竖立其上并有一定的社会意识形式与之相适应的现实基础。物质生活的生产方式制约着整个社会生活、政治生活和精神生活的过程。不是人们的意识决定人们的存在,相反,是人们的社会存在决定人们的意识。"[1]

美国文化人类学家马文·哈里斯依据马克思的这一理论,建构了文化唯物主义的理论体系。他把社会生活分成四个组成部分:客位行为的基础结构、客位行为的结构、客位行为的上层建筑、思想的和主位的上层建筑。客位行为的基础结构包括:生产方式,即用于扩大或限制基本生计生产的技能和实践活动,特别是食物和其他形式的能量生产;再生产方式,即用于扩大、限制和保持人口数量的技能和实践活动。客位行为的结构包括:家庭经济,指在宿营地、住宅、公寓或其他家庭住址内组织再生产的基本生产、交换和消费;政治经济,指在群队、村落、酋邦、国家和帝国内部及相互之间组织再生产、生产和消费。客位行为的上层建筑包括艺术、音乐、舞蹈、文学、广告、仪式、户外活动、游戏、业余爱好和科学。思想的和主位的上层建筑是指从参与者那里得到的或由观察者推断出来的关于行为的有意识和无意识的认识的目标、范畴、规划、计划、价值观、人生观和信仰。然后,马文·哈里斯指出:"客位行为的生产方式和再生产方式必然决定客位行为的家庭经济和政治经济,客位行为的家庭经济和政治经济又必然地决定行为和思想的主位上层建筑"。这就是文化唯物主义的基础结构决定论的原则。

---

[1] 《马克思恩格斯文选》,第2卷,82页,北京,人民出版社,1995。

我们主张：跨文化研究应该尽量客观地评价各种不同的文化，既反对民族自我中心主义也反对相对主义。

19世纪和在此之前，某些西方人在与另一些民族接触中感受到的文化差别，看成是内在地与人种相联系的东西，甚至认为白种人是优等民族，黑种人是劣等民族，黄种人介于两者之间等等。他们以自己的价值观来评价其他民族的文化，把"野蛮、愚昧"的标鉴贴在其他民族的文化上，认为西方文化是世界上最好的文化，是人类发展的巅峰。这是典型的民族自我中心主义。跨文化研究还发现，任何一种充分发挥功用的文化都认为自己是世界上最好的文化，持有这种观点同样也不能正确对待其他种类的文化，也是一种民族自我中心主义的反映。文化差异并不代表优劣的区别，它是在不同的自然环境和社会环境中作为其历史经验的结果所形成的多元现象。跨文化研究反对民族自我中心主义，反对任何形式的种族歧视，尽力从每种文化自身的角度来观察文化。与此同时，产生了另外一种倾向，那就是文化相对主义，认为一种文化必须而且只能用其自身的标准来评价，虽然文化相对主义较之民族自我中心主义有更为可取之处，但是这两种立场构成了两个极端，使文化评价失去了客观标准。

从根本上来讲，文化是保证某一群体的人得以持续生存的系统，因此，对文化的最终检验就是看这种文化能否适应环境；提高生存能力，保证社会的生存和发展。换言之，如果一种文化能够促进生产力的发展，不断满足社会成员对物质生活和精神生活的需要，那么这种文化就堪称是成功的。相反，如果一种文化不能适应某一群体的生存需要，这种文化就会被抛弃和改造而创造出另一种文化。这样，我们就可以摆脱民族自我中心主义和文化相对主义，建立一套不以任何一种文化价值观为基础的评价标准。当然，我们这里讲的文化是指作为整体的文化体系，评价标准也是从最终意义上讲的，至于文化体系中的各个组成部分、各个文化因素，则有它们直接的评价标准，应该用它本身从属的价值体系来评价。

我们主张：跨文化研究对不同地域、国家、民族的文化采取主位性与客位性相结合的调查研究方法。

在跨文化研究中，我们发现用我们自己的标准去理解某种异己的文化是不妥当的，同样用我们国内条件下使用的方法去研究异国的文化也是不保险的。不同文化背景的人，对同一文化现象可能做出不同的理解和截然相反的判断。一种文化无可辩驳地奉为知识的东西，对另一文化的成员来说，可能被毫无疑问地视作无稽的迷信或无聊的神话，他们认为那些特殊的信念抑或文化传统根本算不得什么知识，如西方文化对待中医与中国传统文化对待西方的性科学。因此，跨文化研究必须有自己独特的方法，来处理这类难题。最近二、三十年中，跨文化研究逐渐采用了主位性与客位性相结合的方法。主位性（emic），又译为非位性；客位性（etic），又译为本位性，这两个术语是由人类学语言学家肯尼思·派克在他的《有关人类行为结构的统一理论的语言》一书中首先使用的，哈里斯在他的《文化唯物主义》一书中作了详细的阐述。

我们认为：观察者所看的世界与被观察者所看的世界是不尽相同的，他们所使用的概念、范畴和规则也是有差别的。因此要弄清楚有关地位、角色、阶级、等级、部落、国家、侵略、剥削、家庭、亲属关系等概念，到底是用主位性方法获得的还是用客位性方法获得的。不能区分主位性观点和客位性观点就不能发展出包括研究社会文化差异和相似之处的起因的首尾一致的理论。

客观性与客位性、主观性与主位性不是相同的概念。客观性并不是采取一种客位观点，主观性也不是采取一种主位观点。客观的看待就是科学地看待。因此，客观地看待主位观点和客位观点是可能的,同样主观地看待主位观点和客位观点也是可能的。客位分析不是发现主位结构的阶梯,而是发现客位结构的阶梯,其目的既不是把客位观点转换成主位观点,也不是把主位观点转换成客位观点,而是陈述两种观点,并用一种解释另一种。本地人既可能提供主位叙述也可能提供客位叙述。如回答有关时间、地点、重量、尺度、行为者类型、在场人数、身体运动和环境效果的范畴时,这种叙述是客位的,如回答有关心理流事件时,往往是主位的。因此,存在着四种情况:思想的主位观点和客位观点,行为的主位观点和客位观点。对行为流中的种种事件的客位观点和主位观点比较容易取得一致,而对思想流中的客位观点和主位观点有时会有很大的差异。推论人们头脑里在想什么时,要极其谨慎,当这种思想属于其他文化背景中的人们时,会增加偏差。对思想中的客位观点和主位观点进行比较,能够帮助探索提供消息者头脑中不太突出的或无意识的信念和规则。

当思想的特性跨文化再现时,这些特性具有客位状态。但是仅仅反复出现并不成为客位性的标志。我们不能说用于行为流研究的客位概念是依主位研究而定。适合行为流的客位概念是依它们作为科学理论主体中富有成效的要素的地位而定。

客位性方法对文化的描述不一定能揭示一种主位性探讨所能揭示的意图、目标、动机因素等等。从人们在行为流中客位上推断他们脑子里主位上表示的意思,可能是极其错误的。因此,跨文化研究必须把主位性方法与客位性方法结合起来,对不同文化保持态度上的平衡,既同情又冷漠,既归属又分离,既深入进去又不陷入狭隘偏执的氛围中,把研究的角度放入更广的视界中。

(三) 跨文化研究的意义

如果说 19 世纪的国际环境还显示不出跨文化研究的地位和作用,那么到了 20 世纪,特别是 21 世纪,随着国际交往的增多、国与国的相互依赖、国际市场的开拓、全球旅游的剧增、南南合作和南北对话的需要都越来越显示出跨文化研究的重要地位,也越来越为跨文化研究提供了用武之地。马克思、恩格斯早就认识到,由于开拓了世界市场,一切国家的生产和消费都成为世界性的了,它要求统一的关税、统一的法律和世界性的文化。"过去那种地方的和民族的自给自足和闭关自守状态,被各民族的各方面的互相往来和各方面的互相依赖所代替了。物质的生产如此,精神的生产也是如此。各民族的精神产品成了公共的财产。民族的片面性和局限性日益成为不可能,于是由许多种民族的和地方的文学形成了一种世界的文学。"① 他们在这里讲的文学是泛指科学、艺术、哲学等等。跨文化研究的目的在于促成世界性文化的形成。

首先,统一的世界市场需要跨文化研究沟通人们在不同文化条件下形成的习惯性思维和价值观体系,打破国际交往中的"文化壁垒",促进经济活动一体化。在国际贸易中,关税壁垒妨碍自由贸易,经济利益始终左右着各国的立场和态度,影响着国际分工、贸易、金融和投资。经济是决定性的因素。然而,我们也不能忽视"文化壁垒",因为人们待人接物的态度和解决问题的方法受习惯性思维、社会规范和文化价值体系的强烈影响,也就是说人们的行为方式受到自身文化的限制。在很多人只了解自身的文化,而不了解其他文化的情况下,将对国际交往或贸易谈判造成不少的干扰,甚至是磨擦和冲突。一个重视生活的技术物质性而忽略生活的哲学方面的社会,与一个对寻找生活的形而上学意义感兴趣却很少关心生活的实践方面的社会,文化与行为有着很大的差异,对待事件的判断与态度也会不同。比如说,西方文化强调独立性,崇尚变化,赞赏个人主义、自信、力量和成就,

---

① 《马克思恩格斯选集》,第 1 卷,255 页,北京,人民出版社,1995。

有话直说，直接交往以及无拘无束地表示不满和愤怒。而东方文化则强调家庭和社会的相互依赖，崇尚传统，赞赏集体主义、和谐统一、自我克制和共同幸福，说话含蓄，依靠微妙间接的人际关系办事。我们不能说哪一种文化"好"，哪一种文化"不好"，它们是在不同的社会环境中作为其历史经验的结果所形成的差异，然而在东西方的对话和交往中，两种不同的文化价值体系产生冲撞是很自然的事情。差异就是矛盾。这就要求我们超出自己文化限制的范围，从跨文化角度研究社会行为中的文化机制，分析文化与存在方式、社会结构的关系，把一定的数值分配给反映世界这个统一体中的文化变量，学会在人们的文化背景和观点不相同的情况下，怎样组织和协调跨国贸易和交往，怎样达成相互满意的协定等等。跨文化研究无疑有助于协调各国的经济利益，促进世界经济一体化的进程。

其次，21世纪的全球问题需要跨文化研究提供各国的文化背景资料，创造在谅解和合作的气氛中解决各种争端的良好条件。21世纪我们面临人口爆炸、土地荒芜、粮食短缺、资源枯竭、能源匮乏、军备加剧等一些影响全球发展进程的重大综合性社会问题。为了有效地预防、控制和解决这些问题，我们需要越出政治疆界和地理区域，在国际合作的范围内，将科学技术的、经济的、政治的和文化的方式协调起来进行，其中跨文化研究在解决全球问题中，有着不可替代的地位和作用。我们如果不掌握大量跨文化的知识，不了解各国之间相互依存、协同发展的关系，不理解与社会制度相关的我们与自然的关系，不知道怎样调整国与国之间、地区与地区之间、民族与民族之间的关系，不放弃各自固有的狭隘立场，树立全球观念，怎么能有效地预防、控制和解决全球问题呢？在人类进化的第一个百万年里，在与自然的斗争中幸存是头等大事，因此人与自然关系是核心。随着社会聚集的发展，由于工业革命，人与人之间的关系变得更重要了。

在过去二百年里，我们曾经注重发展生产，现在我们更注重保护生态环境、控制人口增长、合理利用能源、改善社会结构。比起经济和技术活动，全球将花费更多的时间用于协调人与人之间的关系，建立一个稳定的、和谐的社会环境。因此，在21世纪，最重要的研究领域很可能与产生和谐的人际关系和群体关系的条件有关。在这方面，跨文化研究能够领先于其他学科，取得卓有成效的成果。进入21世纪，自动化和电子革命进一步加强国际通讯的紧密联系，通讯高速公路的建设进一步加强各种文化群体的彼此交流，这些都需要我们加强跨文化研究，了解不同的文化的习惯、倾向、价值观念和人格特征，形成一些彼此都能理解的计算机软件。由于社会快速变化导致的精神颓废、失业、闲暇时间无所事事等等，需要跨文化研究展开世界各个不同地方的友谊网，开阔眼界、丰富情感。人们可以在整个地图上都有电子伙伴，并通过人造卫星与各种文化中的人保持电子联络。由于世界朝着更加相互依赖的、多元化的、全球社会的方向发展，要使人们和睦相处，控制全球犯罪、污染和流行病，就需要制定具有国际司法权的法律体系。建立这样的法律体系，同样需要跨文化研究。全球性的决策将要经常涉及各种文化形式，涉及不同的社会和文化背景。全球通讯将要求理解什么是人类的感觉、思维、学习和动机、情感交流、社会行为。全球的文学艺术需要全球的美感。这一切都需要跨文化研究提供资料依据和可行性研究报告。对全球公众意见的研究将成为21世纪解决全球问题的有力工具。这类研究现在除了欧洲和北美以外还没有受到足够的重视。一旦我们普及这类研究，就很可能对各国政治领导人的决策产生巨大影响，将成为一种可接受的解决许多问题的社会技术。跨文化地研究人们对公共事物的态度，并把研究结果公布于众，形成强大舆论，必将推动人类的和平与进步事业。此外，从方法论角度看，掌握两种以上语言以及不同文化群体的成员之间的相互作用，很可能激发人类的创造性，导致一些新观念、新思想的形成，丰富人类共有的知识宝库。

第三、敏感的民族关系问题需要跨文化研究提供理想联接和当代立场。当今世界上许多热点问题是民族关系问题，不少国家和地区出现民族矛盾和宗教纷争，甚至酿成流血冲突和局部战争。苏联由动荡、剧变到彻底解体，有其经济、政治和国际大气候的原因，但最直接的仍然是民族冲突和民族矛盾。南斯拉夫解体垮台并陷入内战，也是由民族关系问题引发的。跨文化地研究民族关系问题，人们不难发现，忽视不同民族在政治、经济和文化等方面的差异，企图以所谓先进民族的标准去统一落后的民族，在现代化进程中采取一种旨在促进一体化的政策，是爆发民族冲突的基本原因。有一则寓言讲："从前，一只猴子和一条鱼被凶猛的洪水卷走。猴子动作灵活，又有经验，因此有幸爬到一棵树上，脱离了危险。他朝树下翻卷的大水一看，发现鱼正在激流中挣扎，于是大起恻隐之心，想搭救这位不幸的同伴。猴子把手伸向水面，一下子把鱼从水中捞起。可是使猴子奇怪的是，鱼对于猴子的帮助并不感激。"跨文化研究反对民族自我中心主义，反对把一种自以为先进的文化强加给另一个民族。同时，跨文化研究也反对在援助少数民族中采取"猴子救鱼"的一厢情愿的做法。处理敏感的民族关系问题需要理想的联接和当代立场。

跨文化研究认为，任何一种新事物只有适应于既存的文化模式，才有获得成功的机会。基督教的传教士都懂得，如何把自己的教义逐渐放到另一种信仰体系中运转，而不是用一种新宗教粗暴地取代原有的宗教。一种新的思想或新的方式，不管它多么先进，多么有利于现代化的进程，一旦进到某一个民族之中，必须经过调整，融汇于民族的传统文化之中，使之在新环境下有良好的适应。这样才能促使人们克服因循守旧的倾向，经过谨慎的尝试，接受新的事物，否则就有可能出现二律背反的现象。代表时代进步的现代文化与代表民族特征的传统文化是可以统一的,但必须有一个良好的结合,既不是一概排斥现代文化也不是简单地摒弃传统文化。跨文化研究就是帮助人们寻求两者的理想联接。

当今世界正向多极化、多元化方向发展,任何大国已不可能左右整个国际局势。同样,在文化领域也正出现一个多元化的新格局,西方文化主宰全球的时代已经结束,各国人民都在努力发展自己丰富多彩的文化,各种文化之间互相交流,取长补短,"求同存异",使全球文化更加灿烂多姿、光彩夺目。跨文化研究就是要展示全球文化的这种新格局,并告诫西方发达国家放弃民族自我中心主义的立场,在文化战略上采纳与时代潮流相适应的当代立场。

二、典型案例——北美印第安人与东北亚蒙古人的关系

人与人之间的共同性基于人起源的单一性,如果不是这样,我们就无法解释语言和音乐,因为人的器官构造基本是一样的,所以,尽管语言差异很大,但通过翻译我们还是可以理解的,而音乐就是一种共同语言。

我们这里指的蒙古人是从人种学角度讲的,而不是从民族学角度讲的。北美印第安人与东北亚蒙古人在皮肤的颜色、头发的形状和颜色、眼、鼻、唇的形状等体质特征方面,有相似之处;在起居、服饰、器具、宗教信仰等生活方式方面,也有相似之处。这种现象引起了各国学者的浓厚兴趣,自19世纪中叶以来的一百多年时间里,进行了考古学、语言学、生物学、人类学、人种学等多种学科的广泛研究,提出了许许多多的理论和假说。

有些理论是建立在实地调查和考古发掘的基础上的，有些理论得到遗传学和牙形学证据的支持，有些理论和假说则纯属主观推测和上不着天下不着地的想象。但是，不管哪种理论、哪种假说，都比较普遍地认为：印第安人的祖先是蒙古人，他们生活在东北亚的广阔的地区，以狩猎为生，为追逐野兽而越过白令海峡，来到阿拉斯加，然后逐渐由北向南扩散，进入整个北美地区。这可以追溯到12,000多年以前，白令海峡还没有完全被海水所淹没的时候。

中国是蒙古人种的发源地。四、五十万年前的北京猿人就具有与蒙古人种相似的性状。大约距今40,000年的时候起，中国的蒙古人已进入"新人"阶段，渔猎经济有了显著进步，母系氏族公社在逐渐形成，石器和骨器有了相当大的发展。在内蒙古自治区乌审旗的萨拉乌苏河两岸和宁夏回族自治区灵武县有河套人。在华北，有距今28,000年的山顶洞人。这些人已脱离了"古人"阶段，在身体结构和外貌上与现代人没有什么大的差别。在山顶洞里发现的石器和骨器，已经有了磨光、刮削、钻孔、刻纹和着色等制作过程，说明当时有了比较进步的生产工具，能够有效地狩猎和捕鱼，能够缝制兽皮衣服，更好地适应自然环境。

而在北美洲，迄今为止尚未发现同一时期的人类化石。虽然在一些考古遗址曾经发现过一些石器和骨器，但其可靠性和年代测定都值得怀疑。如在文尼卓拉（Venezuel）沿海一个叫塔玛—塔玛的地方，曾发现骨制工具，经放射性碳年代参证法测定是25,000年前的。但是，许多考古学家认为，这些骨制工具受地质侵蚀的干扰，还有地下水和碳分子的侵蚀影响，运用放射性碳年代参证法测定年代是不可靠的。又如加拿大考古调查队在乌可地区发现3个古老的洞穴。在洞穴里面有许多各种形状的美洲鹿骨，经测定属于24,800年以前，还有当作工具用的长毛象骨，经测定在15,500年—20,000年之间。此外，还有许多粗糙的石制薄片，经测定其周围的有机体物年代属于 9,000—14,000 年之间。考古学家指出，美洲鹿的骨头也许是地质学的形态，长毛象骨头也许被食肉动物咬过的，石头薄片也许是自然形成的，都值得怀疑。从北美发现的人骨证据来看，如加利福尼亚州发现的森尼瓦尔骨骼和德尔马尔骨骼，过去被认为其年代在 10,000 年以上，后来都被否定了。

所以，我们认为，人种及其文化的扩散，只能是由西向东，也就是说由中国扩散到东北亚，由东北亚扩散到北美洲。那么，蒙古人及其文化是什么时候和怎么样扩散到北美洲的呢？

（一）神秘的白令海峡通道。

白令海地区，亚洲部分包括楚科奇半岛、马加丹地区、勘察加半岛和黑龙江流域及其出海地区；北美洲部分包括阿拉斯加、阿留申群岛和北美西北部沿海地区。联结两大洲的白令海峡，只隔着 56 英里，据考古学者和地理学家认为，18,000 年以前，海平面比现在低 100 米，白令海峡露出海底，被称为"大陆桥"。人类通过"大陆桥"从亚洲到北美洲是很容易的，即使在 18,000 年以后，冰雪融化使海平面升高，淹没了"大陆桥"，人类也可以在冬季海水结冰时进入北美或在其它季节乘船越过白令海峡。因此，无论是在远古时代或是在现代，白令海峡都不会成为两大洲人类文化交流的障碍。

各国科学家都试图从白令海地区着手，来探究北美印第安人与东北亚蒙古人的关系。最早在 18 世纪晚期和 19 世纪初期，俄国科学家考查了阿拉斯加和阿留申群岛，收集了一些文化遗存，绘制了大量图片。19 世纪五十年代，美国自然历史博物馆的科学家斯潘塞·贝特（Spence·F·Baird）研究了白令海峡两岸的动物、植物和人类，递交了一份调查报告，促成 1867 年美国政府从俄国人手中购买了阿拉斯加。20 世纪，美国自然历史博物馆组织了俄国科学院的科学家参加的一次对西伯利亚东北部的探险，取得了大量的第一手资料。此后，美国、苏联、加拿大、丹麦等国的科学家，进行了不间断的、更加深入的、多学科的考查和研究。到了20世纪三十年代，形成比较系统的白令海区域理论，揭开了这个地区神秘的面纱，描绘了这个地区自然和人文概貌。虽然这个理论还存在许多有争议、尚待进一步探究的问题，但在亚洲蒙古人通过这个地区进入北美这个问题上取得了共识。

白令海地区气候寒冷，人烟稀少，交通不便，自然条件极其恶劣。北极地区终年为冰雪覆盖，是非永久性的陆地，处于人居世界的边缘。这里冬季漫长，夏季很短，只有6周。食物短缺，限制了人口的增长。沿海地区充满岩石海湾，崎岖不平，怪石嶙峋。气候变化无常，海水、陆地、天空连成一片，分不出哪里是岸哪里是海。浓雾和大雨使得自然景物变得奇形怪状，就像鬼怪出没其间，给这个地区增添了神秘的色彩。

但是，与平常的认识相反，白令海地区在冰川期并不像现今这样寒冷和荒凉。阿拉斯加和西伯利亚大多数地区是干冻土地和草原，许多地方生长着一片一片的树林，长毛象、野牛、鹿在这里繁殖。虽然气候恶劣但仍适合于旧石器时代的人在这里居住和狩猎。考古学家认为，大约在15,000年以前，中国北部的蒙古人迁移到西伯利亚东北部的这块处女地。这个时期的蒙古人已处于旧石器时代的晚期，从山顶洞人的遗址可以看出，他们能够捕捉野牛、野猪、赤鹿，能够捕捞鱼类，能够用骨针缝制兽皮衣服，能够取火御寒、烧烤食物。由于他们和自然作斗争的本领提高，活动能力增强，因而他们的活动地区也必然在不断地扩大和延伸，这种旧石器时代的文化遗存，后来在白令海地区发现。

在冰川末期，大约距今13,000年的时候，白令海地区的自然环境发生了巨大变化。冰雪融化，海平面上升，海岸线形成现在的形状。气候变得潮湿，多沼泽的冻土地代替了干草地，长毛象、野牛绝迹，在大野生动物中仅存鹿这个对人类生存起重要作用的动物。与此同时，海水温度上升，冰冻减少，为海上哺乳动物，如海豹、海狮、鲸鱼的生长提供了理想的条件。从这个时候起，这里的蒙古人成为最早的捕鱼人和捕鹿、捕海豹等海上哺乳动物的猎人。白令海两岸从旧石器时代的狩猎文化到新时期时代的捕鱼文化，以相同的道路发展。这种基于同种的文化，在冰川期末得到广泛的传播，形成具有鲜明特征的白令海地区文化。令人遗憾的是这里许多早期人类的栖息地被冰川期末升高的海水所淹没，甚至现在海水还继续浸蚀着陆地，没有留下更多的考古遗存，但是仍然有一些考古遗存物被发现，可以说明白令海地区的史前时期，我们将在以后提到。

经过12,000多年的发展变化，这里的蒙古人由于居住地区不同，生态环境不同，经济发展水平不同，逐渐形成许许多多具有不同语言文化的民族。从东北亚一边来看，主要有：生活在楚科奇半岛的楚科奇人，生活在鄂霍次克海西部马加丹地区的鄂温人，生活在勘察加半岛的科雅克人和依特曼人，生活在黑龙江流域及其出海地区的吉雅克人和纳奈人等。从北美一边来看，主要有：生活在阿拉斯加的因纽特人（也称爱斯基摩人），生活在阿留申群岛的阿留特人，生活在北美西北沿海地区的特林吉特人和阿色派司肯人等。尽管他们的民族不同、语言不同，但是我们仍然可以看到同种文化对他们的强烈影响。

楚科奇半岛与阿拉斯加隔海相望，两岸的楚科奇人和因纽特人不但生活方式有许多相同之外，而且有着某种血缘关系。考古证据表明，公元前楚科奇半岛是因纽特人居住的地方，后来他们逐渐向东迁移，渡海到阿拉斯加，而亚洲的楚科奇人则由西南部迁移到这里，逐渐同化了还留在亚洲一边的因纽特人。大量海上楚科奇人具有因纽特人的血统。楚科奇人的南部邻居是科雅克人，这是两个非常相近的民族，他们的语言虽然有区别，但是可以相互理解。楚科奇人的西部和西南部邻居是鄂温人。在大多数西方文献中，鄂温人被称作拉莫特人。拉莫在通古斯语中是海的意思，因为他们主要居住在鄂霍次克海北部沿岸。鄂温人与广泛散布在西伯利亚和黑龙江流域的鄂温克人有着紧密的联系，鄂温文化中包含有大量鄂温克文化的成分，许多民间传说、神话故事、歌曲舞蹈是相近的，并通过鄂温人影响着楚科奇人。这种民族分布状况说明了历史上白令海地区由西向东的人口流动规律和文化效应关系。

以楚科奇人、科雅克人、鄂温克人为一边，以因纽特人为另一边，有着相近的生活方式和文化传统。他们大多居住在那种一半在地下一半在地面的用圆木和泥土、草皮盖的四角房子里，也有一些居住在用树竿交叉支撑、兽皮和桦树皮覆盖的圆锥形帐篷里，这种帐篷鄂温人叫"恰姆"，印第安人叫"梯匹"。他们穿特殊形状的服装和防水的鱼皮外衣，用海豹皮或厚重的鹿皮制作靴子。为了防止雪地强烈的阳光反射，他们使用独特的护眼罩。交通工具是雪橇和木架皮蒙船。捕获工具有套索鱼叉、带倒钩的手掷矛、皮条做的海豹网等等，甚至清洗和保存鱼的方法也是相同的，他们普遍信仰萨满教，文化活动大多是和萨满联系在一起的。

黑龙江流域及其出海地区是远古蒙古人扩散到北美大陆的又一主要通道。这里隔鄂霍次克海与勘察加半岛遥遥相望，又通过白令海上的阿留申群岛与北美大陆西北沿海相联结。蒙古人由这里直接航海到北美洲几乎是不可能的，但是通过勘察加半岛、阿留申群岛这样一个又一个的"驿站"，渐次推进，又是可以实现的。虽然我们迄今为止还没有确凿的考古证据来揭示这条通道的秘密，但是人类文化演变的进程是合乎历史逻辑的，是可以合理推断的。黑格尔的辩证法中有"中介理论"，任何事物都通过

"中介"实现相互联系和转化,这是自然界和人类社会的普遍规律。白令海地区,从西伯利亚东北部到阿拉斯加,从黑龙江下游地区到勘察加半岛和阿留申群岛,散布着众多相互联系的民族和文化,这是长期以来这个地区人类由西向东发展变化的结果,也是蒙古人演化为印第安人的"中介"证据。

黑龙江下游地区是东北亚讲各种语言和不同文化背景民族交会的地方。这里居住着吉雅克人、纳奈人,还有乌恰人、鄂伦春人、乌德基人和奈捷达人等。纳奈人、乌恰人、鄂伦春人、乌德基人讲南部通古斯语。奈捷达人讲北部通古斯语,是鄂温克人的后代,过去是游牧民族,在森林打猎和驯鹿,后来迁移到这里定居,适应了定居生活方式。吉雅克人讲的语言不属于任何语族,是独立的。所有这些民族都相互联系、相互影响、相互借用彼此的物质文化和信仰礼仪。他们的经济都是捕鱼和狩猎。吉雅克人和纳奈人控制着良好的江边渔场,是定居的民族,这种生活方式可以追溯到新时期时代。吉雅克人和纳奈人几个世纪以来受西部邻居满族、汉族的强烈影响,许多风俗习惯和宗教礼仪是相同的。他们向中国进贡纳税,与中国商人贸易,并向定居这里的汉族学习农业、饲养家畜和制造铁器。他们会制作矛、刀、短剑和铁皮盔甲。造船技术在所有河边和海边的民族中得到较好的发展。纳奈人使用桦树皮制作的双桨船,在阿留申群岛的印第安人中也有。吉雅克人的驯狗有很高的水平,在交通工具和打猎中都使用狗,甚至用狗拉船。吉雅克人的纺车,曾在勘察加半岛的科雅克人和依特曼人中使用。木头制作是这里的主要手工艺,木盆、木盒的形状与北美西北沿海地区相似,螺旋纹的雕刻在阿留申群岛是常见的。最具特色的熊文化,如对熊的崇拜、关于熊的神话故事,熊图腾等等,无论在亚洲一边还是在北美一边,几乎都有着相同的心理意识和相同的艺术形式。

勘察加半岛位于黑龙江下游地区和阿拉斯加、阿留申群岛之间，无论是人口流动还是文化效应，都具有"驿站"的作用和"中介"的性质。古代勘察加半岛北部曾经居住着因纽特与阿留特混血人的部落，后来向东迁移到楚科奇和阿拉斯加。勘察加半岛南部沿海居住着黑龙江下游地区的吉雅克人和阿留申群岛的阿留特人，至今还有一部分仍然留在那里。勘察加半岛的文化既包含有黑龙江下游地区文化的成分，也包含有阿拉斯加、阿留申群岛和北美西北沿海文化的成分。除了由于相同的自然生态环境产生的相同的捕鱼文化以外，具有亚洲特征的陶器、油灯以及葬礼，从这里传播到北美一边。因纽特人和阿留特人的木片咀唇装饰品，是属于这里的古代依特曼文化。虽然东北亚与北美距离遥远，但是勘察加半岛科雅克人和依特曼人的神话、信仰、礼仪，甚至某种社会组织形式却把黑龙江下游地区的吉雅克人同阿拉斯加的因纽特人和阿留特人联系在一起。

一般来讲，人口流动和文化影响总是双向的，但是我们在白令海地区看到的是由西向东的单向性，许多亚洲成分的东西渗透进美洲大陆，而美洲成分的东西却很少渗透进亚洲。这种单向性的特征在于，经济发展越早、文化层次较高的地区，总是向着经济发展较晚、文化层次较低的地区流动的缘故。美国人类学家威廉·菲佐夫（William·W·Fitzhugh）把白令海峡的通道叫做"单向活门"。

（二）三次迁徙浪潮的假说

假说是科学家根据已经掌握的科学理论和科学事实，经过一系列的思维过程，对未知的现象及其规律性做出的一种假定性的说明。它是探索奥秘、发现真理的一种重要的科学研究方法。恩格斯说"只要自然科学在思维着，它的发展形式就是假说。"[1]

---

[1] 恩格斯：《自然辩证法》，218页，北京，人民出版社，1971。

美国许多科学家从牙形学、考古学、语言学和生物学的角度进行研究，提出了东北亚蒙古人经过三次迁徙浪潮形成北美印第安人的假说。克瑞斯蒂·特纳认为，第一次大迁徙浪潮发生在距今 14,000—12,000 年之间。这个时期的蒙古人在西伯利亚已经有了较强的适应性，如缝制保暖的皮衣服，居住在防寒的皮帐篷里，用狗拉笨重的皮制床，在冰上打猎，制作独木舟在海上捕鱼等等。他们越过白令海峡到达阿拉斯加，而后由北向南，发现越向南走食物资源越丰富，最后达到加利福尼亚，大约 11,500 年前，在北美建立了克劳维斯旧石器晚期文化。第二次大迁徙浪潮发生在距今 10,000—11,000 年之间。东北亚蒙古人再次越过白令海峡，进入阿拉斯加内陆的乌肯地区和北美西北沿海地区，形成阿色派司肯人和特林吉特人。阿色派司肯人散布在乌肯地区，以狩猎和采集为生，居住在圆木制造的小屋和桦树皮制造的小屋内。阿色派司肯人（Athapascan）是"外来人"的意思。特林吉特人散布在西北沿海地区，以捕猎海上动物为生，居住在又大又厚实的木头房子里，生活方式与阿色派司肯相同。根据语言学家判断，特林吉特语是从阿色派司肯语中分离出来的。第三次大迁徙浪潮发生在第二次大迁徙的同一个时期，所不同的是沿着阿拉斯加沿海和阿留申群岛定居了下来，形成现在因纽特人和阿留特人的祖先。这次大迁徙的大量考古证据被升高的海平面所毁坏，但是在黑龙江地区、日本、阿留申群岛东部的安那科拉的考古发现，仍然能证明与此次迁徙有关。

语言学家奥托·塞多夫斯基（Otto·J·Von·Sadovszky），20 多年来一直致力于乌格伦印语（Ugrain）历史的研究。他发现西伯利亚北部沿奥伯河的奥伯—乌格伦印人与加利福尼亚中部沿岸和大盆地印第安潘纽坦印人的联系，不仅语言相似，文化也相似。他的观点支持了第一次迁徙浪潮的假说。另一位语言学家约瑟夫·格林伯格（Joseph·Greenburg）从 1500 种印第安语中，考察了 300—400 个基本单词，他把所有印第安语归为三个语族：最大的语族是爱曼伦语族（Amerind），包括 1,000 种印第安语；第二个语族是纳丹语族（Na-Dene），由西北沿海地区的印第安语组成；第三个语族是因纽特-阿留特语族（Inuit-Aleut），是最小的语族。他的假说与牙形学分析得出的结论基本上是一致的。斯坦芬·格泽拉（Stephen·Zegura）对印第安人和西伯利亚人的血型、酶、蛋白质进行了比较。他从生物学角度发现爱曼伦、纳丹、因纽特-阿留特三个族群，与约瑟夫从语言学角度分析得出的结论是一样的。他认为印第安人和西伯利亚人的差别经历了 15,000 年的演化。道格拉斯·华拉斯（Douglas·C·Wallace）和路琴·凯伐利—斯道拉（Lurgil·Cavalli-Stora）研究了印第安人的细胞丝脱氧核糖核酸（MDNA）和细胞质脱氧核糖核酸（CDNA），提出了四个"夏娃"假说。这四个"夏娃"假说是指人口生长中的 MDNA 的变异率比 CDNA 的变异率低得多，而在印第安人的 MDNA 中发现 4 个稀有的特殊记号，可以说印第安人的祖先是跨越白令海峡的 4 个母亲。他们通过研究，也发现爱曼伦、纳丹、因纽特-阿留特三个族群。三次迁徙浪潮假说的主要提倡者是罗伯特·威廉姆斯（Robert·C·Williams）。他从 10 个不同年龄段的 5392 个印第安人中，研究了他们的细胞蛋白质（immunoglubulin GM allotypes），同其他人一样得出三个迁徙的大概时间。他认为爱曼伦是第一个越过白令海区的族群，时间在距今 16,000—40,000 年之间；纳丹是第二个越过白令海地区的族群，时间在距今 12,000—14,000 年之间；因纽特—阿留特是第三个越过白令海地区的族群，时间在距今 9,000 年前。所有上述假说，目前在美国人类学界尚存在着不同的看法，特别在跨越白令海峡地区的时间上有很大的争议。

假说毕竟不是科学理论，虽然它的基本思想和主要部分是以科学知识和科学事实为依据的，但是它是推测性质的，是否把握了客观真理，还有待于实践的证实。

三、理性联想——远古跨文化猜想与东北亚原始民族

迁徙是古人的生活方式，因为，只有迁徙才能不断找到成熟的食物。定居显然与可靠的生产有关系，或有可靠的食物再生资源。文明发祥地一般都是可靠的食物再生地。

自从美洲被哥伦布发现，人们就一直在思考这样的问题：这里的人是发源于该地还是从别处迁徙而来？如果是一个新的文明发源地，他们显然并不与我们存在巨大差异，而是似曾相识。对此，文明世界的人们曾做过各种奇异的令人激动的猜想，如迦南人、凯尔特人、中国人、埃及人、腓尼基人，甚至以色列"失落的十部落"都曾被认为是美洲土著的祖先。然而19世纪开始的认真的考古调查和研究，证明了上述观点纯粹是猜想。而首次认真地研究和提出自己观点的是19世纪考古学家塞缪尔·黑文，他在汇集和对比了哥伦布以前的印第安人的起源的神话和传说的基础上，得出这样的结论：最初在这里居住的人是从白令海峡那边过来的，他把最早的美洲人叫做东北亚洲人，他们在一个我们还不清楚的时代迁移到了北美。绝大多数考古学家现在已同意黑文的观点，认为最初的美洲人经由白令海峡而进入北美。白令海峡这条路线之所以被人们接受，是因为在威斯康辛冰河期，白令海峡曾形成了亚洲和阿拉斯加之间的一座陆桥，时间大约是20000至11000年左右。

由于地质学上对大陆漂移的进一步详细证明，以及由此引起

的考古生物学家们对不同大陆上的动植物的对比研究，确实对这类跨境研究产生了广泛而深刻的影响，因而也进一步提高了人们对北美印第安人的祖先和由此必然产生的文化遗存的研究兴趣。无疑，我们假定北美印第安人的祖先就是东北亚原始民族，可是在近万年的漫长的历史变迁中，即使是出于同一种族也必然因环境的改变和异域民族的影响而发生变化，甚至面目全非。但是，在早期文化物质遗存方面、在早期神话和传统习俗方面、在原始宗教和图腾崇拜方面、在服饰和某些习惯方面依然留有或表现出某种共同性，特别是由于北美印第安人的生活方式始终保持着稳定的极其缓慢的发展状态，直至 15 世纪以后，在文明的白种人的入侵后才开始发生变化。我们不要忘记，大概正是由于这一特殊的历史进化现象，才使我们能够进行跨境的文化、造型、心理、习俗、神话和早期宗教的比较研究，因为，我们还能够发现这类存在，这些存在又向我们揭示出曾经发生和存在过的事物。

无独有偶，东北亚原始民族在历史演化的进程中也与北美印地安人有着惊人的类似。如果从地域上看，因为他们靠近发达的中原汉文化应该具有较快和较高的发展水平，但是并非如此。虽然他们也曾建立过强大的北方游牧帝国，但是，随着帝国的消失，他们依然退回到广漠的草原或深山老林，仍然顽强地保持着自己固有的文化和传统习俗，因而，才使我们更多地看到早期物质文化遗存和原有的民族特征。这似乎是我们溯源而上的一个良好阶梯，我们可以从东北亚原始民族的源起与白令陆桥的关系作一个粗略的展示。

（一）东北亚文化圈

首先，我们要解决的是一个地域范围的问题，因为，长期以来，由于政治和其它原因，对西伯利亚原有民族源起的研究存在巨大的差异。帝俄时代和苏联的某些考古学家试图证明西伯利亚土著人与东北亚古代民族不存在的源流关系,而尽量割裂贝加尔湖、勒拿河以东与黑龙江、外兴安岭地域的民族文化联系,或者将这一区域归诸于北通古斯而尽量减弱与蒙古种族的联系和影响。应该说,东北亚区域不但在地理上有较明晰的区分,而且,在民族起源和文化上都有一定的共同性和相似处。因此,我们指的东北亚区域是指黑龙江、辽河、鄂尔浑河以北、叶尼塞河以东、贝加尔湖以南的广大区域,显然,这一区域东面是千岛群岛、鄂霍次克海、堪察加半岛和白令海与太平洋接壤,北面是契尔斯基山脉和东西伯利亚与北冰洋接壤,西面是鄂毕河和乌拉尔山,南面是大兴安岭和克鲁伦河。这既是一个地理区域,也是一个在文化上有广泛联系的东北亚文化圈。

其次,从东北亚地区气候分布看,由于这一区域占有从北纬38°—70°的宽广的北方地带,所以,大部分以寒带为主。如果我们从第四纪中期开始考察,那时的直立人正在向早期智人转变,这期间地球至少存在过八次冰期和间冰期。而在第四纪晚期,大约12万至7万年开始,曾出现过"第二次冰期终结",大约有1万年的温暖时期,此时人类正从渔猎—采集向更高的晚期智人和新石器时代进化。到7万至5万年前开始,魏克塞尔冰期(在北美叫威斯康辛冰期)开始并一直延续到大约1万年前。魏克塞尔冰期之所以重要,是因为它是我们了解新石器时期人口分布和劳动特点的关键,也是初次移居北美的人类的自然客观条件的出现。

第三,威斯康辛冰期,那时的海水低于现在的海岸线 425 英尺(130 米),海水下降使大面积的大陆架露出来。在最后冰期的高峰时期大约 1.5 万年前,西伯利亚和阿拉斯加之间的白令陆桥成为干燥的陆地。① 在这个冰期期间,纬度较高的大部分地

---

① (美) B. M. 费根:《地球上的人们——世界史前史导论》,93 页,北京,文物出版社,1991。

区气候寒冷，冻原和无树木的苔原随着冰川的南移而扩大，北美冰原向南延伸至北纬39°，东西伯利亚大陆与北美阿拉斯加被干燥的陆地联结起来，直到1万年前冰原开始消退，白令陆桥再次被海水淹没。冰后期的消退在不同地区差异较大，有的地方温暖得快，有的地方慢。

第四，由于东北亚地区纬度较高和第四纪冰期的影响，特别是威斯康辛期的作用，造成两个结果，一个是东西伯利亚北部在北纬60°—70°之间早期人类居住遗迹极少，一个是在东北亚南部即北纬38°—50°之间发达的新石器文化。或许说由于东北亚南部地区居住都有着较发达的新石器工具和狩猎方式，才足以抵御严寒而追寻着大批的兽群越过白令陆桥。因为，东北亚南部的早期人类在间冰期得到较好的气候条件，获得较大的发展，东北亚南部地区的考古发现也证实了这一点。而我们不能猜想石器时代的人在永久性冰原和长年寒冷地带克服几次冰期带来的自然环境的巨大困难而长时间生存下来。西伯利亚北部早期人类居住地遗存的绝少也说明了这一点。这就是说我们应该把越过白令陆桥的先民放到东北亚南部去寻找，这似乎更符合白令陆桥存在的公元前2万—1万年之间东北亚地区人类发展的历史状况。而且，我们正是通过对北美印第安人和留在东北亚古代民族之间的文化遗存、传统、神话和习俗的比较研究支持了这一观点。我们之所以提出以东北亚南部文明发展为源头，一方面是因为大量最新的考古发现把该地区文明发展的历史程度和富有特色的新石器工具给予了更多的证据；另一方面是因为更多的现代的科学理论方法为我们提供了这类研究的工具，使早期跨境文明交流的历史能较为真实地表现出来。

在这里首要的决定因素依就是自然客观环境，早期人类所面对的是那千变万化、威力无比的自然力，而且，由于生产的落后，人身上的自然属性和对自然的依赖性都十分强大鲜明，与今人相比，那时的人更多地表现为自然的人，人们的一切选择和活动都受人的自然本能需要和客观环境的制约和控制，人的生产的需要和人本身的需要几乎是一致的。因此，早期人类劳动实践不但表现为简单的自然能量转换，就是人的需要本身也表现为一种自然必然性。那么，优良的适宜的自然环境就被人选择，或说人也被适宜存在的环境所肯定。为什么人类早期文明起源于尼罗河流域、幼发拉底河和底格里斯河流域、黄河和恒河流域，因为这里的环境利于早期人类的生存和发展。所以，我们认为，由于东北亚南部气温较高，河流、草原和林地多而广，动物种类繁多、数量大，适于早期人类的游牧、狩猎和渔猎生活。以西拉木伦河流域，再往西的蒙古额嫩河，往南萨拉乌苏河一带出土的大量的石器，构成了该地区特有的石器文化和以后出现的北方游牧文化的发源地。这一地带跨越北纬 38°—45°之间，是一个受季风影响东西分异的气候带，据近几年的文物普查结果统计，不包括蒙古国的统计数字，发现文物点 15000 多处，采集各时代文物标本 50 多万件，无论从各时期文物分布的空间布局还是文化内涵上都显示出该地区是东北亚文明的主要发源地。这一地区出土的旧石器时代的萨拉乌苏石器是其典型代表，时代距今 6 万—3.5 万年，是旧石器时代晚期中国北方具有代表性的文化。在阴山山脉南麓的"大窑文化"遗址，是一处规模巨大的旧石器时代的石器制造场。在方圆三平方公里的范围内，到处是打制石器的遗迹、遗物，俯拾皆是。如此规模的旧石器制造场，目前在世界上也是罕见的。经过十几年大量、认真的挖掘和研究，获得了数以千计的旧石器时代早期、中期、晚期，包括从 50 万年前到 1 万年前这样连续的时间内的人类活动的遗物、遗迹和动物化石。所以，在考古学上把这里以龟背形刮削器为典型器物的晚期文化命名为"大窑文化"。"大窑文化"显示了在东北亚南部，主要是中国境内的早期人类源起的并存状况，而且在时限上提供了有力的证明。如果把阴山一带的"大窑文化"和西拉木伦河流域的"红山文化"和"兴隆洼文化"连成一个整体,那么,在北纬38°—45°之间就存在过一个发达的石器时代,这里生存的早期智人很可能就是东北亚原始民族的祖先,是北方游牧文化的真正发源地。

游牧文化是东北亚区域的主导性文化,这显然与这里的自然生态环境有关。在自然生态条件方面从乌拉尔山以东、阴山山脉、松花江以北,基本处于北纬38°以北、东经125°,向北跨20个纬度,分别到鄂毕河、叶尼塞河,贝加尔湖、额尔古纳河及黑龙江一带,包括蒙古高原全部,是东北亚游牧文化的主要发源和扩散地。这一广阔地域的主要地貌单元包括山脉、高原草原、沙漠,其间又有一些大小河流、湖泊等。自更新世后期以来,以有蹄类为主的哺乳动物在这一地区有广泛分布。按照人类学家的看法,游牧的产生是生存在草原、山区、沙漠等不适应农业生产的地域的人类对大自然的适应。由于东北亚地区自然生态环境不宜于农耕,而猎获动物却可以把绿草和灌木这类人类不能直接利用的能源转变为可资应用的食物产品以及皮毛产品。因此,从更新世晚期开始,人类的狩猎活动越来越集中于鹿、羚羊、野羊这样一些有蹄类动物上,跟随这些动物逐水草而行。大约在19,000年—10,000年间东北亚地区有一个干燥期,为当时游猎于该地区的人类追逐兽群而越过白令陆桥创造了气候条件。除了这一基本原因外,人们在考察游牧文化时发现并提出这样两个规律:一是游牧文化最初的发源地多位于草原和农业区域的交界地带或邻近地区,在那里游猎、鱼猎和采集植物并存,这个观点支持了我们关于在北纬38°—45°间的发达的新石器文化。而只有发达的游猎、鱼猎、采集生产和工具,才具有向高纬度寒冷地区扩散和越过白令陆桥的物质生产基础。另一个规律是在特定气候与地理条件下,逐步形成的单纯的游猎和畜牧业产生后即向先前人类未曾开发的高纬度草原地带移动,并逐步形成在较广大地域内较低密度的流动的人口结构。

以上叙述，我们可以概括为：

第一，第四纪冰河期造成的白令海海平面升降的自然历史演变过程具有形成白令陆桥的历史真实性。

第二，东北亚区域丰富的早期人类活动遗址和发达的新石器文化与白令陆桥形成时代有历史的偶合，使东北亚原始民族克服严寒，追逐兽群，越过白令陆桥成为可能。

第三，考古发现和对东北亚区域自然生态环境的人类学研究，有助于东北亚原始民族和早期北美印第安人的比较研究。

（二）东北亚原始民族的演化

如果说以上我们是解决可能性的问题，那么下一个问题就是关于种族和民族以及东北亚原始民族后来主要成为哪几个民族的祖先的问题，因为，搞清楚东北亚原始民族的历史演化过程，才是追寻历史遗存的可靠线索。

前面我们曾提到以阴山山脉、西拉木伦河、老哈河、乌尔吉木伦河以北挖掘的典型的早期人类活动遗址和出土的大量的独具特色的石器文化，证明这里曾是一个人类发祥地，他们与黄河流域诞生的早期人类是兄弟关系。但是，我们不能简单地把东北亚原始民族和现代生活繁衍在该地区的民族直接联系起来，这里有一个由种族向民族演化的过程，有一个民族融合和民族同化的问题。

首先我们应该肯定的是种族与民族间有着必然的联系，这种联系既表现在形式上又蕴含在内容里。因为，民族的形成和出现只有在种族的产生和发展的基础上才有可能，原始民族向文明民族的发展，就是一个由血缘组合为主的氏族部落向地缘组合的更高的生产力和权力组织发展的过程。因此，种族是民族中以血缘为主的、基本的、较为稳定的因素，民族则是地缘环境组合、阶级产生以后出现,并在共同生产活动中形成共同语言、共同地域、共同经济生活以及共同的心理素质的共同体。

其次,如果把种族和血缘氏族部落联系起来,那么,种族和民族之间就有着明确的历史发展阶段性。马克思和恩格斯认为民族是"从部落发展到民族和国家"①。应该认为,氏族部落和原始社会相联系,而民族则与阶级社会和国家的产生相联系。所以,我们才把在1万年前活动在东北亚区域的早期人类称为原始民族,显然,我们所使用的民族概念是广义的。

再次,原始民族与文明民族之间存在着两个历史的演进过程,即如种族和民族之间的关系一样,无论从情感意识方面还是从物质遗存方面都存在着千丝万缕的联系。正如东北亚原始民族在1万年前进入北美大陆以后逐渐演化为古印第安人,或与当地其它民族融合成为一个民族共同体,而留在东北亚区域的原始民族也逐步演化为其它古代民族,他们之间由于源于共同的原始民族,虽隔海相望,相差万里,却仍然存在着文化上的某些相同或相似,这也是我们能够进行比较研究的原因所在。

依照以上观点,我们就可以探讨东北亚原始民族主要演化为哪些文明民族这一问题,这些文明民族在现代的称谓和文化代表是什么?前面我们曾提到在阴山山脉发掘的"大窑文化",西拉木伦河、老哈河及乌尔吉河流域发掘的"昂溪文化",松花江流域发现的"富河文化"以及"红山文化"和"兴隆洼文化"等考古发现,展示了该地区从50万年前直至公元前5000年的漫长历史阶段的人类活动遗迹。根据该地区的自然生态环境以及蒙古和西伯利亚的人类学研究,确认了该地区是东北亚游牧文化的发源地。特别是对旧石器时代晚期智人化石的出土与研究(如辽宁省建平县发现的人类肱骨化石,为旧石器时晚期智人,距今5万至

---

① 《马克思恩格斯全集》,第20卷,516页,北京,人民出版社,1965。

6万年；吉林榆树县人、安图人均属晚期智人），确认当时正处于血缘家族向氏族公社过渡时期，是该地区最早的氏族共同体。这些晚期智人的发现标志着东北亚蒙古人种的出现，人类人种是在旧石器时代晚期形成的，由于早期类人猿居住的自然生态环境不同，促成了后来人类体质上的差别，逐渐形成世界三大人种——蒙古人种、欧罗巴人种、尼格罗人种，即黄种、白种、黑种。而居住在东北亚的古代诸民族，追溯其种族源流都起源于蒙古人种。他们所使用的语言都属于阿尔泰语系，此语系的语言族群在后来的长期发展中，逐步形成东北古代三大语族，即突厥语族、蒙古语族、满—通古斯语族。

种族经过氏族部落发展阶段形成不同的民族，同一种族内的不同民族，就像"水果与香焦、苹果"的关系，它们之间既有区别又有联系，不能因为经过氏族部落发展阶段而后形成的独有的民族特征，就抹煞共同的种族源起，也不能用共同种族而抹煞民族差别，同样，同属阿尔泰语系的三大语族之间，既有明显的语言区别又有明显的民族差别。但是，他们之间又交织着种族的和民族间的复杂联系。今天看，突厥语族的分布主要在东自我国新疆维吾尔自治区，中经小亚细亚，西达土耳其伊斯坦布尔和罗马尼亚的多布鲁查地区，北至原苏联雅库特自治共和国。显然，他们和我们研究所涉及的民族关系不大。

蒙古语主要是蒙古语族的语言，虽然在13世纪成吉思汗建立了一个横跨欧亚的庞大帝国，但蒙古族不像突厥语族那么分散，现在除了一部分在苏联境内，一部分在阿富汗以外，其余都集中在蒙古共和国和我国内蒙古地区，因而，蒙古族良好地保持了他们的文化传统。满—通古斯语族除了原苏联境内埃文基民族地区外，分布在我国内蒙古自治区东部和东北各省的鄂温克族、鄂伦春族、赫哲族、满族、锡伯族所使用的语言均属这一语族。蒙古语族和满—通古斯语族都源于蒙古人种或蒙古亚人种，在原始氏族部落发展阶段逐步形成诸多不同民族，及至原始社会末期和阶级社会初期这些部落民族在远东和蒙古大草原上获得相当的发展和扩张，形成了各自的民族源起和族源传说，对蒙古语族的族源问题史学界一般采用东胡说。据考古材料，在夏家店上层文化墓葬中发掘出的殉犬的遗迹和铜板人物形象，据考证为典型蒙古人种，语言不属于通古斯语族，而同蒙古语族相合。上述出土文物遗址是在原东胡族居住地西拉木伦河一带发现的，因此考古学者认为是东胡族的文化遗址。史书曾这样记载："东胡在大泽东，夷人在东胡东"（《山海经·海内西经》）大泽东位于今西拉木伦河流域。夷指东夷。可见，属东胡的原始民族最早是活动于西拉木伦河流域一带。后来在额尔纳河以北、克鲁伦河、色楞河、肯特山活动的蒙古人也应为早期蒙古语部族的向西扩展。在后来的历史中，无论经过匈奴、鲜卑，还是乌恒、契丹，总之，在13世纪成吉思汗建立蒙古帝国以来，在这一广大地区形成了一个统一的现代民族——蒙古族，他们保持和发展了自己祖先的文化，在蒙古高原上生息繁衍，游猎放牧，以共同的语言、地域文化和心理保持至今。

满—通古斯语族主要分布在黑龙江、乌苏里江、松花江流域，后来，属于这一语族的族群向北进入大兴安岭地带从事游猎生活，他们一般把肃慎作为自己的祖先，由于考古资料的缺乏，他们一般通过汉文史书典籍或现代民族传说为依据来确证自己的族源。可以肯定，操北通古斯语的鄂温克族、鄂伦春族、赫哲族是古老的民族，他们有自己的语言文化和民族传统，是最早活动在黑龙江流域的人类，在古代历史中，他们的共同祖先曾以各种形式建立自己的国家，并与中原王朝经常发生联系。然而，相对来说，鄂温克族、鄂伦春族、赫哲族三个民族由于所处的自然环境地域偏狭，气候严寒以及部落自身生产发展的局限，他们的进化历史是非常缓慢的，直至17世纪中叶，他们依然基本上处于家族公社制度阶段，到清代进入阶级社会，但由于连年的战争和外族入侵，他们的人口减少，并退居到深山老林之中，因而，在鄂温克族、鄂伦春族、赫哲族三族中，古老的民族传说、生活习俗和文化传统得到了更好的保留和继承。

在这里我们需要澄清的一个问题是，一些人在研究这三个民族的起源问题上认为：各自寻找出各自的祖先似乎是说明其古老文明的唯一途径，甚至越古老越好，然而他们时常割裂种族与民族发展的基础作用，漠视各民族产生、发展、融合、影响的客观历史事实，非要摸出一条纯而又纯的民族发展历史，结果反而使民族形成和发展的历史变得单薄和失真。我们认为，首先，鄂温克族、鄂伦春族、赫哲族是东北原始民族的直接后裔，他们应分属同一祖先的三个不同部落，而且由于所处周围生态环境的靠近和类似，在很多方面保持着一致性。其次，这三个民族的划分更多的是由于外部阶级社会的作用和外族的介入，使处在家族公社阶段的三个不同部落成为三个民族。所以，在清代人们才开始用三个不同的族称称呼这三个民族。当然，这其中民族自身历史发展的独特性也起了一定作用，但是，如果一些人无视历史事实，非要说："汉人和其它民族尚未把它们当作是独立的民族加以承认"[1] 非要人为地去找出和建立一套历史源起，这既不利于民族自身的发展，也不利于民族历史的研究。因此，从大的文化氛围上讲，我们将把这三个民族作为一个文化共同体加以比较分析。第三，从文化整体性上去看待这三个民族，不等于不承认他们是三个民族，而且，以任何一个民族发生、发展的辩证历史过程看，民族的存在、发展、衰落、兴盛、消亡都是一个不以人的意志为转移的客观历史过程。因此，我们承认客观历史现实，唯物

---

[1] 郑东日：《东北通古斯诸民族起源及社会状况》，第55页，吉林，延边大学出版社1991年。

地确证和看待他们作为一个民族所具有的民族独特性,也要科学地看到他们在族源历史上的一致性和民族特征上的共同性,这样才有利于民族自身的发展,而不是用空虚的形式代替现实内容。

综上所述,其一,东北亚原始民族经过几十万年的发展,他们的后裔应是活动在蒙古高原上,以游牧著称的蒙古族和活动在大兴安岭、黑龙江流域,以游猎和渔猎著称的鄂温克族、鄂伦春族、赫哲族;其二,由于古代蒙古民族在民族历史发展过程中,融合、接受了许多曾有民族,并曾建立了统一的帝国,形成了完整统一的民族,所以,蒙古族应是北方游牧文化的代表,也是至今活动在蒙古草原上的主体民族,因而,也是我们进行历史比较研究的主要对象。

以上论述我们可以归纳为如下几点:第一,东北亚原始民族的发祥地应在北纬38°—45°,即阴山山脉,西拉木伦河流域,考古发现证明,这里的早期人类活动遗迹可追溯至50万年前;第二,在5万年—1万年左右,这里曾有着发达的新石器文化,伴随着氏族部落和家族公社出现,他们的游猎生活向高纬度移动,并具有了较高的御寒和生产能力;第三,在白令陆桥形成期间,在整个北纬40°—70°之间形成一个干燥期,利于有蹄类动物的大量繁殖和活动区域的扩大,也使东北亚原始民族为追逐兽群而越过白令陆桥创造了条件;第四,留在东北亚大陆的古代民族逐步演化为以游牧为主的游牧民族,或以狩猎为主的狩猎民族,历经沧桑,他们的后裔即现在活动在该地区的蒙古族和鄂伦春族、鄂温克族、赫哲族。蒙古族应是北方游牧文化的代表。

最后需要补充的一个问题是,达斡尔语属蒙古语族,虽然,达斡尔族与鄂温克族、鄂伦春族活动在同一区域,但他们应属古代蒙古部族的一支,因此,我们从文化整体上把他们作为蒙古语族的一个语言、文化的分支来看待。

第十二章　神器的积淀

一、游牧文明——岩画、青铜：一种流动文化的固定

有没有从游牧生产方式直接过渡到工业社会的成熟范例，这是一个问题。而理解这个问题的正确思路是，游牧文明必须被农业文明取代后，才会有真正的工业文明，而那些直接从游牧生产方式过渡到工业生产方式的国家或民族，一定是在已经有了稳定的农业文明以后发生的。

本章试图对中国北方游牧文化的起源和独特性进行探讨，因为，北方游牧文化是东北亚区域主体民族的代表性文化，只有充分理解和掌握这一独具特色的文化起源、特征和表现形式，才能更科学地与印地安文化进行比较研究。关于北方游牧文化方面的文字，所见颇多，尤其是"文化"热以来，对北方少数民族文化独特性的论述似乎更引人注目，然而，到底什么是北方游牧文化？它的真正源起是什么？什么是它的独特性以及表现形式？关于这一系列问题却众说纷纭，一些更是浅尝辄止，浮漂而过，哗众取宠，无论什么都贴上文化的标签而"高雅"起来。这是一种庸俗肤浅的倾向。因此，我们试图追本溯源，然后从审美意识的发生、发展，从情感和意识的特征上去论证北方游牧文化的独特性。

不言而喻，游牧文化必然产生于不适合农耕的区域，从黑海北岸一直到蒙古高原的欧亚大陆北部都属于这类自然环境。在蒙古高原包括大兴安岭自更新世末以来，由于独特的生态环境作用逐步形成了具有广泛的游牧生活的自然条件，这种条件主要表现为独特的地貌：包括山脉、高原、草原、沙漠，其间又有一些大小河流、湖泊等。气温差在零下30度—零上20度之间，年降雨量在400毫米以下，干燥指数线在1.5—2之间。主要植物是各类耐寒的草本植物和灌木。动物主要以广泛分布的有蹄类的鹿、羚羊、岩羊等为主。我们可以想象生活在这里的早期人类为了获取食物和抵御寒冷而必须与动物打交道，多方面的考古也证明，游牧的产生正是与人类猎获动物到驯化动物，以获取更大量可靠的食物资源的尝试有关。

猎获动物即是游牧生产活动的初始，人们首先接触和了解的是人与动物的关系、动物与周围环境的关系、动物之间的关系。随着生产的发展，人们必然加深对这些问题的了解，从而使游牧的生产方式趋于成熟化。据《内蒙古文物考古》1992年第12期刊载的材料证明，在更新世晚期的远东，人类的狩猎对象主要集中在鹿、羚羊、野羊这类动物上，跟随这些动物开始了季节性的群体迁徙。在这一阶段人类的狩猎活动涉及各种年龄和性别的动物。从大约公元前9000年开始，人们的狩猎出现了某种选择性。这一时期人们食用的未成年的野绵羊占其所猎取的羊的总数的50％，同时，所猎获的雌性动物下降，说明此时人们已知将雌性动物保留下来用以繁殖。到公元前7000年时，人们已可以将绵羊由其原自然居住地带到约旦河谷驯养了。这一考古例证说明了从事游猎到游牧的生产的变化，也说明了生活在草原地带的人们对周围客观环境的认识和把握。显然，游猎到游牧的生产方式是决定游牧文化的物质基础，离开这一根本因素而大谈游牧文化都会失之偏颇。

单纯的游牧畜牧业一般是在很难适宜种植的干凉地区形成的，但它的发生和源起一般是在游牧和农耕交界的地方，似乎农耕比游牧发生得更早和更快。这大概与一年一季的生产周期有关，而动物的生产周期更复杂，使畜牧业的偶然性因素增大。所以，在农业和畜牧业分离以后，畜牧业表现为两个规律：一个是向较高纬度草原发展，形成人口分布稀而广、相对畜群生产增大发展；二是当单纯的畜牧业形成以后则很少转化为过去混合型文化，或向农耕区扩张的能力。因此，在一定时期内畜牧业和农业是平行发展的。很显然，这两个规律也决定了在单纯的游牧业形成以后的游牧文化的特性。因为，首先，向高纬度的陌生地域扩展需要游牧部落的紧密团结和较高的生产技能，这就逐步培养了游牧民族勇于开拓进取，团结协同，善于克服困难的精神。这种精神一直是他们获得生存发展的内在因素。其次，与更加恶劣的气候条件抗衡，在较大区域内孤立的游牧狩猎活动无疑增加了游牧者的勇气和探索自然的胆量，这也是游牧民族在寒冷地带能够发展生产，建立国家，取得较高文明程度的原因所在。再次，对大自然，特别是对牛、马、羊、狗等动物的极其细致的观察，使游牧民族对待自然的态度远不同于农业民族，他们对动物习性的了解是那么生动准确，以至这些知识成为他们生活文化的主要部分。最后，图腾和原始宗教产生后，游牧文化逐步走向成熟，并且开始以器物和概念的形式使它的独特性明确和固定下来。如果从历史发展的纵的线索划分，大体上我们可以划分为这样几个时代：

1. 细石器和岩画时代：公元前45000年—4500年。
2. 青铜时代：公元前6000年—公元一世纪。
3. 铁器时代：公元前1000年—公元五世纪。
4. 皮毛时代：公元后一十五世纪。

相对应，在这几个不同时代中我们也可以粗略地找出它主要的最具代表性的文化：
1. 细石器和岩画艺术。
2. 原始宗教和青铜艺术。
3. 英雄诗话和神话传说。
4. 装饰和制造工艺。

可以看出，任何时代的文化特征都是一定生产方式和生产水平的反映，而游牧狩猎生产方式必然会产生和创造出游牧和狩猎文化，历史的现实与逻辑的真实是统一的，这是其一；其二，不同时代的代表性器物和文化意识同样也是由当时的生产水平和客观环境决定的，正如英雄史诗反映了铁器时代一样，超越的意识与创造物都是不可能的；其三，游牧文化的独特性应该是游牧的生产特性与游牧意识结合的产物，比如大量丰富多彩而又独具特色的北方草原岩画，象阴山和乌兰察布岩画，世界上绝无仅有的众多的英雄史诗，据德国著名蒙古学家海西希统计有150篇。名扬世界的鄂尔多斯青铜器，图腾崇拜和萨满教，这些典型的北方游牧文化和艺术遗存最鲜明和生动地代表和反映了它的独特性。但是，一些人没有看到决定文化意识的物质因素，天真地把一些文化形式当成了传统文化的基本要素，把意识形式看成了第一性的东西，甚至单纯地把文化自身作为一个系统，然后用几种文化名称作为要素来填充这个系统，离开了社会分工体系来孤立地研究所谓文化系统的构成要素，缺乏内在的有机构成和文化自身发展变化的内在动力。有时我们是为了更清楚地展示北方游牧文化的独特性，而首先从历史发展的纵向角度粗略地描绘一下时代的特征及作用，然后再详细列举主要的具有代表性的文化物质遗存和特征，这完全是为了抽象研究和叙述简洁的需要。而事实上，社会物质性和每一具体的文化形态有着内在的联系和制约，我们能够透过文化物质形式而把握文化意识的原因是因为文化物质形式具有客观延续性。这不是所谓心心相印、一点就通的人类灵性，而只能深入到决定文化意识特性的那些客观因素当中去寻找。人们通过各种社会实践活动，主要是劳动生产以满足生存和生活的必需。不同的生产水平决定着人们的生活水平，改造自然到什么程度决定着认识自然到什么程度。于是，在不同的自然环境和生产状况下就会形成不同的文化形态和审美差异，这种形态和差异经过长期的发展变化，形成一种稳定的主观心理机制而保留在同一民族群体意识中，这才是物质文化独特性的要素之一。显然，从哲学上讲，它是第二性的。一旦我们了解了它的基本矛盾因素以后，理解它的文化的独特性就会更深刻、更快捷。

（一）细石器和岩画

在上一章里，我们曾说到在东北亚偏南部地区有过发达的新石器文化，它的典型器物是龟背型刮削器、燧石片刀、柳叶形石镞和用来投掷的尖状器，主要以"大窑文化"、"兴隆洼文化"、"富河文化"和"红山文化"的发掘考古为背景，时间跨度为公元前6万年—5000年。岩画主要以阴山岩画、乌兰察布岩画为主，反映的时间跨度为1.5万年—公元8世纪。新石器末期和岩画初期在发生时间上是交错的，新石器时代代表着原始公社氏族的发展与繁荣，农业与狩猎畜牧业并存的时期，而岩画则表现的是原始公社氏族制解体，农业和游牧、游猎开始分离，时间上为新石器时代末期和金石并用的开始。这时期的社会组织已经从血缘氏族过渡到家族公社，并向阶级社会初期部落公社过渡。因此，细石器更多的反映了当时人的生产水平和加工工具的技能，反映了人的自然性和受制于自然的客观事实。而岩画却表现了当时人们的几乎所有的思想和感情，特别是表现了一般感性、感觉向理性化的审美发生、发展的轨迹，是我们探索北方游牧文化艺术的一个重要领域。

人类渴望了解自己祖先的生活状况，了解当时他们怎么想和怎么做，但是，考古发掘的石器时代的遗物，也只是向我们提供了判断当时的生产水平和人类利用自然的智力程度的物证，如果单单依靠细石器本身的器型和加工方法来确定其所属文化的独特性是困难的。因为细石器的加工过程只是追求其实用性，如石料的坚硬、锋利，而无法充分把人的文化意识印在石器上。应该说石器工具的最大价值在于我们从当时人类加工石器的形状来判断这个工具的目的，那么，最完善的工具自然就能最好地达到目的，而这个制造工具的过程逐步使人了解了工具的外在形式与目的之间的联系，于是，追求合目的的石器器型就成了制造工具的形式要求。因此，越精细化、越适于抓握的石器在当时的人的眼里就越具有价值，这是人类具有造型能力和合目的意识的初始，大约经历了漫长的时间，它才转化为一种追求合目的与合形式的审美追求。这才是细石器的文化价值所在。因为旧石器时代的器型十分接近自然，使目的性较为模糊。而从细石器后期开始，特别是有了岩画，人们才能真正窥视到当时人的一些思想和情感，了解到一些他们的渴望和追求，岩画是打开早期人类文化迷宫的天窗。我们以乌兰察布岩画为例，以说明草原文化的独特性。

乌兰察布岩画分布于乌兰察布草原"大窑文化"遗址的北面，主要是达尔罕茂明安联合旗、四子王旗、察哈尔右翼后旗和乌拉特中旗的东北部，以百灵庙东北部查干敖包苏木一带最密集。乌兰察布岩画的创作时期大约从距今 1 万年—4000 年前。当时的生态环境与今天大为不同，河流湖泊纵横，水草丰美，动物繁多。在这种自然条件下，这里的人拥有较高程度的狩猎和畜牧业经济，创造了发达的草原文化，从一千四百多幅岩画中我们可以窥见当时的一些情景。乌兰察布岩画中表现最多的是牛、马、羊的形象；狩猎放牧居次；原始的祭祀舞蹈、崇拜物居三。显然，动物以及涉及到游牧、狩猎的事物构成当时当地文化的主要内容，因为，在生活方式上，他们以狩猎畜牧为主，在浩瀚的草原或浓密的林地围捕着各种野兽，或在寒冷的冬季。低垂的太阳以偏南的弦线早早滑向西边，茫茫的大雪迫使他们不断迁徙，寻找新的驻牧地。在生产特征上，这里不适于大量农耕；夏季短暂，春季风大，秋季早霜，冬季寒冷而漫长。为了适应这种自然生态环境，他们从狩猎和畜牧活动中逐步掌握了自然的四时变化，草木荣枯的规律，并以游牧民所特有的感情思想方式看待这种变化。他们对动物习性的了解远远超过对自身的认识，所以他们极善于用动物的脾性和生存手段来比喻和形容人。从图腾崇拜和原始宗教方面看，家族公社时的图腾意识显然与生存环境和族源传说有关，而萨满这种原始宗教的领袖在游牧民族的精神世界中扮演着极其重要的角色。以上这三方面的原因是形成草原岩画独特性的基础，自然也是决定早期北方游牧文化独特性的原因所在。由此我们把岩画表现出的独特性概括为以下四点：即对动物及其属性的真切了解，这是其一。第二，对大自然变化规律的朴素的自然态度。第三，直观的现实精神与想象的象征手段之间矛盾而又完美的结合。第四，外向的自然的生活态度与坚韧不拔的精神是北方游牧民族的一个优秀文化传统。

（二）原始宗教和青铜艺术

铜石和青铜时代主要以下家店下层文化、下家店上层文化、朱开沟文化、鄂尔多斯青铜文化为基础，时间跨度为公元前5000年—春秋战国时期。在铜石文化时期由于石器的大量使用和更加精致，特别是一些复合石器工具曾使当时的人产生过崇石意识，可是，当比石头更加耐用结实、易于加工的青铜产生以后，它很快取代了石器，并获得了极大的发展，创造了惊人的青铜器艺术。的确，物质工具的改变才是人类历史进程得以改变的基础，正像我们用不同的物质名称来表示不同的时代一样，物质工具越先进，它所经历的时代越短，因为，先进工具对劳动生产率和分工的改变是巨大和迅速而有力的。青铜时代的文化独特性必然由青铜时代物质生产的改变和大量征伐的开始决定的，我们以鄂尔多斯青铜器为主来阐述它所代表和揭示的青铜意识和审美文化。而原始宗教作为人类早期思维的产物，它具有普通性。几乎所有古代民族都经历和产生过原始宗教，不过，由于各民族的生存环境和生产方式的具体差异，使他们对客观世界的具体认识也存在差异，如对灵魂、死亡、天地、无法解释和抗拒的自然力量，都产生不同的看法和解释，萨满教便是北方游牧狩猎民族特有的一种原始宗教。古代印第安人信仰的也是萨满教，可以肯定它产生的历史是久远的，在游牧民族中的影响和作用是巨大的，一直到近代，萨满主持的一些仪式、消灾除病的方法仍然在民间存在着。萨满教的产生与自然崇拜和万物有灵有关，在原始社会初始，人表现出的自然性远远超出它的社会性，人把自己看成是周围万物的一部分，其它的诸事诸物即如人一样有喜怒哀乐，所以，人在与它打交道时就要了解它们的思想，并得到启示和帮助。因为，除了人所能征服的那一小部分自然以外，自然力处处显示出它的巨大和不可抗拒，而且，人有生老病死，而它们却似乎是永恒的，受一种冥冥之中的力量支配。如果人和这个神秘的无所不能的主宰建立关系，人们就可以克服困难、达到目的，或不用担心自然力的报复。

和"神"建立关系的人叫"萨满"，"萨满"一词在通古斯语中，意为"极其兴奋、激动不安和疯狂的人"。因为，一个新萨满的诞生过程并不是随意的，而是一个人在不自觉的情况下，忽然丧失神智，处于昏迷或颠狂状态，被迫与神进行交感反应，清醒后，需经老萨满指点启示后才可成为萨满，才能在别人要求之下自觉地与神交流思想，只有具备这种特点的人，才能成为具有特殊使命和神奇力量的人——萨满。萨满教之所以成为北方游牧民族特有的一种文化现象，我们认为：第一萨满教的产生与古代游牧民族对动物生命的理解有关，所以，在萨满教的宇宙观中世界的平衡和运动都是由某一种动物决定的，如宇宙龟等。

第二，萨满教万物有灵和世界分三层的思想与游牧狩猎民族对自然界的看法有关，他们认为有生命的东西是一个完整的系统，他们之间无法交流的障碍是人为的，只不过是一些平常人无法理解的而根本相同的寓意，同时，无论在动物还是植物中都存在优劣、上下、强弱之分，即如人一样。所以，从事农耕的民族就不会产生萨满教。

第三，萨满教的灵魂观十分发达，因为，他们认为动物和植物不但有皮有肉有生命，而且也都有灵魂，甚至各类还专门有一个神司管着，所以，有一类动物就有一类神管着它们的灵魂，这样就构成了庞大的神职体系和众多的灵魂，实际就是人对动物、对狩猎的看法的一种简单翻版。因此，萨满教是北方游牧民族的一个独特的文化现象。

青铜制品以及它所具有的独特的考古和艺术价值，已经使北方草原出土的青铜器成为目前国际考古界和收藏家们关注的中心，特别是鄂尔多斯青铜器以它的成熟、品质、造型充分显示了北方游牧民族卓越的智慧和完美的创造，凝聚了北方少数民族独特的审美意识和文化风格。鄂尔多斯式青铜器是我国北方草原文化的代表性器物，其种类主要有青铜刀剑、青铜饰牌、青铜兽形铸件和一些扣带等日常生活用品。考古发现证明同类青铜制品在蒙古草原大部都有发现，而以鄂尔多斯草原最著名。它存在的年代分为前后两期，前期为"狄历"阶段，相当于商周时期，后期为柔然、匈奴阶段，相当于战国两汉时期。在商周、战国时代，由于青铜和铁器的使用，凶禽猛兽对人类的威胁已变得微不足道，而部族与部族之间的战争却变得越来越残酷，一个强大部族的建立全赖勇猛的斗士在战争中赢得。因此，人们希望在部族战争中出现象雄狮、恶狼、猛禽那样的英雄，以至把这些动物的形象刻印在刀剑上，使刀剑和使用刀剑的人具有同样非凡的力量。这类青铜器是鄂尔多斯青铜器的典型，也是反映当时特定社会环境和文化特色的艺术遗存，它鲜明地反映了在北方很多草原文化中包含的兽型类比和象征意义。对今天的人来讲，用野生的猛兽来类比人，而且是正面的英雄人物，也许是一件难以理解的事情。

然而，事实不仅的确如此，而且这正是古代游牧民族文化艺术具有永久魅力的原因所在。它发生的独特原因既不同于伴随它相存的神话方式，也不是最初的自然宗教的神秘观念的产物，更不是后来经济与政治关系的产物，而是古代北方狩猎经济和游牧经济的产物。因为在那个社会环境和时代，就每个个人的力量和在狩猎实践中的作用而言都有了一定的自我认识，就很自然地形成了以自己的力量去类比自然的猛兽，同时，凶禽猛兽的生存行为和可怕的力量，也在早期人类那里形成了一种恐惧心理。随着青铜、铁器的出现，个人战胜凶猛的野兽也不是什么例外，因而，那些战胜猛兽或敢于同它们搏斗的人，自然而然就成为出类拔萃的英雄和猛士了。因此，凶禽猛兽的力量、迅捷狂暴的脾性成为衡量英雄猛士的尺度，而具有了心理的、文化的象征意义，而且逐步演化为一种具有普遍意义的专有表达方式，它是草原游牧文化中最吸引人的部分。

二、英雄史诗——游牧民族的族源传说

像最凶猛的动物一样，这是早期游牧民族对英雄的赞美，传播英雄事迹的目的显然不在于赞美，而在于鼓励同族和恐吓敌人。

（一）游牧生产方式的流动记忆

我们之所以把英雄史诗和神话传说放在细石器和岩画、青铜艺术和原始宗教之间，是因为前两方面主要是以物质遗存为研究对象，是在文学之前的艺术文化存在。但是，文学产生以后记录下的史诗和神话传说在产生时代上却往往超越了青铜或岩画产生的时代，这是十分正常的。因为，不少蒙古族古代神话反映了自己的族源、图腾意识、部族战争，这些事件的发生很可能是在公元前几个世纪，而蒙古古代民族就是靠代代口头相传，专以民间传人或专门承接族源故事的老人而使它们留传下来。所以，蒙古民族是世界上绝无仅有的拥有一百多部英雄史传的民族，其主题不同的就有68种之多。神话传说更是数不胜数。问题的复杂性在于：活动在北方草原的各个民族在数千年的流变过程中，有的消失了、有的融合了、有的兴盛了、有的衰落了，呈现为十分复杂和交错的形式，这当然也与草原上大量的征伐和迁徙有关。所以，我们只以最具代表性的作为其文化独特性的典范。虽然用文字记载下来的史诗形式不少是10世纪前后的事，但是，史传所反映和记录的确是相当于秦代及匈奴帝国时代的历史事件，因为，除了从额尔古纳河出来的"额尔古涅、昆"部族外，还有塔塔尔、蔑尔乞惕、翰亦剌惕、布里亚特、巴尔忽、森林兀良孩、克烈亦惕、雪尼惕、秃马惕等等部族，这些古老的部族都源于东北亚地区，并经历了从原始部落到游牧部族的历史发展过程，而且经历了自匈奴帝国以来在蒙古高原建立的诸游牧汗国时代，这就造成了这些部族之间为汗权而进行的战争，从而处于分裂状态。但是，自突厥汗国西迁之后，这些部族便进入了争夺游牧世界汗权霸主地位的数百年的征战的历史时代。其中象塔塔尔、蔑尔乞惕、翰亦剌惕、克烈亦惕和蒙古诸部都是十分强盛猛悍的部族，因此，自匈奴帝国以来直至12世纪诸蒙古语部族都有大量的英雄史诗，因为他们拥有产生英雄史诗的土壤和时代。因此，英雄史诗堪称北方游牧文化的突出代表，只有在广漠的草原上发生的残酷的部族战争需要英雄，而只有传唱传说的自由的音标语言的应用才会有英雄史诗。

汉民族也可能经历了英雄时代，但由于像《诗经》这样严格的形式的格律化要求，断绝了史诗产生的可能性。此外，英雄史诗中保留的残酷野蛮性和大量生动鲜明的兽形类比只能是游牧民族的产物，不会是农耕，更不会是手工业的产物。如蒙古族的著名史诗《江格尔》对马的描写就充分显示出游牧文化和农业文化的差别。在《江格尔》中对马的形体美是这样描写的："美丽的脊背，比兔子还健美，强健的大腿，肌肉隆起，平滑的前胛，紧贴在其胸旁，"这是一段具有美学本体意义的形象性描绘，"美丽的脊背；比兔子还健美"把马的形体美特征完全表达出来了。这就是说，其胸膛要宽阔，腰要细，腿上的肌肉凸起，长尾篷松下垂在浑圆的臀部。我们注意到，"关于马的这种美的尺度与观念，与著名戏剧作家曹禺先生安排给呼韩邪单于说的：头要方，肚子是'城池'，胸宽腰胀的尺度与观念形成鲜明对比（见历史剧《王昭君》）。显然，前者是游牧民族对马的形体美的看法，因为他们是从马的奔跑的实用出发，后者虽然是匈奴首领说出来的，但仍然是农业民族对马的形体美的看法，因为他们是从套车的实用出发，不同的经济和生活方式形成了完全不同的观念。"① 这个例子十分形象生动地说明了游牧文化的独特性之所在，这也是我们试图在各个代表性文化表现中揭示出什么是文化的独特性的目的。显然，从某种意义上说，这是一种长期生活、生产所决定的本质内涵的形象外露，决不是一种概念、范畴，也不是一些热

---

① 满都夫：《论史诗江格尔中蒙古古代美学思想》，《〈江格尔〉论文集》，212—213 页，乌鲁木齐，新疆人民出版社，1988 年。

衷于"文化"的人罗列出的形式区分。

比如神话传说，它是任何一个文明民族都曾经历过的族源传说时代的产物，正如法国著名文艺理论家卡西尔在他的《神话—原型批评》中所说的那样，"神话既不是虚构的谎话，也不是任意的幻想，而是人类在达到理论思维之前的一种普遍认识世界、解释世界的思维方式。"可见神话是人类早期的一种原始思维方式。然而，各民族的神话传说却又具有自己鲜明的独特性，特别要强调的是神话传说对传统文化的影响是深远巨大的。蒙古人在远古有苍狼、白鹿、熊、牦牛、天鹅、鹰以及树木等自然崇拜现象，这是神话的萌牙期。在图腾文化时期，蒙古人通过图腾象征来解释民族来源，维系民族团结的宗教祭祀，这其中包含着神话传说的普遍性主题，不少游牧民族将动物崇拜和图腾象征结合起来，创造出族源、部族早期历史的神话传说。当然，这些神话传说在当时具有法定标准的性质，是部族认同、团结一致的衡量准绳，是神圣的严肃的。在母权制繁荣时期，妇女具有崇高的地位，萨满祭祀中的"额秃根"就是作为大地、母性、母神、地神得到人们的普遍崇拜。由于生产力的极其低下和人们无法解释周围的自然现象，人们便使变化莫测的自然力人格化，使万物有灵，于是，就产生了解释日月星晨的神话，人和万物来源的神话，创世神话，说明风雨雷电的神话。例如卫拉特蒙古族的神话《麦德尔娘娘开天辟地》便是此时出现的。这个神话通过麦德尔造天地、星辰、云雨，并用日月照亮大地的行动来说明万物的起源，显然是生殖崇拜和母权社会的产物。在生产力获得较大发展和出现一些局部分工以后，人的力量、特别是战争和组织生产中的英雄成为人们崇拜的对象，过去的纯粹神性的神话，具有了现实人的味道，因为，现实的英雄往往成了神话中的主人公。

神话的事件更多地反映了现实，于是神话出现了两种发展倾向：一是转向英雄史诗，一是转向民间传说。而民间传说后来成为在草原上流传极广的说唱艺术的前身。它更多地反映了劳动人民对善良和正义的歌颂,对黑暗和邪恶的憎恨,对除暴安良的英雄的赞美,对凶狠狡猾的坏蛋的揭露。在游牧民族当中,善和恶、光明和黑暗、狡猾和忠诚始终是十分鲜明对立的,而且成为他们衡量人品,结交朋友的准则,这大概与大量民间传说中优秀的文化传统的影响不无关系吧。

此外,装饰和制造工艺是最能反映一个民族独特的文化形式的方面,依照黑格尔的看法:纯粹的形式美,例如阿拉伯花边,才是最美的。但是,任何装饰和制造工艺都经历了一个由完全的实用目的到追求更加完善地满足主观意志的过程。因此,在今天我们看到以往人们用于生活或生产目的的装饰和制造工艺时,尤其是那些精美的手工艺,都会为它们所蕴含的当时的文化和审美观点所吸引,它们的不可恢复和替代性而独具魅力。游牧民族的装饰和制造工艺正是这样的文化遗存,因为,游牧的生产方式已经发生了巨大变化,分工的细致和产品的丰富已经使一些传统的装饰和制造工艺失去了实际意义,因而,这些装饰和制造工艺本身在今天更多的具备的是传统文化的象征意义,如蒙古包、"仙人柱"、勒勒车、弓箭、祭祀建筑和其祭祀器具、桦树皮工艺、骨制品、皮制手工艺、民族服饰、手工马具等。这些装饰和制造工艺品本身就是一种文化的象征,是游牧生活方式和精神生活的产物。在这里不作更多的论述,一方面是因为这些物质文化形式本身的产生和发展即如先前我们提到的那些文化传统一样在本质上是一致的,一方面是我们在以后的章节中将具体涉及到它们,届时我们再探讨它们的文化形式,以避免因为种类繁多而造成的纷杂。

综上所述,我们粗略地讨论了游牧文化的独特性,这也是游牧文化表现最鲜明的领域。我们的重点在于说明它们产生、存在、形成的客观社会因素以及主要特征形成的原因,至于具体的比较是以后章节的主题。在我们从总体上对游牧文化独特性有一个把握后，具体的研究就会变的容易和清晰些。

（二）神话传说——北美印第安人和东北亚原始神话意识

人类意识的萌芽无法用一个确切的年代或存在标示出来，但可以肯定在猿脑向人脑过渡的漫长历史过程中，人类逐步开始想象想象本身了。从与周围自然对象的直接作用中，人类开始意识自身的存在与自然存在的差别，愿望成了一种意识现象，而主宰愿望成否的却是人永远捉摸不定的、威力无比的天或神。因此，最早的可把握的人的意识就是神话意识。马克思认为神话产生在"历史上的人类童年的时代"，应该指人类不发达的原始社会阶段。但是，神话已远远不是人类意识的萌芽，神话意识是原始人宇宙观的表现，是不自觉的用想象的方式表现当时人与人、人与自然以及社会发展程度的"艺术方式"。因此，我们决定从神话意识开始探讨北美印第安人和东北亚原始民族在思维形态、思维内容和思维方式上的联系。当然，我们讨论的基础是东北亚原始民族与北美印第安人之间的族源关系，因为，在10000多年以前当生活在东北亚区域的原始民族追逐兽群越过白令陆桥到达阿拉斯加时，他们的文明程度已达到新石器晚期。因此，无论从印第安人种特征上、生活习俗上，早期思维形态上，还是物质遗存形式上都留有祖先的痕迹。

问题有利的一面在于直至15世纪，印第安人的社会发展，仍然处在原始部落阶段，其生产方式仍然以自然环境决定的或游牧、或狩猎、或渔猎、或采集和简单的耕作。所以，在区别不同地区的印第安人时往往用爱斯基摩人、北部森林猎人、东部森林地带的农人、西南部的印第安猎人、中部平原捕猎野牛的印第安人、西北沿海的渔民来指代他们。但在文化特征和思维形态上印第安人都有其共同性。而东北亚原始民族在历史的相同时代即

15世纪，生产方式大体上也是游牧、狩猎、渔猎或采集，但在社会发展阶段上已进入游牧封建社会，其文化特征表现为以游牧生活方式为主的古代神话、传说、萨满教、史诗和民间说唱艺术。因此，相对而言，东北亚的神话意识及其不同表达形式更具有人文性，而印第安人的神话意识及其不同表达形式原始色彩浓烈一些，但这并不妨碍我们从发生学角度去比较分析它们的产生和演化的轨迹。不过，在进入正题之前我们需要解决神话意识与图腾意识、原始宗教意识、族源传说的关系问题，因为，我们将要从这三个方面去论述问题。

第一，神话意识是原始人最早出现的一种对客观自然和社会现象的反映。当然，这种反映不是原始社会人们生活的真实再现，而是一种想象或幻想的反映，于是才有神话。对原始人来说他们是不自觉的采取神话形式，但从思维发生角度讲这又是一种自觉的思维活动，它所表现的智慧价值与荒诞不经的艺术想象都说明原始人思维尚处在人类童年的幼稚阶段。同时，神话并非是一种随意的幻想或想象，它是特定环境特定部落生活的产物，埃及人神话产生的土壤决不会是希腊神话的源泉。神话是由产生它的原始人综合性思维的产物，它是基于某种生活经验和依据、用在神话的想象方式，构成某种因果关系，这种因果关系有时是正确的，有时是错误的，但根本上是把万物与人都同样看成是有生命的，贯穿着"万物有灵"的观念。因此，神话意识的价值远远超出了艺术的范围，在历史学、民族学、考古学、发生学方面具有重大意义，是原始人早期意识的集中反映。

第二，我们承认神话产生的社会存在的基础，表明神话是特定历史阶段的产物，而且，这一"人类的童年"时代世界各地原始民族都有大体相似的经历，所以，都创造了许多相似的日月神话、洪水神话、创世神话、族源神话、英雄神话等。这说明在相似的社会发展阶段上，社会成员都有相似的思维特点，反映了他们强烈的求知欲，试图对各种自然现象加以解释或找出原因。同时，在神话出现时期，原始宗教意识、图腾意识、族源传说都开始产生，但从原始思维发生的角度看，神话意识先于宗教、图腾意识，神话的出现说明人开始和自然分离，人们的社会属性增多，对周围环境的认识和联系扩大。

第三，我们说神话意识先于原始宗教意识和图腾意识，并不是说神话产生不同于原始宗教和图腾，而是强调原始宗教和图腾意识产生的社会基础与神话意识产生的社会基础的同一，以及神话意识对后两者产生的直接影响。事实上，它们都是原始社会生产力极其低下，在人对自然十分依赖却又十分矛盾情况下的精神产物，原始宗教和图腾意识中都贯穿着"万物有灵"和各式各样的神话，只不过原始宗教意识更多地反映了原始人对自然和诸神的崇拜，而神话则记录着原始人试图解释自然，表达愿望，反映追求的意识，前者说明原始人对自然的态度是依附、惧怕，后者是对立和抗争；前者使用仪式和禁忌，后者是原始人口头创作和流传。而对图腾意识来说神话意识是它的思想先导，图腾崇拜是神话意识和社会意识的混合物，图腾崇拜的客体，已经从虚无飘渺的幻想转到周围自然界中的某一实在物。族源传说与图腾崇拜应是同时产生，只不过到后来随着分工的出现，族源传说的神话性质开始为某种功利目的服务。在我们说明了神话、原始宗教、图腾和族源传说之间的关系以后，就可以分别论述印第安人和东北亚古代民族之间在神话、原始宗教、图腾和族源传说方面的某种关系和区别。

远古时代迁移到美洲的人种是我们知道的东北亚原始民族，虽然考古遗址很少发掘出人类的遗骨，但考古学家们确证北美印第安人的祖先是进入北美的蒙古人种。当然任何时候都不存在有计划的迁移和侵入，是在以后的时间里，猎人们慢慢地发现自己进入了一个新的地方，这里有许多野兽和可供食用的浆果和块茎，毫无疑问是猎人理想的地方，他们居住下来，随着冰雪的融化，形成了沿着东部岩石道路通向大平原的通道，狩猎部落沿着这个通道向南扩散进入更加温暖的地区。北美印第安人有几百种不同的语言，很少有关于迁移方面的任何情况。他们通常相信人是在他们的居住地区首先被创造出来的，在欧洲人发现北美大陆的那个时候，印第安人没有文字记录，所以不能期望更多的早期传说。东部有许多部落有种记忆方式：贝壳数珠带（如易落魁人部落），在奥京布瓦尔部落则是刻写在桦书皮上，用图画的形式记录了部落英雄的神话故事。但是，一般来讲故事由有声望的长者传授给年轻一代。并不是每人都能成为部落历史的掌管人，只有那些经过特殊记忆训练或有特殊讲述故事才能的人，才能成为部落历史的掌管人。同时，在北美印第安人中，神话和族源传说不仅表现为社会意识，而且与社会组织系统有密切关系，因为，在印第安社会中，神话意识和每一项社会生活都可能存在某种潜移默化的关系，而一个男人获得一定的身份和在宗教仪式中拥有一定权利，都必须首先完全掌握本民族的神话意识和传统意识。酋长事实上是整个社会的顾问和立法者。

留在原发源地的东北亚古代民族，她们的发展历史与北美印第安人有相似的地方，但也存在明显的差别，这主要表现为：从中世纪开始，活动在东北亚区域的主要民族逐步进入游牧封建社会发展阶段，社会生产能力和社会组织结构都比较发达。此外，他们有自己的文字记载和史传作品，具有明显的人文形态。但有关神话的专门记载不多，更多的是民间传说、萨满祭祀词和英雄史诗中保存下来。但是，在神话意识上生活在北方草原上的游牧民族与生活在北美大陆的印第安人的相似远远超过差别，这一方面大概是同源的缘故，但更重要的决定因素恐怕还是因为在神话产生的历史的相近发展阶段，他们共同经历了长期的游牧狩猎和采集生产方式阶段，因类似的自然生态环境和生产方式使神话意识产生的社会基础和自然内容具有相似性。事实上，后一方面的相同作用远远超过同源这一原因，在我们确证同源这一基础上，相似的客观环境和生产方式所产生的社会的、文化的结果又支持了前面的观点。因此，在这个问题上，我们始终坚持历史唯物主义的观点。

在北美印第安人和东北亚古代民族神话中创世神话是最吸引人的。原始人相信超自然、超人力的神秘力量，这是他们思维的固有特点，他们在想象世界之初就如同我们严肃地探讨地球的生成一样，不存在额外的艺术想象力。创世神话是原始人试图解释自然的一种表现，是人主动探求外部世界的开始。世界上许多古老民族都有自己的创世神话，尽管这些神话出现的时间地点不同，但他们首先思考的一个问题就是世界的来源问题。显然，在创世神话中，人尚未成为自己的主要思考对象，人也不是世界形成的推动力，原始人的自我意识还没有完全形成，到了英雄神话和原始宗教出现，天上的主宰才回到地上。在创世神话中，印第安人和东北亚古代民族中都流传着宇宙龟或宇宙树的传说，大体内容是这样的：

第一批人住在遥远的天空上，在他们下面没有土地。一天，酋长的女儿生病了，怎么也治不好，一个聪明的老人告诉他们去挖一颗树让女孩躺在洞旁，好多人开始挖树，突然这颗树倒下，正好穿过这个洞。天空下面是一片无尽的水，有两只天鹅在漂游，突然出现雷声，天鹅往上看到天空破缺，一棵奇怪的树掉了下来，紧接着女孩也掉了下来。天鹅向她游过去，她长得非常漂亮，天鹅不忍心让她淹死，便向大海龟游去。大海龟是所有动物的主人，立刻召集了一个会议。当所有动物到来后，大海龟告诉大家，从天上落下一个女孩预示着好运的到来。因为树扎根在土上，大海龟命令大家找到这颗树沉没的地方，把树根上的土带上来，放在它的背上，形成一个海岛，好让那个女孩住在上面。天鹅领着找到了树落下来的地方，先是水獭，后是麝香鼠和海狸潜入水中，他们从极深的海里露出来后，精疲力竭，分别死去，其它许多动物潜入海中，也难逃同样的命运。最后，老妪癞蛤蟆主动要求下去，她在水下呆了很长时间，所有动物都以为她失踪了，不想她浮出水面，在死前把嘴里含的土放在大海龟的背上。这是一块魔土，不久这块土生起来，成了一个岛，天上的女孩可以住下来。两只天鹅围着女孩，小岛继续扩大，最后变成了今天的世界，水中的大海龟撑着这个世界。但这个世界是黑暗的，大海龟再一次把所有动物叫来，大家仔细思考，觉得应该在上面放盏灯，但是没有一个能做到。大海龟就把小海龟找来，小海龟承认它能通过一条危险的路达到天空。于是每一只动物都施展各自的魔力来帮助小海龟。一大块黑云形成了，上面放满了岩石，通过叮当撞击，发出闪光。海龟爬到云上，收集这些闪电，造成一个巨大明亮的球，扔向天空，但是觉得还不够，又收集了一些闪电造了一个较小的亮球。第一个球成了太阳，第二个球成了月亮。大海龟命令挖洞的动物在天上的两角挖洞，使太阳和月亮能够轮流升上来和落下去，这就是白天和晚上的形成。从天上落下来的女人在地球上安了家，她怀着双胞胎，一个叫特瓦思，一个叫特古斯，他们要求出生。这个女人找到她的母亲要求帮助，但是两个孩子突然从胳肢窝里冲出来，杀死了他们的母亲，两个男孩又健康又壮实，由外祖母抚养大。特古斯的习惯是工作一会休息一会，当他休息的时候，特瓦思就来破坏他兄弟作出的成就，长期以来这种斗争不停止，善良的力量创造了事物，邪恶的力量破坏了事物。这是一个典型的印第安神话，然而，从这个神话中我们可以看到：

(1)"击石取火"的方法和观念。中原文化有"钻木取火"之说，而在北方游牧民族之中"击石取火"却是最富有民族特色的传统文化，而印第安神话中岩石互相叮当撞击产生火花，收集这些火花构成太阳和月亮。这一点显然与北方古代游牧民族关于太阳发光和取火的方法有惊人的相同。如古代蒙古人就认为火是天地出现时产生的,"世界形成时诞生的——火神光荣扎呀!红光直接——蔚蓝的天空;热力透进——金黄的地层","击石取火"不但表现为一般的民族文化特征,更重要的是它与太阳光的来源有关,与民族气质有关。一方面是取火对象是石,在任何寒冷的时候都不会因温度太低而无法取火;一方面是取火之方式以锻炼、锤打而生火,这其实包含着游牧民族对自然事物的态度,对对立统一规律的朴素认识。"以火石为母,以火镰为父;以石头为母,以青铁为父"。[①]

(2) 关于"善"和"恶"的观念。在印第安神话中,"善"与"恶"是同原并行的,善的力量在创造,恶的力量在破坏,善和恶的出现意味着人在自然面前遭受的挫折与斗争的开始。而在古代北方游牧民族中善和恶不仅代表了两种地上的对立势力,而且,在天上善恶也分为两大对立的灵体,地上的善、恶斗争是天上善、恶斗争的继续,恶神化为恶魔为灾,善神化为英雄征魔,善神战胜恶神,同时也意味着光明战胜黑暗。在原始萨满教中的九十九天论中善神与恶神、光明与黑暗的斗争,英雄史诗中的巴特尔与蟒古思的斗争都生动地反映了这一观念。在这个神话母题中,印第安英雄克拉斯卡是善战胜恶的典型,世界虽然是由克拉斯卡和他的兄弟玛拉姆斯创造的,但克拉斯卡创造了平原、动物、植物和人类,而他的兄弟创造了岩石、丛林和有害的动物。从此,他俩展开了斗争,玛拉姆斯设计谋害其兄,但屡屡失败。最后,正义和善良终于战胜邪恶,克拉斯卡平平安安地完成了在大地母亲身上创造世界的使命。在古代鄂温克民族的萨满教宇

[①] 色道尔吉编译:《蒙古族历代文学作品选》,37页,呼和浩特,内蒙古人民出版社,1980。

起源论中就有兄弟二人创世的观念,其情节与兄弟二人各代表善和恶的思想几近相同。可以看出印第安人和古代北方游牧民族中都有发达的善恶观念以及反映这一观念的大量神话。

（3）关于日、月构成的传说。在印第安神话中日、月之光乃是击石之火,可见他们把光与火联系在一起,但无论对古代印第安人还是对古代北方游牧民族来说火并不意味着是一种物质,而是一个神,一个具有灵魂和感情的神,一个威力无比而又捉摸不定的神,太阳是火神的领地。在所有印第安人中都有崇拜太阳神的习惯和有关火的禁忌。在蒙古族"化铁出山"的传说中,弘吉剌惕部落的人患了足疾,是因为他们践踏火焰和炉灶所致。关于日神和月神的神话故事是在日、月形成神话之后产生的。

（4）关于宇宙的传说。印第安神话中反映的大地漂浮于宇宙瀛海和巨龟背上的观念,同操蒙古语族的民族的神话相差无几。卫拉特—卡尔梅克人的神话中就有这种神话,只不过在后来神话的高级形态中,融进了不少萨满和佛教的影响。

（三）自然崇拜——游牧民族的原始宗教意识

原始宗教是原始人类在生产力和思维能力低下、人与自然对立的情况下把自然力作为一种异己力量的产物。在人类还没有能力了解自然现象之间的联系,意识到自己和自然的对立之前,原始宗教是不可能产生的,只有在旧石器时代晚期和新石器时代开始人类才有了自然崇拜的痕迹,可在尼安德特人遗址墓葬,周口店"山顶洞人"墓葬中可见一斑。从主观方面看,如果没有长期的生产实践,思维能力不能相应提高,就不会发展对自然界各种变化原因进行思考,也不可能产生魂灵、神力等想法。而且,只有一个群体都对此有了共识,产生一致的心理作用,才能出现一定范围的原始宗教意识。其实,原始宗教是一种神圣的自然崇拜,是在自然崇拜中给自然对象加进了一些精灵、鬼魂的意识,而使其具有普遍性和权威性。当然，原始人崇拜自然，神化自然是出于支配自然的愿望，但其中也表现出人屈从、依附自然的宗教心理。

印第安人在自然崇拜和宗教意识方面是十分发达的，甚至在生产方式已经发展到一定高度，超越原始人对自然的直接依赖的关系的情况下，他们依然保持着原始宗教的崇拜观念，依然崇拜着那些精灵和鬼魂，这是一个十分令人奇怪的现象。在1万余年的历史发展中，他们的进化似乎是十分缓慢的，顽强地保持着祖先留给他们的生产方式和文化传统，以致在欧洲人进入北美洲以后的几百年间，他们的一切由于无法抵御先进的生产和异域文化的入侵而彻底消失了，留下来的只是个别和偶然的，或被研究家收集整理的。印第安社会的消失和文化的急剧衰亡，也向我们展示了另一种社会入侵的方式。由于印第安人的生活环境不同，生产方式各异，他们的自然崇拜对象也不同，靠山吃山、靠海吃海，原始人生活规律就是如此。在北部有爱斯基摩或因纽特人，他们是冰上狩猎者，有着非同寻常的文化，才能够使他们在极端恶劣的条件下生存下来。北部森林中是克瑞人，作为森林狩猎者，他们主要靠跟踪鹿、海獭和小动物为生。在美国东北部和加拿大东南部地区是易落魁人和乌瓦姆人，他们有了农业和非永久性村落，冬季是打猎的季节。再往南是温暖的地区，切洛基（cherokee）人有发达的农业和村落组织，部落间的往来和贸易特别多，他们的礼仪活动是与季节的变化和作物的生长相联系的。中部平原为混合经济，夏季妇女和儿童从事种植和采集，冬季成群的野牛为他们提供了丰富的食物。在太平洋沿岸的岩石山区和岛屿上住着以航海为专业的部落，有时也采集些浆果、根茎、树叶为食。可见，印第安文化是极其多样的，我们只有选择其典型的自然崇拜对象加以研究。

（1）对太阳的崇拜是最为普遍的，在印第安人中太阳神是力量与光明的象征，这与北方游牧民族把太阳作为最高的神是一致的。在这两个不同地域的人中普遍认为天比地高大，天上住着所的神即如地上住着活着的人一样，但神是不死的，所以叫"长生天"，而天上的主宰即是太阳。在印第安神话中一个完成了创世任务的英雄，他的去处就是向太阳升起的地方划去。天对于原始人来说，奇丽的日月星辰，可怕的风雨雷电的兴作都是神秘无比的，他们每天都在"天"下活动，所以顶礼膜拜以求天的理解与保佑。

（2）对火的崇拜在狩猎和游牧民族中似乎带有普遍性。利用火是原始人最初摆脱动物界的一个主要标志。人类最初怕火，对火产生了既敬仰又惧怕的心理，尤其在不理解自然火起因的情况下，又产生了一种极为神秘的火的生命的观念。所有的动物都惧怕火，有时天降大火而使人偶然获得烧熟的动物，更使人觉得火的不可思议和威力无比。当人们开始利用火并发展到人工取火的阶段，火的作用又具有原始宗教的意义。至今在北方游牧民族中敬火依然是一种普遍的习俗，人从火上跨过和用脚踏灭火都是严格禁止的，从别人燃起的火堆中借火种是有一定的规矩和禁忌的。印第安人把火作为一个有魂灵的神来崇拜，有些部族认为自己的祖先即是火神，有时火神对那些不尊重它的人的惩罚是十分严厉和可怕的，如火山喷发、森林大火，都是因为人对其它动物的不公和有意折磨而引起神界的愤怒造成的。

（3）对岩石的崇拜主要是对土地崇拜的一种转换，应该说是最早与人最亲近的恐怕就是石头了。从旧石器时代开始了人类就利用石头的坚硬来增强自己的力量，战胜野兽。在青铜出现以前，大量精美的石器几乎承担着所有原始生产所需要的工具，崇石也就可以理解了。特别是对狩猎和采集民族来说，石器具有更重要的意义和神圣力量，它决定着生存和获取。一些学者认为，崇石文化发展的后期即是岩画的出现。在北方游牧民族中"敖包祭"就是岩石崇拜的典型。在狩猎和游牧过程中，猎人和牧人常常捡些石头在路口、大树下、山顶或他们认为需要的地方，只要有人开始堆放石堆，后来者必然这样做，以示他们的崇拜心理，堆放的人多了，久而久之形成了"敖包"，猎人或牧人在经过"敖包"时都要祭拜。印第安人在15世纪欧洲人入侵前，绝大部分工具依然是石器，只不过更为发达和精美，在捕猎动物前，他们都要对自己的武器如石斧、石刀、石镞、石矛、弓等进行祭祀祈祷，使其在狩猎时发挥出其固有的神圣力量。这无疑是岩石崇拜的变体。

(4) 动物崇拜。在古代游牧和狩猎民族中对凶禽猛兽的崇拜是原始人自然宗教中的一个主要崇拜对象。动物崇拜往往与族源传统和图腾崇拜有关系，不少动物图腾即是由动物崇拜开始的，但一般动物崇拜都夹杂着神话的内容，所以，在历史演变中往往演变为某种禁忌或习俗。如蒙古语族对"白海青"的崇拜，最初，对这种猛禽的崇拜来源于它在"青天"中翱翔的本领和与"天"的如此接近亲密。其次是海青在蒙古人眼里是勇敢、凶猛、敏捷的象征。后来，白海青成了古代乞牙惕部落（成吉思汗诞生之部）的"苏勒德"——战神，而变得更加神圣和尊贵。在北方草原上雄鹰禁杀禁猎，而且往往由于饲养倍加珍视。人死后由鹰来啄食掉尸体是升天的最好途径。在一个印第安的古老神话"猎人与鹰"中反映了对鹰崇拜的由来。一个猎人擅长捕鹿，他有一个魔力能把鹿叫到牧场上来吃草，这样他就很容易用箭把鹿射死，但是他对此并不满足，他把鹰叫来对它们说，这儿的鹿肉新鲜，你们可以带走。鹰飞下来叼肉，他就把鹰射死，拔下鹰的羽毛。大家警告他，这是很危险的，会遭报应，但是他不予理会。有一天，他喊叫鹰的时候，一只巨大的鹰——鹰的母亲向他猛扑过来，他逃到一个掏空了树心的园木中。但是鹰的母亲连人带木头抓进鹰巢，幸运的是他带了一点干肉和皮条，当巨鹰再一次飞离巢穴寻找食物时，猎人用干肉引诱小鹰，用皮条系住小鹰的嘴。两天过去了，小鹰无法进食，最后巨鹰与猎人达成一项协议，猎人同意只捕杀鹿，不经神灵的允许，绝不杀鹰，猎人解开系在小鹰嘴上的皮条，巨鹰把他送回地上。后来，猎人的后代始终履行这个诺言，不管什么时候，他们捕杀一只鹿，总是由萨满把鹰叫来吃肉，并安全放归。除此以外，无论是古代北方游牧民族还是印第安人中都有对狼、熊崇拜的部落，后来对狼、熊的动物崇拜向图腾转化，但在动物崇拜阶段恐怕是在高纬度草原和森林中的狩猎生活使原始部落的人们看到了狼群的凶猛、团结、机敏和熊的庞大、力量和威力而感到惊惧，并试图模仿，继而产生崇拜。当然，在转化为狼图腾、熊图腾后其意义更加丰富了。

（四）图腾意识——物质生产对象在原始人意识中的留存

前边我们讲过图腾意识后于神话意识，因为，图腾崇拜的客体已从天上转到地上，而且，图腾崇拜的目的是为了维护和加强特定的社会组织，因而它只能是社会发展到一定阶段的产物。图腾一词原是美洲印第安鄂吉布瓦人的方言，意思是"我的亲属"。所以，在图腾观念中"亲属"意识应是最初的，而图腾祖先、图腾崇拜、图腾禁忌是社会进一步发展需要产生的。总之，图腾意识实质上是某一民族生活环境中物质生产对象特征的留存，图腾观念是由血缘民族向部落发展后才具有的图腾的一般意义，图腾意识所以存在了很长时间是因为图腾从观念上起着维护和加强一定社会组织的作用，因为，共同的地域和劳动对象确定了他们的共同起源。如图腾祖先，当人们能够区别人与动植物的差别及其联系后，图腾祖先已失去了其严肃的意义，但人们仍保留这一观念的原因是把图腾祖先当作了自己所在社会组织的保护神。在这个意义上，图腾祖先往往和图腾传说、禁忌联系在一起。

图腾崇拜并不是一切原始民族都有的，但大部分游牧民族都有动物图腾崇拜，这大概是因为图腾崇拜产生于以狩猎经济为主的时期，动物的重要性是显而易见的。但崇拜某一动物恐怕还得从实际功用和目的入手。因为，原始人是把观众与观念所代表的事物同一，把某一动物加以"认亲"便与该部落实际结盟起来。这一方面是因为某一动物对该部落的生存非常重要，另一方面可能是某一动物给人带来灾害通过认亲即可消灾避祸。如北方游牧民族中对鹿图腾的崇拜可能就是由于第一方面的原因，而对熊图腾的崇拜恐怕就是由于第二方面的原因。当然，图腾崇拜中所包括的神话因素显然是原始人出于了解和控制自然的幻想产物，这反过来加强了图腾崇拜的神圣意义。

鹿在整个阿尔泰山地区和黑龙江以北的古代游牧—狩猎民族中是极其重要的，从在上述地区出土的岩画和图腾祖先就充分证明了这一点。鹿对古代北方游牧民族来说是他们的重要衣食来源，人们对鹿的依赖性是可想而知的，因此，由北方岩画中形成的鲜明的"鹿石文化"其本质就是鹿崇拜意识的反映。在鄂温克族、鄂伦春族、赫哲族中用鹿骨头占卜，用鹿角作萨满头饰，以鹿形为主要装饰物形。特别是在赫哲族中有"跳鹿神"祭日，由萨满择日带队依次而起舞，为民族求福，以致在这些民族中形成了"鹿文化"。最典型的人文例子是《蒙古秘史》中记载的"苍狼与白鹿"相配而形成的蒙古族图腾祖先的观念，一方面说明崇拜狼和鹿图腾的两部落的联姻构成了一个更大的部落群体，另一方面说明狼和鹿在早期北方游牧民族的生活中有着极其重要的作用。对熊和鹰的图腾崇拜在北方游牧民族中也十分普遍，特别是关于熊的传说，在大兴安岭地区流传十分广泛。而熊图腾的地理分布基本在北美洲、东北亚区域以及日本北部库页岛，这些区域大多气候寒冷，森林茂密，不仅是熊最良好的生活环境，也是狩猎的理想环境。据岑家梧先生著《图腾艺术史》所述，熊图腾文化的最初发源地在东北亚区域的贝加尔湖地区，而北美印第安人中广泛流传的关于熊的传说和图腾意识可能就是其祖先迁徙到美洲时传达过去的,而在我国大兴安岭地带生活的鄂温克族、鄂伦春族其祖先也曾在贝加尔湖区域生活,因此,熊图腾的地理分布和有关熊崇拜的传说之间确实保持着一种联系。当这种联系由于历史的变迁,各个不同的民族在其自身发展中对各自文化的发展和丰富都各有不同。但是,不管怎么变化,如果源出一宗,必有可鉴之痕。

如北美印第安的萧克屯人有这样的传说:很久以前,他们的一个猎人进山,被一只熊掳走,原来她是一只雌熊,她要求猎人与她结合,并精心照顾猎人,不久生了许多男孩。时间过了很久,猎人怀念家中的妻子,熊允许猎人回家,但约定日子返回。猎人回到家后恢复了原来的生活,忘记了雌熊,过了几天,雌熊跑到猎人家里,咬死了猎人一家,独自回到洞穴,养育她与猎人所生的孩子,所以熊是萧克屯人的祖先。

鄂伦春族也有同样的传说:很久以前,有个猎人突然被一只母熊抓去,把他关在洞里,母熊每次外出都用大石将洞口堵严。几年后,母熊生了一个小熊。一天母熊领小熊外出觅食,忘了堵洞口,猎人乘机逃跑了,母熊同小熊归来,不见了猎人,便顺脚印追赶,追到猎人后,母熊劝猎人跟她回去,猎人拒绝,母熊盛怒之下将小熊撕成两半。这样,随母的一半便成了熊,随猎人的一半成了鄂伦春人。鄂温克族的长篇故事《不怕磨难的巴特尔桑》也有关于熊与人相亲而生子的生动描写,这些传说鲜明地反映了早期图腾崇拜意识的起源及其内在联系,为我们提供了印第安人熊图腾及其传说与东北亚狩猎民族的图腾及传说之间,存在某种关系的线索。

关于早期民间传说,由于数量巨大和种类繁多的民间传说在不同时代夹杂进不同的内容,而失去其最初的面貌,只有关于祖源传说、英雄传说还保留下一些原始的痕迹,我们仅就从这两方面进行了简单的论述。

　　如果说神话、早期宗教崇拜图腾意识比较鲜明、规范一些，那么民间传说则比较轻松、散乱和具有娱乐性。不过，关于族源和英雄的传说相对严肃一些。如印第安人中广泛流传的关于狼部落的女儿被熊人所诱惑而成为熊母亲的传说，在这个传说中还有一些关于诡计和熊精灵的神秘世界的有趣描述：

　　狼部落酋长的女儿桑达匹特公主同另外两名年轻妇女在山上采野果，不小心踩上了熊的大便，这使她大为生气，她说"熊是脏野兽，不留意我一个高贵妇女走在这里，好像是个什么人物"整天她都在嘟哝这些话，后来，她采满了浆果正准备回到独木舟上时，篮子突然折断了，她喊她的同伴，但没有回声，她就停下来用带子系紧篮子。这时，过来两个男人，有一个男人说："漂亮的姑娘，让我们来帮你拿篮子，给你领路。"她不认识这两个男人，但觉得他们很英俊，特别是那个当头的年轻人。桑达匹特没有注意他们走的路，他们并没有把她引向独木舟，而是引向深山。这是一条非常好走的路，他们一边笑一边聊天，不久来到一个村庄，他们在村中心的一所大房子前停下，年轻人进去让她留在门口，她听到一个很高的声音："你找到了你要找的人吗？""是的，她在外边"。"把她带进来，也许我看到了儿媳妇"。然后年轻的头儿出来喊："进来，我父亲要见你"。她进去，看到一个巨人靠后墙坐着，在他旁边坐着一个妇女，闭着眼睛。里面挂满了熊皮做的衣服，奴仆们像睡着了一样围成一圈，非常安静。熊王让奴仆铺席子，说："她必须坐在靠近我的地方……"，正当熊王和奴仆们说话时，桑达匹特感到有人捏了她一把："你有羊毛和肥肉吗？我是鼠女，如果你有羊毛和肥肉，我能帮助你，熊人抓你进来，是因为你今天踩着他们大便时侮辱了他们，所以熊王发怒，我会保护你的"。公主带着一些山羊肥肉用来擦脸，她把这些肥肉给了这个小老妇人，小老妇人就不见了。不久她回来对桑达匹特说:"当你到外头方便时,要挖一个洞把你的大便埋进去,然后把你的铜手镯放在上面,好像是你的大便。不要在意别人是否看见,但每次都要这样做,熊王子要娶你当老婆,当心你始终被监视着,所有这里的奴仆都是被引诱来的,因为人们像你一样侮辱了熊"。熊王邀请朋友们参加宴会欢迎公主,过了不多久,公主到外面树丛后大便,像前几次一样,便后用土把洞盖上,她把手镯弄碎放一块在上面。一直在监视她的熊走过来看到一块铜,感到惊讶不已,他们说:"看,她说我们大便脏是对的,她的大便是真正的铜"。他们把一块铜送到熊王那里。不久客人们逐渐来齐,熊王开始讲话,他对客人们说:"这是我的儿媳妇,不管什么时候你们看到她处于危险境地,你们都要保护她,她的孩子将是熊人的子孙"。然后;大碗装着的山羊肉拿了进来,这些东西是鼠女用桑达匹特给的化妆用的肥羊肉变出来的。从那日起公主就嫁给了熊,并在冬季怀了孕。但桑达匹特家里的人想念她,首领派人找到她掉篮子的地方并发现了大熊脚印,以为她被大熊咬死,他们四处猎熊以便找到她的尸体,因为熊绝不吃人。老萨满说:"她并没有死,会回来的,现在她离我们不远。"猎人们进山杀死许多熊但仍不见公主,熊人感到恐惧和生气,熊王子带着公主沿着危险而狭窄的路爬上山,远离猎人,不久公主生下一对双胞胎,两只小熊活泼可爱,长得很快。桑达匹特有三个兄弟,他们都外出寻找她,小弟弟和他的狗梅斯克决心要找到她,后来他们来到一个悬崖下面,梅斯克叫了起来,小弟弟意识到她就在近处,他要爬上绝壁。但熊王子在洞里看到了一切,他念了咒语,小弟弟感到疲劳不再往上爬。熊王子看上去很安静,但很不高兴,他告诉妻子:她弟弟和狗已发现他们并想杀死他,熊妈妈很悲伤,但她决心见到弟弟。有一天,她看到弟弟在下面的小路上,就扔下一个雪球,弟弟捡了起来,看到上面的手印,就让狗闻一闻,狗闻出是女主人,开始叫了起来,她的弟弟向上看到洞口有什么东西在动,于是坚定地向上爬。熊王子感到自己的末日将至,他说:"我没有希望了,不要让他们肢解我的尸体,当他们剥我的皮时,告诉他们烧我的骨头,我也许能继续帮助我的孩子,一旦我死后,他们将会变成人,变成有技能的猎人。"桑达匹特的弟弟爬上悬崖后,正如熊王子所料,把他用烟薰出来,用矛扎他,熊王子唱起了一首魔歌,希望桑达匹特和她的弟弟学会。他们答应熊王子请求把熊皮给他的岳父,由此他能得到好运。两只小熊跟随母亲和舅舅匆匆离开,到了他们外祖父村落,当他们进了酋长家门,脱下了熊皮外衣,变成了两个漂亮的男孩。后来魔歌和熊皮使酋长变得非常富有,两个男孩成了出色的猎手。他们的外祖父做了一个很高的竿子让他们爬上去,在竿子顶端他们看到从熊人和祖父家升起的炊烟。最后,他们的母亲桑达匹特老了,在她死后,他们离开了村落,穿上熊皮外套,进入森林,加入熊人部落。部落有了好运以后,他们提醒熊人他们都是亲戚,应该互相帮助。狼部落的人始终相信这个传说就曾发生在他们的村落。

　　这是一个美好的传说,在生动、详细还带些凄婉色彩的描绘中,我们能发现图腾传说在其中的作用。当然,其主要的形象描述已超过了图腾的水平,但它仍给我们一个深刻的印象,这是一个古老的生动的关于狼和熊部落的传说。类似题材的民间传说在东北亚游牧民族中间同样是十分丰富的。曾在古代北方草原上生活的高车人、丁零人、突厥人和匈奴人都极其尊崇狼,认为狼与自己的祖先有血缘关系。突厥人之所以没有灭种,得以生存和繁衍,认为是神狼的佑护。在《北史》卷99《突厥传》里记载着关于狼图腾的传说:"突厥者,其先居西海之右,独为部落,盖匈奴之别种也。姓阿史那氏,后为邻国所破,尽灭其族。有一儿,年且十岁,兵人见其小,不忍杀之,乃刖足,断其臂,弃草泽中。有牝狼以肉饵饲之,得长,与狼合,遂有孕焉。彼王闻此儿尚在，重遭杀之。使者见狼在侧，并欲杀狼，于是若有神物，投狼于西海之东，落高昌西北山。有洞穴，穴内有平壤茂草，周回数百里，四面俱山，狼匿其中，遂生十男，十男长，外托妻孕，其后，各为一姓，阿史那即其出，最贤，遂为君长，故牙白长头，以示不忘。"高车人也认为自己是狼的后裔。在匈奴单于收养乌孙昆莫的图腾传说中，不仅充分反映了乌孙人，而且也证明了匈奴人的狼图腾观念。随着社会的发展，这种图腾崇拜的神话就演变为一种民间传说，它的一般格式比如某一首领之子被弃、或战败被弃于荒野，由狼哺乳成人，后威力无比，杀魔降妖，成为英雄，部落由此繁盛壮大。从北方游牧部落对狼图腾的崇拜和传说看，主要原因是苍狼与天神有关，因为，狼的出现往往是天神的暗谕或天神使然，这种附合的结果是把图腾传说、自然崇拜和萨满教联合在一起了，巩固和加强了狼图腾的崇拜和传说。

另外一个原因恐怕是与游牧狩猎生活有关，因为在残酷的部落战争和艰难的自然环境面前，人们时时担心部落的灭亡和生命的丧失，于是，对狼的强大凶猛的力量的惊赞和对狼群团结协作精神的羡慕就实际地转化为一种图腾崇拜，既附会了狼所具有的力量和精神，又消除了对狼的恐惧和带来的灾害。总之，从狼图腾及传说看，这一普遍的传说带有其族源原有的特点和原始含义，已超出了偶然性的作用。

三、原始器形——符号意义的比较

历史记载的方式被局限在文字以后，其实更难以了解文字记载以前的历史，而文字以前的历史长久的多，我们现在只有通过器物形状来想象当时的情景。

承认文化区域的存在和不同区域文化间的相互影响并不十分困难,但承认北美印第安人和东北亚古代民族在物质文化形态上曾有过必然的联系,因而保留着一些相同或是发展趋势近似的地方却是一件十分困难的事。虽然,最确凿有力的证据是从考古学、地质学和人类学角度提出的,但应该说最具体的生动的存在依然是在物质文化领域,如我们生产和生活所必需的服装、居所、工具、日用品,以及更高一级的文化形态,如绘画、装饰、图腾符号等。物质文化领域十分广泛而又复杂,在大多数情况下我们很难确切地追寻到它们发展的轨迹,因为它们自身存在着一些特殊的发展规律。

首先,具体的物质文化形态的产生取决于当时的自然环境和生产方式。在人还被动地依赖自然条件时,自然生态环境的特殊性就起着决定性的作用。比如,寒冷的气候要求人们学会利用动物皮毛缝制服装。生活在湖泊、河流地带的人学会捕鱼和利用鱼皮及其它副产品制作用具。而森林地带的人在采集和利用树木搭建居住地方面是他们生活的主导,自然占居绝对优势。而这些生活在不同环境中的依从他们生产方式的主导因素的产生和发展是他们的文化需求,如捕猎蹄类动物的人就利用猛兽的牙齿来装饰他们的脖颈、头发;利用牛角、鹿角来装饰他们的头部和服装。而捕鱼的人就会利用鱼的牙齿、漂亮的贝壳做成串珠,利用鱼皮的自然花纹来装饰他们的用具。森林猎人利用树皮编织服装和日常用品,他们利用树枝来伪装的本领显然强于前两者。可见,自然生态环境不但对早期人类的生产和生活起决定作用,而且还决定着最初的物质文化形态。

其次,物质文化形态的发展除了传统的继承关系外,决定性因素仍然是生活环境和生产条件。我们比较容易理解在文化传统上的一脉相承,但实际上,决定文化形态发展的主要因素不是传统，而是生活环境和生产方式。因此，我们可以看到一种文化形态在原生地域的传统继承关系，却很难追寻离开原生地域的人们在文化形态上保持传统的形式部分。所谓"入乡随俗"表达的显然是一种物质决定因素和传统习俗之间的关系，正如东北亚古代民族在进入北极冻原和阿拉斯加雪原之后，他们的生产方式必然发生变化一样，他们的物质文化生活也必然为适应新的环境需要而发生变化。

如果一种物质文化形态离开了它的原发生地，它必然随着自然环境和生产条件的改变而发生变异或转型，那么民族迁徙的结果就是缓慢地失去原有民族的物质文化特征。这样的事例在世界民族发展史上是屡见不鲜的。但是，有一种东西却具有相对稳定的内在联系性，这就是积淀在物质文化遗存中的民族心理和思维特征。

（1）服装和住所

生活在阿拉斯加的因纽特人与生活在大兴安岭以北的游牧民族如鄂温克族、鄂伦春族和达斡尔族，在服装样式上十分相似，这大概是由于寒冷的气候使然。他们戴的皮帽子、皮手套和穿的斜对襟皮袄、鹿皮靴在样式和用料上近似，其主要功能和作用几乎一样。一个穿戴齐全的因纽特猎人和鄂伦族的春猎人十分相像。当然，细致的对比是十分必要的，但外观形式也往往告诉我们一些十分有价值的东西。

不少学者认为，在远东地区活动的早期人类是由渔猎采集逐步向游牧狩猎发展的，当然这个过程十分漫长，或许是几万年，而发展的原因除了需求的增加以外，气候依然是十分重要的因素，因为在该地区转向寒冷以后，人们必须学会利用兽皮御寒。在寒冷地区生活，穿什么样的衣服才能抵御严寒的侵袭是至关重要的，在人们确认亚洲人从东西伯利亚进入阿拉斯加后，遇到的第一个问题就是他们是否已经掌握了御寒的技能，这主要表现在服装上。

我们从 19 世纪考古学家们记录下的因纽特人的服装样式来看，大襟是普遍的，因为这样可以使正面封严，毛边高领束袖。这种服装的裁剪并不是我们通常想象的那样，而是把两块整皮分前后片叠在一起，根据大小从两边缝起，然后再缝接袖子，用套头的方法穿戴。在领口加缝一块皮毛。这种衣服一般下摆很长，特别是正面下摆的毛边很厚。它在缝制时是先用皮子包住压紧再缝合。对照我国东北的鄂温克族、鄂伦春族和西伯利亚东部的楚科奇人的服饰，我们发现这种传统样式是一样的，这肯定不是巧合，而只能是环境和传统的作用。

由于寒冷的缘故，两大陆在这一地区居住的人都离不开手套和靴子。他们的手套一般用鹿皮缝制，只分出一个拇指以便保持手不被冻僵，但这样有时妨碍劳动，这时他们一般多用牙齿来代替手指。由于长期使用牙齿来代替手指，史前阿拉斯加人和西伯利亚人都没有齿窝。他们的靴子一般制作精良，靴底用兽皮缝制，相当紧密厚实，以便在雪融化后不会浸入靴内。靴面一般用整块皮子制做，靴子的上部用美丽的动物纹、云卷纹和火焰纹装饰，靴口外加一圈皮毛。

北美印第安人与我国东北少数民族都信仰萨满教，萨满在宗教仪式中穿的服装也惊人的相似。首先在萨满服上标示鸟和星的图案，几乎完全一样，这大概和萨满信仰有关。在印第安萨满服上画有雷鸟和代表星的五角星饰，而在中国东北少数民族中，主要是蒙古族、鄂温克族、鄂伦春族、赫哲族，他们的萨满服饰也以鸟和星为主。其次萨满服上的穗饰，排列的顺序和数量都以他们崇拜的天和数字有关。第三萨满的帽饰主要标示出萨满的地位和主神。印第安萨满的帽饰比较复杂，各个部族和地区之间有很大差别，但就其作用和象征来说是一致的。北美印第安人由于居住的自然环境不同而划分为居住在森林、草原、沿海、山地等不同的部落。早期属于游猎的北部印第安人，用猛兽的牙齿和骨头制作串珠来做为服饰的一部分。这种装饰与古代蒙古人的作法是一致的。串珠使用的材料其价值并不在于贵重，而在于其象征意义，就如同现代人授予战斗英雄勋章一样，所以猛兽的牙齿和骨头被选为装饰的材料。后来用贵重的材料做装饰，是更为晚近的事情了。

在中国东北生活的鄂温克族、鄂伦春族和赫哲族中，有一种适应游猎生活需要而创造的房子，俗称"撮罗子"，鄂温克族和鄂伦春族又称为"仙人柱"或"斜仁柱"，意为遮住阳光的住所。"撮罗子"外形是圆锥体的伞状结构，用30到40根树杆搭成伞状骨架，高约3米左右。底部呈圆形，直径为3米左右。建筑骨架外表，夏天围长短不等缝合成长方形条状的薄桦树皮，在伞状骨架顶端留有气孔。冬天则在桦树皮上覆盖兽皮御寒，门上则挂兽皮挡风。搬迁时，只把覆盖在"撮罗子"骨架上的桦树皮和兽皮卷走，骨架就不要了，因为在新地点也很容易找到树杆。赫哲族有时也用茅草和树枝苫盖在桦树皮上。"撮罗子"可以说是古代北方少数民族早期的建筑形式之一。当以天然洞穴为居所的原始人类因追逐野兽而不得不离开洞穴，而又不能找到其它洞穴用以栖息时，"撮罗子"就可能产生了。因为它的建筑特点和风格最适合游猎生活。生活在北美大草原和森林中的印第安人所使用的传统住所"梯匹"与"撮罗子"在结构特点和建筑风格上是相似的，区别是印第安人的"梯匹"用华丽粗放的鹿皮纹等装饰起来。

一个加拿大印第安人组织的"寻根"代表团，把东北亚少数民族的"仙人柱"与他们帐篷的相似处看作为同根的证据之一。我们并不简单地作出这样的结论，但可以肯定它们之间存在着渊源关系。

为了更清楚地说明这种关系，我们把"撮罗子"与蒙古族、哈萨克族、克尔克孜族等游牧民族所特有的建筑——毡房进行比较，可以得出这样的结论：一是它们显然是从原始狩猎经济向原始游牧经济转化的产物；二是从建筑形式上看，毡房的结构比"撮罗子"的直杆交搭形式有很大进步，是否可以认为"撮罗子"是毡房的早期形式，因为在他们之间的联系和交往是肯定存在的，如果这种渊源关系成立，那么这种比较和印证也就是合理的了。

（2）生产和生活用具

生产和生活用具一般变化比较大，因为随着生产力的提高和生产方式的改变，生产工具和生活用品也会发生或快或慢的变化，但一些重要的工具，如船和弓箭，以及一些木制品和编织物在传统工艺和传统风俗上具有一定的继承性。

东北亚生活在江湖边的古代民族用桦树皮造船是一种创造发明。桦树皮船呈长方形，平底，两端呈尖状，两端底面呈弧形，俯视船体如布梭。船身一般长3米到6米不等，宽可达80厘米，高约60厘米，多用柳木和桦木做骨架，外面用缝合好的桦树皮包镶。桦树皮船轻便耐用，浮力大，不用时可将船沉入岸边浅水中，以防干裂。因船体轻便，一人便可背来背去，非常适合游猎生产的需要。这种桦树皮双桨船与印第安人制作的双桨船十分相像。此外，一些用桦树皮制做的工艺品和编织物，在用途、造形和手法上，北美印第安人与东北亚狩猎民族之间有一定的相似性。如鄂伦春人的桦树皮盒、桦树皮包和上面刻画的一些动物、植物图案与生活在森林地区的印第安人制做的这类物品就比较相像。

北美印第安人在诱捕动物的方式和使用的工具上与东北亚游牧民族也有相似的地方，这或许是由于劳动对象和劳动目的的相同造成的。不过，我们发现在捕杀和食用图腾崇拜的动物时，他们的习俗和禁忌也十分相似。这使我们想到这一古老的禁忌和方式是否与同一动物图腾部落有关？现在，考古发现一再证明我们对人类文明的起点估计太晚，我们是否可以设想原始部落时期的存在历史远比我们估计的要长，那么同一图腾部落的人跨越白令陆桥迁徙至北美就是可能的了。因为，以往我们在这个问题上遇到的困难是：1万多年前原始人类处在新旧石器交替时期，没有充分的证据证明原始宗教或图腾崇拜已经产生和具有广泛的影响。因而这类推测的可靠性受到普遍怀疑。但是，的确又有许多历史事实和考古发现证明我们过去的结论偏于保守。我们举一个典型的例子。东北亚地区许多少数民族对熊的崇拜意识和有关熊的传说十分发达。这和生活在阿拉斯加沿海地区的印第安人的情形十分相象。在他们的神话传说中，熊被称为"熊妈妈"，因为这个传说讲述了他们怎样成为熊的后代。而这个传说与鄂伦春族和达斡尔族中流传的关于熊的故事基本上是一样的。更为有趣的是他们所描绘的熊，连形象也相同。无论如何，这绝不仅仅是巧合，而有可能说明他们之间有过某种联系或受同一族源文化的影响。

北美印第安人在马具的制作和装饰上与东北亚游牧民族的马具也很相似，特别是马鞍上的一些雕刻和装饰图案都是具有鲜明的象征意义的图形。这些装饰图案只有相同或相近的自然环境文化传统以及生活习俗才可能有的。当然，特定的使用目的自然地选择了最优方式，这一点在结构上反映最突出，但云卷纹、梅花纹、兽形纹由于其特定的含义而具有相对稳定的文化意义。

(3) 装饰图案

装饰图案无论如何是较为晚近的文化遗存，因为在人们为了装饰目的之前，已经经历了漫长的实用的或原始宗教的功利目的阶段。但是装饰图案又是最稳定和最切近的文化遗存，因为一个有代表性的装饰图案往往是一个部族或民族经过漫长的历史发展，由纯功利目的向形式化演化的结果，而在达到形式化以后，这种典型的图案将稳定下来，并横向扩展。装饰图案与人的日常生活联系密切，在服饰、工具、器皿等方面都有广泛的应用，我们可以通过这些装饰图案的对比和演化来判定他们的发生和发展。

云卷图案：云卷纹是信仰萨满教的游牧民族普遍使用的装饰性图案。在游牧民族的原始宗教中，太阳和天往往是至高无尚的，由此将漂行在天空中的云朵视为神圣的东西，而且变化莫测、美丽无比。这样的云彩理所当然地被人们所珍视，而作为装饰性的图案。我们在他们的服饰、雕刻、纹饰中发现了大量云卷纹或变形的云纹。在西伯利亚和远东生活的游牧民族，他们的皮袍的襟边和袖口都绣有云卷纹，而阿拉斯加的因纽特人把云纹作为服饰图案也是十分常见的。即使在今天，纯粹形式化的云卷纹饰依然在印第安人的工艺品和服饰中大量出现。像这类显而易见的装饰图案的相似性，应该说它们一方面表现了早期宗教信仰的相同，另一方面也证明了生活在寒带游牧民族审美心理的共同来源。

飞鸟纹：我们从蒙古戈壁岩画、阿尔泰岩画、阴山岩画中发现很多构图近似的具象性飞鸟图案，它发展到后来就是带有某种共性的飞鸟纹，主要用在服饰、头饰、器具和一些实用雕刻作品中。在一些印第安人制造的服饰、头饰、器皿和雕刻作品中，我们也发现了构图相近的飞鸟纹。飞鸟纹的变形种类很多，使用也十分广泛。纯形式化的飞鸟纹在民族纹饰中具有较高的审美价值。

火焰纹：世界上很多民族都有火崇拜的习俗，因为火不仅能够驱散寒冷，带来温暖，而且除了人能够控制和利用火以外，其它动物都惧怕火。这无疑使火具有巨大的、人格化的力量。同时，火可以保存，可以延续，飘忽不定，这更增加了火的神秘性。因此火陷纹就成为一种重要的装饰图案。它一般用在马具、器皿和一些特殊装饰用具上，比如蒙古靴上。而生活在北美的印第安狩猎部族中，对火焰纹也十分偏好。

星饰：在一些萨满服装和祭祀用具中，星饰十分普遍，而且具有严肃的宗教意义。我们发现这类星饰在东北亚民族和北美印第安人的萨满巫师的服装和用具中普遍存在，格式和构图基本相同。而且在不同的部位、星饰的大小、位置都有一定讲究。星饰的形状大概有两个意思，一个是表示他们所崇拜的神在天上的位置或他自己的神位，一个是象征天空和星位。这种带有原始崇拜性质的装饰图案，一般都具有较为严肃的规范性和继承性，因而，比较鲜明地代表了不同地域文化间的某种联系。

从以上列出的物质文化方面存在的相近或可能的联系中，我们感到这些存在领域都和游牧狩猎生产活动相联系，离开这一范围，我们很难明确地指出他们之间的渊源关系。从对云卷纹、鸟纹、星饰等装饰图案来看，他们的祖先都属于游牧狩猎民族，由于共同的生产生活方式，造就了他们特有的文化传统。我们在这里只是粗略地列出了属于物质文化方面的几个项目，而对其内在包含的意义以及异同的详尽对比，未能进一步深入展开。

第十三章 通天巨神——萨满

宗教的意义是让人们产生心灵畏惧，一些人控制宗教仪式，正如可以控制畏惧一样。这是一种高级思维活动，与人类自身精神活动发展有密切关系。简单地把宗教看作是与你无关的事情，显然是一种集体反抗，就每个个体而言，生死本身就包含非常神秘的宗教意义。

一、梦幻——蒙古萨满和印第安萨满

萨满是一种原始宗教，在蒙古人中又称为"博"。历史上，萨满在蒙古人和印第安人走向文明的过程中，曾经起着重要的作用，是他们各自表达自己的世界观、人生观和价值观的最早的形式，是产生歌唱、舞蹈、绘画、塑雕、诗歌、神话的摇篮。萨满既然是一种原始宗教，显然充满了各种神秘的观念和虚幻的内容；然而作为一种文化现象，又是五彩缤纷、魅力无穷的。我们在这里不是从宗教角度研究它们各自的内涵和深层的历史背景，而是从文化角度展示它们的多样性，描述它们的异同。

蒙古萨满和印第安萨满的界定是相同的，它们同属于泛神主义，大自然崇拜、动物崇拜、植物崇拜、图腾崇拜、祖先崇拜同时并存，相互交织。但是，由于他们是根据各自所处的自然环境、社会环境以及他们自己的生活方式和需要来想象和虚构的神灵世界，把自己的本质和心理状态附加给神灵，并且各自规定了一套对神灵崇拜的仪式来表现人与神灵之间的关系，因此形式又是多种多样，千差万别的。虽然有证据表明，印第安人的祖先是蒙古人种，一万多年以前由亚洲东北部迁徙到美洲大陆，但是印第安人自己并不同意这种看法，他们认为自己是在美洲大陆土生土长的，正如他们的长辈们所持有的观点，他们始终属于大地的一个独立组成部分，始终生活在美洲大陆。对此我们毫不感到奇怪，因为经历了几千年的变化，现在的印第安人与他们迁徙来的祖先已经有很大的差别。他们已形成数百个不同的部族和上千种土语。由于他们所在大陆的环境不同和居住年代的久远，我们面前呈现的是语言、文化、信仰多样性的彩色图景。

蒙古人在成吉思汗的领导下，把各部族联合起来，形成统一的民族，有共同的语言和强有力的统治机构。蒙古萨满在这个时期处于鼎盛时期，有着很高的地位，对社会各个方面有着重要的影响。成吉思汗信仰和尊崇萨满，每当他率兵出征，都要请萨满占卜吉凶，获得胜利后也由萨满来主持庆贺祭典。蒙古萨满有统一的组织领导体系，祭祀、崇拜、祈祷、赞颂等仪典比较规范划一。蒙古萨满的医术也得到长足的发展，并能吸收外来的文化，代代相传。但是后来由于藏传佛教的传入和扩散，蒙古萨满逐渐衰落。到了16世纪中期，蒙古统治者制定了《卫拉特法典》，宣布萨满为非法，许多萨满被活活烧死，幸存下来的萨满也不敢公开活动，退缩到了穷乡僻壤。

印第安人不同于蒙古人，他们在历史上没有出现过一个领袖能把各部族统一起来，没有共同的语言，各部族之间的社会联系很少，甚至不能联合起来抵抗白人的扩张。因此，印第安萨满是各自为战的，可以说有多少个印第安部族就有多少种类印第安萨满。有的部族的萨满是个体行为，有的部族的萨满是有组织的社会行为；有的部族的萨满要经过传授和训练，有的部族的萨满不经过传授和训练，单纯依靠肉体剥夺痛苦的磨炼；有的部族的萨满有比较规范的歌唱、舞蹈、祭祀内容和动作，有的部族的萨满则没有规范的内容和动作，单纯靠临场发挥；有的部族的萨满依赖于初始梦幻，有的部族的萨满依赖于象征确认的联想，如此等等，各不相同，有的甚至在观念上是相互抵触的。我们不能把各不相同的东西装在一个统一的模式中。

无论是蒙古萨满还是印第安萨满，都企图把自己周围的生存空间与外部世界分离开，把现实世界与梦幻世界分离开，创造出一个远离周围生存空间的外部世界和远离现实世界的微缩型的梦幻世界，并按照梦幻世界的模式来指导现实世界，把梦幻世界编织进现实世界中去。梦幻和对梦幻的诠释是萨满信仰体系的特有现象，而且处于核心的地位，萨满通过梦幻进入奇妙的神灵世界，体验无限的冥想和希望，表达对神灵的诚服和敬畏，建立人和神的联系，最终获得神的启谕和力量，通过对梦幻的诠释，来说明各种自然现象和社会现象，说明宇宙的起源和人类及其本部族的起源，说明未来的变化和占卜吉凶，解答人们提出的各种问题和要求。可以说，梦幻是萨满联结人和神的中介，是使人神化的桥梁。

布里亚特的蒙古萨满认为人体有 6 个灵魂，在睡梦中或在病中的短时间内，第 2 个灵魂会离开人体，变成一只蜜蜂，有时候人们能够看到。一个人得了相思病或者特别想念亲人，这个灵魂可能会离开人体更长一些时候。在萨满治病的过程中，这个失去了的灵魂又会回到人体。内蒙古自治区科尔沁地区的蒙古萨满认为，灵魂有三个部分，其中一个部分会离开人体出现在亲人的睡梦中。有些蒙古萨满把睡梦同黑暗和虚弱联系起来，认为那里是地狱，是鬼神统治的地方，如同德国神话中的金冠鬼王。舒伯特的一首歌曲描述了鬼王诱拐儿童灵魂的故事，两者有相似之处，难怪瑞士心理学家古斯塔夫说人类意念范式也许植根于中亚。

印第安萨满也同蒙古萨满一样，通过梦幻获得拯救灵魂和治疗疾病的神谕。梦幻可以分成两种：一种是自然形成的，可以说是初始梦幻；另一种是通过祈求反复多次出现的梦幻。不管哪一种梦幻，它都是萨满宗教行为的根本出发点。许多北美印第安部族对于睡梦、幻觉、死亡、人事不省不做语言上的区别。从文化上来讲，这是可能的，因为这些状态都是处于一种无意识的状态，是可以互相交替的。克瓦吉托部族有一个故事，说他们中有一个人在冬季的暴风雪中因病死亡，他的身体躺在雪中，没有被埋葬，后来他被咆哮的狼群所包围，领头狼假扮萨满出现在他面前，把他领到一个地方，洽好了他的病，领头狼要他加入他们一伙。早晨，他醒了过来，发现自己完全恢复了健康，以后就从事萨满活动。在叙述中，他们对于这个人是死了还是人事不省，是做梦还是幻觉，一般不做什么区分。在他们看来，梦幻与现实是没有什么区别的，现实中的事情并不比梦幻中的事情更重要。他们把宗教活动与日常生活揉合在一起了。

但是，奥格拉拉部族与此不同。他们的一个萨满叫彼得·凯切士，经常参加和指导部族一年一度的太阳舞。他明确地把幻觉与睡梦区分开。他说："幻觉不是睡梦。你晚上躺在床上，始终想着一件事情，比方说想着一辆汽车，冥思苦想，那么你做梦就会做一个与汽车有关的梦。幻觉不是这样，不管你想不想某件事情，比方说汽车、马或其他什么东西，你注视着前方，突然有一个图景在你面前出现，这是幻觉。"彼得的描述与内蒙古自治区通辽的一个年轻萨满的描述是吻合的，他经历的是一种幻觉或幻影。奥格拉拉部族的人要想成为萨满，必须参加太阳舞。通过舞蹈的旋律获得一种特殊的梦幻。这种梦幻必须是反复出现的，梦见自己亲属或祖先的幽灵或幻影，梦见野牛、鹰、熊等动物的精灵。做梦的人开始不能把梦境告诉其他人，因为在梦中请求神示需要不屈不挠，也需要对部族负责。最后获得梦幻的人去找萨满，请求成为萨满的徒弟，学习舞蹈和其它的求神活动。如果做梦的人不理会梦境的示意，将会带来危险、疾病甚至死亡。如果做梦的人按照梦境的示意去做，那么他就可以获得他想要获得的大地、神灵赐予的强大力量。

在奈弗欧部族中，一个人是否成为萨满，并不由梦幻决定，而是由选择决定。跳太阳舞引起的幻觉和由造物主赐予的梦幻并不成为选择职业的依据。梦幻的作用主要是预见。奈弗欧人说："梦幻非常重要，因为他预先告诉你一些事情。白人对此不予理会，而我们是严肃对待它的。比如说我的一个亲戚或朋友死了，我梦见了他，看到他的身体很健康，能够到处走动。这就警告我：他的鬼魂已经来到我身边，将会影响我的生存，我需要祈祷。"奈弗欧人对梦幻的解释遵循他们自己的传统，并不把它同初始的梦联系在一起。

不论是蒙古萨满还是印第安萨满，他们在梦幻中出现的神灵不外乎三类：一类是祖先神，一类是动物神，一类是创世神。内蒙古自治区科尔沁地区的蒙古萨满的祖先神有成吉思汗、吉雅其（相传是一位精明的牧马奴的灵魂，是保护牲畜的神）、宝木勒（萨满的祖师）等，此外每个家族都有自己的祖先神，都能帮助活着的人消除疾病，抗拒灾害。动物神有虎、熊、狼、羚羊、种公羊、鹰、天鹅、蜜蜂等20多种，都能进入萨满的梦幻中。创世神有天神、火神，是创造和主宰万物的。在蒙古帝国时期的档案中，有关于梦的记载，列举了对各种梦幻的解释，曾经保存在一些世袭贵族的藏书中。到了16世纪，藏传佛教广泛传播，这些书与佛经相抵触而遭到破坏。印第安萨满的创世神，有的是神话传说中的英雄，有的是萨满创造出来的某种形象，由部族成员相互传告，得到部族的共同认可。信仰萨满的人会在梦幻中出现这样的创世神形象。但是，他们一般不告诉外界，他们认为叙述创世神的特殊能力会减弱创世神的能力。白令海峡地区传说大海的母亲"赛娜"具有非凡的力量，许多萨满在梦幻中出现"赛娜"的形象，他们通过给"赛娜"做事而得到好的回报。有一名萨满在梦中遇见"赛娜",给她梳理长长的头发,作为回报,她赋予这名萨满以治病的医术。有些印第安萨满对于祖先神与动物神不作区分,因为他们认为自己部族的祖先就是某一类动物。奥格拉拉的狼部族认为狼是他们的祖先,萨满如果梦见狼,就会给他带来治疗和护理伤员的能力。印第安萨满对动物神有不同的解释和不同的对待。美国西南部的奈弗欧部族的萨满认为,熊、山狗、豪猪、鹰和蛇是最危险的动物,给人们带来灾难和疾病。此外还有"山狗人",是一种恶人,能进入受害者的梦中,并以山狗、狼、熊、猫头鹰、乌鸦、狐狸的面貌出现去做各种坏事。但是,当地的萨满在给人治病时,又把自己装扮成这些动物,这在观念上是相互冲突的。蒙古萨满认为,动物神既会伤害人又会给人治病,如萨满在梦中遇见蛇神,就会获得接骨的能力。他们说动物神只有在受到骚扰时才会给人们带来麻烦。

蒙古萨满和印第安萨满在治病中有时会预先梦见病人。这种梦幻会提供病人的情况和要求。他们对梦中出现的这种相互关系非常重视,甚至认为这种相互关系是超自然的实体,构建了神灵世界和自然世界的关系。从泛神主义观点看,梦幻具有强大的魔力,任何逃避、破坏、暴力都不能改变命运,只有通过宽容和祈求才能顺利达到目的。

由于受外来文化的影响,蒙古萨满和印第安萨满在梦幻出现的形象上也发生了一些变化。蒙古萨满受着佛教和汉族萨满的强烈影响,传统的蒙古萨满神"昂公"几乎消失,出现了汉族萨满的动物精灵,如黄鼠狼。这种动物在汉族萨满的梦幻中代表一种消极的力量,是引起疾病,特别是引起精神病的原因。但是在19世纪以前,蒙古萨满用这种动物的皮毛装饰他们的衣服,那个时候黄鼠狼也许代表了积极力量。现在内蒙古自治区西部地区的蒙古萨满,对黄鼠狼与积极力量相联系的认同已经很少,他们受佛教的影响,认为只有假萨满和妖精才会与黄鼠狼为伍。

阿拉斯加的因纽特人有许多已经基督教化，但他们仍然保留着象征主义的文化和传统的节假日。萨满的梦幻出现了传统文化与现代文化的结合，改变了因纽特人世界观的内部图景。这种结合包含以受黑人文化影响的人权主义。因纽特一名叫安尼的女萨满说："我在1988年做过一个梦，梦见马丁·路德金。我们在一个老镇上，我看见马丁·路德金的脸出现在天窗。好像在说什么，然后转向了上帝。"安尼的眼睛流露出深情的回忆，说话声音变得十分柔和。在此之前，因纽特人描述过这类梦幻，只不过天窗上出现的人物不同而已。"我们一群人坐在黑暗的房子里，听见神从房子的天窗上飞过。听到他在房顶讲话，静默了一会儿，听见他返回。神有他自己的境界"。

泛神主义与现代史是各不相同的研究对象，不能互相混合或替代，然而在萨满的梦幻中却把两者混合在一起了。不管什么东西，只要他们认为能在信徒中起作用，具有一定的象征性的威力，都给予认同。这大概是现代泛神主义的信条。上述人类学角度的写实性记录，是对蒙古萨满与印第安萨满关于梦幻的对照和比较，许多实例虽然发生在当今，但具有传统代表性。

二、关于蒙古萨满和印第安萨满的礼仪

萨满教不是立足于理性的思辩和逻辑的推断，而是立足于对虚幻的神的超越性的信仰。萨满教没有纯理论的思想和观念，而只有象征性的操作行为，通过简单的形象和动作来表达信仰。因此，萨满礼仪是萨满教的一个重要因素，是萨满信仰的行为表现。萨满教通过一系列被普遍化和定型化的礼仪，与信奉者发生交感，使信奉者诚服、敬畏，得到精神上的某种满足。

蒙古萨满每年七月七日都要祭天，由一名萨满主祭，三、四

名萨满陪祭。一般在院子里按方位插上九色旗,中间摆供桌,放上宰杀的羊,供桌前点燃牛粪火。主祭身穿萨满服,手持单鼓,领头跪下,连磕九九八十一个头,表示对天的敬仰,然后呼请天神:

"蓝色的天啊,
顺着天边下来吧,
主持你的公道,
为百姓解除灾难。"

上供的羊煮熟后,再由主祭领唱,众人合唱,指着羊的各个部位,请天享用,最后由大家分享供品。

大多数北美印第安部族都举行太阳舞仪典。太阳舞场地的中心,竖立一根竿子,代表伟大的神灵太阳和水,中心竿上挂着野牛的头盖骨,使仪典充满神秘的气氛。仪典的目的是寻求太阳神和水神的帮助,降福于民众。参加仪典的人不能进食也不能喝水,表达他们正经受着酷热和饥渴的煎熬。参加者要把自己的灵魂与神融合在一起,祈求神"干湿两分",然后通过对立的综合获得拯救民众的力量。萨满不时地跳跃在舞蹈者中间,鼓励舞蹈者达到他们获取力量成为神人的目的,同时也是为了祈求给他们部族成员治病,不断地保持部族的和睦统一。他们认为和睦统一是部族的一种集体力量,太阳舞还是培训萨满的一个途径,一名妇女要想成为萨满,首先要参加跳舞,在狂舞中去应验反复出现的梦幻,获得神灵的教诲。现今,太阳舞在美国很盛行,并掺杂进一些基督教的成份,出现耶稣和圣母玛利亚的形象,成为一种多教混合的仪典。但是奈弗欧部族抵制这种变化,他们的太阳舞保留了传统的形式。奥格拉拉的太阳舞吸收了犹特太阳舞的某些形式,使其更加完整和更富于传统,更少带有基督教的象征意义。事实上,这种宗教仪式的继续和强化,是印第安人对来自白人社会的压迫和剥夺的一种反抗,带有争取民权的强烈色彩。

祭天和太阳舞仪典同属于大自然崇拜。大自然既能给他们带来幸福，又能给他们带来灾难。他们解释不了大自然的力量，以为大自然有同人一样的需求和喜怒哀乐，于是企图通过祭祀，表达他们对大自然的崇敬，讨好大自然，影响大自然的意志，使之多赐福、少降灾。蒙古萨满的祭天和印第安萨满的太阳舞仪典规模比较大，参加人数比较多。除此之外，还有许多小型的祭祀活动。蒙古萨满应某个家庭之邀，前往治病驱魔，举行跳神仪式是最具代表性的一类。

蒙古萨满的动物崇拜是很盛行的，在跳神仪式中，他们的歌舞从视觉和听觉上的表现都和描述的动物，如虎、熊、狼、种公羊、鹰、蜜蜂等动物和昆虫有关。萨满被动物精灵所附身，跳出了这些动物的形象和动作。蒙古族使用的乐器和萨满鼓上，也雕刻或画着马、骆驼、鸟、龙等动物的形象。蒙古族传统的摔跤比赛中，有飞鹰的舞蹈动作。蒙古族史诗《蒙古秘史》记载了成吉思汗的祖先和男亲戚，以及他的功绩。这本口授历史著作是以描述一只青灰狼与一只母鹿的私通为开端的。青灰狼还是成吉思汗弟弟家系包尔沁部族的象征。

与蒙古萨满的动物崇拜相似，北美印第安人也广泛使用动物作为他们部族的象征。在大多数北美印第安部族中，把鹰作为创世者的神圣象征。他们举行鹰宗教仪式，跳鹰舞。舞蹈者的服饰、动作，以及投射在地上的影子，都代表了翱翔的鹰。在他们看来，鹰是上苍派来的信使。鹰的羽毛在治疗中用来清除负面影响。舞蹈者装饰的羽毛和用鹰翅、鹰尾做的扇子，都会给他们增添力量。他们还使用鹰骨，在不同的舞蹈过程中，发出嘘嘘的声音。如果这种嘘嘘声发自萨满，那么其作用会更好。他们认为，鹰身上的东西，包括羽毛在内，对于萨满掌握力量或把力量传递给其他舞蹈者和观众方面，是有效力的。无独有偶的是：卡拉克西部族的萨满，也把他们的鼓作为马的象征。平原地区的印第安各部族，把白色的动物看作是神灵的象征，并且与萨满的祖先联系在一起。奈弗欧部族的创世神话中出现过太阳的光辉形象："穿着白色服装，骑着一匹带有白笼头的白马。"他使一名会变化的妇女受孕，这名美丽的妇女是白色的小野牛。她把有关烟草的知识、治病的方法传授给奥格拉拉苏兹人。她经常把自己变成一头白色的野牛，出现在萨满的仪式中。许多故事讲述了她以英雄和恶棍的双重面貌出现所做的事情。如果有人得罪了她，就会遭到她的惩罚。克瓦吉托部族把他们的创世神话雕刻在图腾柱上。这种高大的图腾柱作为纪念物，以可视的形象竖立在北美西北沿岸他们居住的村庄里。图腾柱带有另外的含意，它表示萨满的"宇宙轴心"、"世界中心"和"生命之树"的观念。

蒙古萨满崇拜火，有祭火的仪式，在火盆中点燃树枝，向火中洒酒、奶油等，并献上传统的奶制品，唱道："沃都格勒额合（火神母）啊，我们向你献上纯洁的奶油，敬上香甜的奶酒。"按照蒙古人的习俗，小儿子继承父亲的遗产，首先是继承父亲家的火——火盆、火灶。他们认为火与天地、祖先紧密联系在一起。印第安奥格拉拉部族把火炉放在住所的中心部位，代表创世的中心力量。他们从明尼苏达迁移到平原之前，是一个自称是"七个火炉人"部族的成员。"七个火炉人"这个名字表明这个部族是与火崇拜相联系的。

在蒙古萨满的信仰体系中，父亲上苍和母亲大地是创世的主力，具有管理和统治所有神和精灵的至高无上的权威，其他所有神和精灵位居上苍的99层和大地的77层。这种信仰体系与蒙古帝国的思想体系是相联系的。成吉思汗被宣布为上苍的儿子，这标志着他自己已经达到社会结构的最高层。在上苍的99层主神中，白色诸神代表西方有序的力量，黑色诸神代表东方可怕的或无序的力量。成吉思汗把包尔沁部族的神灵提升到很高的地位，这些不同于部族等级的55个白和44个黑依次位于较低级的神和普通死亡萨满灵魂之上。他们是各类"昂公"（萨满祖先、动物精灵），负责看守森林、河流和山脉。处于最低级的神灵是非人神灵，称为无名神灵。这些神灵与所有无序的力量一样是黑色的，归属于东方。

　　北美印第安萨满也有类似蒙古萨满的信仰体系，但是由于印第安人没有象成吉思汗那样强有力的领袖去统一整个民族，因此他们的信仰体系比较简单，等级划分并不严格，很少与社会结构相对应。这与社会发展的程度、阶段、水平不同有着内在的联系。在奥格拉拉部族的神话中，叙述了有关宇宙的诞生、时空的确立、奥格拉拉的起源、7这个神圣数字的来源。他们认为，天地是各自独立的，又是互不可分的，天地两种权威力量的结合，创造了宇宙。他们崇拜动物神灵，把他们看成是精神领域的导师。伟大的神灵不是拟人化的，而是许多自然力量。超自然的存在和形象。他们被分为四个一组存在于16个群体中。第一组是"长上"，第二组是"长上的朋友"，第三组是"次强者"，第四组是那些与次强者相似的力量。除此之外，还有力量较小的超自然神灵的存在。有害的神灵寄住在陆地、森林、水和帐篷中。这些神灵必须通过适当的萨满仪式加以调和和劝解。

　　萨满的信仰体系与生产方式、生活方式和自然环境有着紧密的联系，狩猎部族、游牧部族、渔猎部族、采集部族、农业部族都有各不相同的神灵世界。奈弗欧部族的创世神话叙述了遥远过去的一次长途迁徙。他们迁移到一个新的地方后，原来的英雄、鬼怪、神灵逐渐消失或改变了位置，太阳人、蜘蛛女、多变女、水生孩和鬼怪杀手得到了象征确认，神灵世界重新作了安排。这说明信仰与环境也有一个适应的问题。现今的萨满礼仪随着社会的发展和时代的进步，已经发生了微妙的变化，除了保留有传统的东西以外，渗透进带有时代特征的东西。我们把这种变化概括为形式化、都市化和社会化三个方面。

形式化是指现今的萨满礼仪已不再具有宗教的意义，而成为一种职业的操作行为和供人们观赏的艺术形式。如蒙古萨满的治疗虽然仍保留着神秘的宗教色彩和象征性的操作行为，但主要是手技和气功在治疗中起实质性的作用。萨满仪式退居次要地位，只起一种烘托治疗气氛的作用。萨满歌舞经过改造，配以各种现代乐器的伴奏，搬上了舞台，成为人们喜闻乐见的艺术形式，如内蒙古自治区流行的安代舞、太平鼓舞等等。

都市化是指随着都市的繁荣和发展，原来植根于穷乡僻壤的萨满礼仪开始进入都市，像基督教一样有了它自己的组织和活动场所。现在美国的一些城市中的世界主义中心，都有印第安萨满的活动，洛杉矶附近圣彼得罗市举行的萨满联谊会。在中国，蒙古萨满的医术也已进入城市，古老的信仰体系也能够在现代社会中生存和适应，萨满礼仪完全消失是不可想象的。

社会化是指萨满的宗教礼仪和哲学思想开始渗透进社会的某些领域，与现代思潮结合，成为环境保护主义和传统文化保护主义的一支力量。萨满的信仰体系充满了对大地、对植物、对动物的尊重，认为人类与它们生存在同一个空间，有着难解难分的关系，任何企图把人类与自然环境分割开来和孤立起来的做法，都将影响各自的生存。近些年来，北美西南的印第安人中出现了自然保护主义运动，他们关心环境保护，关心传统文化和宗教遗址的保存，得到全社会的响应和支持。美国新墨西哥州阿布奎克（Albuquerque）地区，保存着印第安人的岩石雕刻。这些刻在熔岩上的图画和象形文字，记录了他们的历史，反映了他们的生活方式，具有很高的艺术价值和考古价值。当地印第安人在岩石低处四周放置神龛和供品，举行祭典，把这块地方当作他们的"教堂"和"寺庙"。早在20世纪六十年代，在当地印第安人和地质学学家的创议和推动下，在鲍·卡尼克拉创建了印第安岩石雕刻国家公园。1990年6月，美国国会通过101—313法案，在新墨西哥州建立了岩石雕刻国家纪念馆和派可斯（Pecos）历史公园。这项法案的制定为建立纪念馆铺平了道路，也为研究有关印第安人和西班牙人的历史文化提供了一个研究中心。美国政府把印第安人从他们神圣的狩猎和埋葬地迁移出来，与不同的种族和民族混居，使印第安文化发生了很大的变化，这种变化的结局，导致了美国印第安语言的最终消失和印第安人被同化。

三、关于蒙古萨满和印第安萨满的医术

萨满不同于其它宗教的一个显著特点是：它的主要活动都与治病有关。萨满医术既有荒诞的成分，又有科学的成分，有些治疗方法虽然至今尚不能作出科学的解释，但却深得民间的认同。这是古老的萨满教流传至今的一个重要原因。

蒙古治病萨满分三种类型，第一种是专门从事接骨和正骨的萨满，叫雅斯毕拉齐博；第二种是专门从事接生的萨满，叫德木齐博；第三种是专治妇女不孕和精神病的萨满，叫安代博。蒙古萨满的复合治疗体系开始于元代和元代以前。那个时期的萨满代代相传，依据母系和父系的血亲关系，把他们的职业传给儿子、孙子或外甥。当然也有例外，有些萨满发现有特殊能力或慢性病患者，收他们为徒弟。此外还有业余的萨满。成吉思汗统治时期和在此之前，曾经有萨满教公会，类似一种管理组织。蒙古人要想成为萨满，必须经过"初始的9次试炼"。这种预先的训练是严格的，而且是受控制的，要经过许多年的修炼。所以，蒙古萨满医术是精巧技艺与昏迷梦幻的混合体。蒙古萨满医术曾经由母系家庭成员掌握，这是一种最古老的传统。治疗技能不是通过初始的梦幻获得，而是母系家庭成员代代相传。在内蒙古自治区科尔沁地区广泛流传的一种祈祷词十分清楚地描述了这种传统：

"骑着血红色的小马,
石头箭如雨下落;
跨着红棕色的马,
外甥要求从舅舅那里得到继承。"

词中提到的"石头箭"即暗示古代母系继承的制度。

印第安萨满没有蒙古萨满那样的专门分工,也没有严格的训练,但在象征性治疗方面有许多相同之处。在奈弗欧部族中,会诊断治病的人大多数是女萨满,她们被称作"手发抖的人"。她们掌握宗教治疗仪式中的圣歌,能够进入病人的意识之中,探究病源。她们认为,治病的才能不是通过训练获得的,而是"吉拉"鬼怪赋予的。"吉拉"鬼怪是一种有毒的大蜥蜴,产在美国西南部。"手发抖的人"虽然给人治病,但不享有圣歌领唱人或男萨满所拥有的地位。

奈弗欧部族的萨满喜欢组织在一起,通过唱圣歌形成一种治疗体系。萨满反复不断地吟唱单调的圣歌,减弱病人的自我意识,使圣歌中的形象深深印入潜意识。在这里,不是让病人入睡,而是让病人改变意识。圣歌领唱人是由他们自己选择的,父系或母系的亲缘关系不起决定的作用,如果儿子愿意,父亲也会把这种职业传授给他。奈弗欧萨满认为,梦幻仅仅是一种好运或坏运的预兆,并不赋予力量和声誉,也不能治病。在治疗中昏迷失神状态的不可控制是不可取的。完全由人来行使意志的力量是奈弗欧人的思维方式。萨满的治疗过程不对病人保密,他们的领唱技能使病人产生敬畏感和信任感。这里不存在梦幻或亲缘关系提供的象征确认的联想。苏兹人要想加入萨满的行列,必须经过痛苦的剥夺和孤独,然后才能获得祖先和精灵的梦幻。

受意识控制的奈弗欧圣歌领唱人,也同蒙古萨满一样,以诗歌的形式吟唱祈祷词,以此作为他们治疗过程的一个组成部分。他们的一首反对邪恶的圣歌是从召唤闪电和蛇为开头的。这两种东西象星星一样代表天上的力量,能够保护病人。

蒙古萨满很注重精神与骨头的关系,认为人体的整个骨架和血液是灵魂的具体化,灵魂反映了人体的骨骼和血液,进而反映呼吸系统。历史上蒙古贵族常常被命名为"白色的骨头",萨满的服装上也装饰着骨头,都具有重要的象征意义。蒙古萨满通过呼出的气息帮助病人把分离的灵魂与骨头结合在一起,在运气和手技的双重作用下,给病人正骨。

阿拉斯加的因纽特人中,流传着一则骷髅女人与狼赛跑的故事,同样表明了北美印第安人对骨头、骷髅的重视。这个故事说有一个渔夫,他把渔网撒到水里,费劲地往上拉,拉上来一看,竟然是一个女人的头骨,一个白色的骷髅。他害怕这个鬼怪一样的东西,使劲地用桨敲打,但是这个骷髅一直跟在船尾。他把船划向岸边,拔腿往家跑,他越想摆脱这个骷髅,这个骷髅越紧跟他不放。他跑回家躲藏在暗处,到了半夜,点亮一盏灯,惊恐地发现女人的头骨缠绕在渔网中。一种仁慈心使他把女人头骨从网中解脱出来,然后躺在旁边睡着了。女人骷髅吸吮他睡梦中流下的孤寂眼泪,把他的心从胸膛中掏出来当萨满鼓一样摆弄,祈祷恢复女人骷髅的身体。女人骷髅开始长起了肉,最后变成了一个美女。她把心重新放回渔夫的胸膛,并同他结了婚。

四、与萨满相关的蒙古和印第安习俗和语言

蒙古萨满在成吉思汗时期被尊为"国教",处于统治地位,对社会生活产生了巨大的影响。后来虽然由于藏传佛教的传入而日趋衰落,但它长期积淀在蒙古民族的文化心理素质之中,融汇进一个民族特有的民俗民风之中,甚至形成一些与萨满相关的语言现象。印第安萨满在欧洲白人进入北美大陆之前,几乎与整个

社会意识形态浑然一体,渗透进社会生活的各个领域,影响着印第安人的情感方式、人生态度、思维模式,风俗习惯和价值尺度。因此,我们说萨满既是一种宗教形式,又是一种生活方式。

无论是蒙古人还是印第安人,都曾经把方向同神灵、颜色、社会地位、自然现象、吉凶等互不相干的东西联系在一起,虽然这种联系不是绝对的。随着外来文化的影响,出现过一些改变,但至今仍然能找到这种联系的踪迹。蒙古人民共和国学者克拉特曾叙述过一个故事:"有一个以血缘关系为基础的蒙古部落,那里仅有一名萨满,他睡在山脚下做了一个梦,梦见一个高大的牧马人,穿着白色的衣服,骑着白色的马,白衣服上有许多绳线装饰的野兽皮,这个人是西方神灵。他醒来后就向西方默拜,尊崇西方神灵。"内蒙古自治区科尔沁地区的萨满也认为,佛祖在西天,祈祷要面向西方。德国学者海西希提到,蒙古帝国时期的萨满穿白色的服装,骑白色的马。在包尔沁部族中,他们的成员分成贵族和平民。白色代表贵族,黑色代表平民。白色与祖先相联系。蒙古人居住的地方竖立着长矛状的部族旗标,上面装饰着白色和黑色的马鬃,据说有序和无序的两种力量就存在于此。

印第安迪奈部族把四个方向看成是四座山,标志着他们领地的边界,每个方向都代表着一种颜色:东方是白色,西方是黄色。所有颜色都同世界的创立和它的四个高度相联系,它们之间交替变化着。这四个方向的属性是很复杂的,对应关系也不断地发生变化。奥格拉拉部族把女性归属于西方,男性归属于东方。在他们的创始神话中有太阳神和野牛女人,都穿着白色的衣服。白色与祖先崇拜有着某种联系。

蒙古牧民把蒙古包的建立譬喻成世界的创立。这种用毡包起来的圆形帐篷的结构和内部四个方面、八个方向的区分,都类似一个世界。在蒙古人那里,东南西北四个方向,东是指东北,南是指东南,西是指西北。印第安犹特、奥格拉拉、迪奈的住所也区分为四个等距点,同蒙古包的指向是相同的。在蒙古包里,西面是属于男人的;北面受到尊敬,是客人坐的地方;东面没有明确的含意;南面不怎么受到尊敬,是妇女坐的地方。在蒙古的传统观念中,妇女与性污染联系在一起,会败坏风气,因而处于下等的地位。在北美印第安人中,也有相同的传统观念,妇女被严格地分开,经常住在与家人分割开的单独的住所中。

迪奈部族的创世神话同他们叫做"欧根"的传统的圆形泥房子相联系。这种房子是由玉米穗里诞生的第一个男人创造的。"欧根"是一个微缩的宇宙,门口朝着东方,分岔开的柱子代表各路神灵,宇宙的各种力量由他们安排在指定的北方和南方。房子的中心柱代表宇宙的中心。奥格拉拉部族的住所叫"梯匹",建立在受尊敬的西面,门口朝着东面。住所的左面,也就是北面,是妇女坐的地方。住所的右面,也就是南面,是男人坐的地方。

蒙古包的中心是象征主义的对焦点,在迁移到一个新的营地后,这个中心必须重新确立。为了维护对这种信仰的忠诚,在迁移之前,旧营地的石头要改变原来的方向,朝着新营地的方向。完全脱离中心就等于走向死亡,这同睡梦中灵魂离开身体就等于走向神灵世界是一样的。控制灵魂是萨满的职业,这在蒙古人和印第安人中都是相同的。为了从紊乱中重新建立秩序,也为了把灵魂各部分的分离重新再聚集起来,萨满在治疗中必定要离开平常限定的圆周,进入另一个次元空间,这就是走向东方,进入神灵世界,成为东方一员,射杀东方恶魔,把健康的灵魂归还给病人或西方人间。所有萨满,包括蒙古萨满和印第安萨满,都要把上述象征确认关系编织进他们的梦幻中去,然后通过他们的口头阐述表达出来,产生一种敬畏和信任感,以证明他们的能力。由此可见,方向对于蒙古人和印第安人都有着重要的象征意义,在日常生活中很注意方向位置。

我们先前提到，在印第安文化中，萨满与梦幻、东方是互相联系的，通过上述语言形式的比较，我们又可以发现在蒙古口语中这三者也是互相联系的。一种语言，不论是口头的或者是书面的，都是文化的反映，是文化的符号。上面我们提到集中与分散的观点，在蒙古文化中很可能与宇宙的聚合和生命力的积聚观点相联系。众所周知，蒙古萨满认为，灵魂与骨头的结合是维持人体生命力的基本保证，为了治疗疾病，萨满必须走向东方，射杀恶魔，使灵魂与骨头重新聚合。这种信仰与语言现象是相吻合的，不能不承认这是萨满渗透力的结果。

语源学的证据表明，印第安奈弗欧部族是在第三次迁徙浪潮中跨越阿留申大陆桥从西伯利亚来到美国西南部的。新墨西哥、北加利福尼亚和北太平洋沿海地区的一些印第安部族的语言与阿拉斯加的阿色派司肯部族的语言有相同之处。美国学者奥托·塞多夫斯基从语源学角度进行研究，认为居住在加利福尼亚的印第安人与居住在东北亚的奥伯乌格伦印人在语言和文化上都极其相象。他们在3000年前可能同属于一个部族。自那以后，一些部族向南迁移，他们受邻近部族的影响，语言渐渐地发生了变化，生活方式迫于环境的压力，也发生了变化。在长期的变迁中，宗教形式的变化也是可以理解的。同样，不同文化的互相渗透和不同部族的互相融合，也是不可避免的。变化作为生存的动因终究为他们提供了适应社会和自然环境的强有力和更有效的手段。我们在研究和考察蒙古和印第安萨满文化时，始终应该注意到两者在时空上发生的变化，这是比较两种文化的异同的正确方法，是探寻跨文化奥秘的正确途径。

第十四章 结束语

一、西双版纳土地制度与东方专制主义的思考

西双版纳直到新中国成立前基本上保持着较完整的封建领主制度，傣语中的"召片领"是西双版纳最大的封建领主，其下各"勐"封建领主被称为"召勐"，其封属的土地既可世袭，也可更换。"召勐"下是"波郎"，根据"波郎"官职决定领有的土地多少，但不能世袭，他们既是最大的封建领主的代理人，又是封建专制制度的管理者。西双版纳封建领主制度的最大特点是以"份地制"为基础的劳役地租，就是土地的所有者是封建领主，而封建领主把土地分为两部分，一部分是直接为自己生产的土地，另一部分是为维持劳动力生产必需的土地，两部分土地都由生活在领主土地上的农奴来耕种。实际上，这是一种典型的封建土地剥削关系。

西双版纳这种封建土地制度的特殊意义除了一直保持到新中国成立前这一历史延续性外，首要的问题就是产生的历史根源。它是原始的农村公社制度的直接继承，还是奴隶制向封建农奴制的转变？与此衍生的另一个问题就是它与中国古代西周"井田制"有什么关系？然而，这些问题本身的提出同样面临一个"根源"问题，即所谓思维定式的问题。

第一，社会制度的历史发展有没有必然的连续性？解决这个问题的前提就是如何认识马克思关于社会发展普遍规律的理论。

毫无疑问，马克思根据人类历史发展是不断进步的经验提出了一般的社会发展规律，但他们从来没有把这种规律看成是固定不变的。最典型的证明是《共产党宣言》前后相隔20年，相继被翻译成7种文字，在这些不同文字的版本序言中，他们都强调："这些原理的实际应用，正如〈宣言〉中所说的，随时随地都要以当时的历史条件为转移。"[①] 而且恩格斯在谈到社会发展形态时，强调自己是不断发展论者："我认为，所谓'社会主义社会'不是一种一成不变的东西，而应当和任何其他社会制度一样，把它看成是经常变化和改革的社会。"[②] 这就是要实事求是地认识客观历史，而不是先入为主地解释历史。马克思恩格斯关于社会发展规律的理论提供了更多的方法论意义，由于时代的必然局限，他们对古代东方社会的了解是可以想象的，因而基于西欧历史发展得出的社会发展规律的理论肯定不能硬"套"在东方古代历史上。那么，历史发展的连续性问题决不是任何一个国家、任何一个民族历史发展中一个不可逾越的鸿沟。这样的历史事实在迄今为止的人类历史上比比皆是。认清这个问题不仅需要理智而且需要勇气。如果肯定这一点，那么，西双版纳的土地制度应该来源于封建社会、奴隶社会，还是原始社会就是一个不需要用两重性来解释的问题了。因为，两重性只能是一种现象，而没有说明两重性的本质。

第二，古代东方专制制度是古代东方特有的还是普遍的？解决这个问题仍然有一个前提，就是如何理解马克思关于"亚细亚生产方式"的观点。马克思对"亚细亚生产方式"的论述最早集中在1857年《政治经济学批判》。在1859年的《〈政治经济学批判〉序言》中正式提出"亚细亚生产方式"这个概念，在以后，

---

① 《马克思恩格斯选集》，第1卷，248页，北京，人民出版社，1995。
② 《马克思恩格斯选集》，第4卷，693页，北京，人民出版社，1995。

马克思始终关注对东方社会制度的研究。他认为，尽管资本主义创造了前所未有的物质财富，但所经历的那些苦难与残酷却是空前的，如果东方国家在他们的历史发展过程中缩短或减缓资本积累的残酷，并能够实现新社会制度的转型，达到共产主义，那将是一件多么有益的事情。所以他对俄国和印度的村社制度进行了认真的研究。把马克思关于"亚细亚生产方式"的论述归纳起来，其特点是：1、土地公有，个人只对土地占有使用。2、个人只是公社的附属物，是非独立的，只有公社或共同体才是主体或独立的。3、农业与手工业牢固地结合在一起。关于这些特点的争论是次要的，而关于"亚细亚生产方式"为什么会具有这些特点的争论却是主要的。然而，迄今学界并没有找到普遍认可的结果。今天看来，我们可以从这样几个思路思考：东方原始社会农业文明的过早成熟，使原始的血缘、氏族、部落的发展过程共同基于农业经济；东方文明集中在江河流域，水利灌溉的发达致使人们共同居住而形成一个相对封闭的社会；东方文明古国中自然条件特别优越而且农业发达的民族没有经历奴隶制度社会，直接由原始氏族部落进入封建农奴社会；古代东方社会历史发展中的封建制度不同于西方封建制度的一般特征，这起源于东方氏族部落内部长期稳定的财产分配制度。由此我们可以肯定，古代东方专制制度是东方不同社会特有的而不是泛指的，马克思阐述俄罗斯就是俄罗斯的，印度就是印度的，中国就是中国的，但并不妨碍比较研究。

第三，"亚细亚生产方式"的特点是否在古代东方具有普遍性？对"亚细亚生产方式"的研究对近代欧洲思想家们而言并不陌生，从马基亚维里、培根、哈林顿、贝尔尼埃、孟德斯鸠到黑格尔都对波斯、印度包括中国进行过研究。特别是孟德斯鸠，对东方专制国家的特点及原因作过很深入的阐述。他认为，东方专制主义基于一种可怕的"平等"，"在共和国中人人都是平等的，在专制国家中人人也是平等的。在共和国中，人人平等是因为他们就是'一切'，在专制国家中，人人平等是因为他们'什么都不是'"。"这是因为我们所知道的亚洲有比欧洲大的平原，海洋所划分出的区域也更广阔；而且它的位置偏南，水泉容易涸竭；山岳积雪较少，河流较浅，形成的障碍较少。因此，在亚洲，权力必须总是专制的，这是因为如果奴役的统治不是极端严酷的话，这个大陆就会饱受分裂之苦，而这是该地区地理性质所不能改造的。"① 黑格尔认为："在中国，是由个人组成帝国，一切居民都处于平等地位；因此，一切政治都集中到其中心即皇帝的身上，各个臣民不可能获得独立和主体自由。"② 大量的欧洲启蒙学者的著述是马克思、恩格斯关于"东方专制主义"思想的理论源泉，但在马克思的观念中，他们始终谨慎地把封建生产方式与亚细亚生产方式加以区别，因为他们认为东方的历史和社会有别于西方，显然，马克思自己就认为普遍适用的封建主义概念是行不通的，但他们并没有对东方专制主义进行细致的区分，当时的信息传播及历史研究成果也不可能使他们的理论深入到具体的东方社会内部。有一点是明确的，就是他们肯定东方专制主义的社会基础是拥有公共土地财产的自给自足的村社，这种村社或许是部落，或许是公社。因此，很难说马克思把关于"亚细亚生产方式"分别论述的一些特点当作东方专制主义的普遍特点。

一个特别需要提出的问题是，马克思、恩格斯把俄罗斯划归东方。除了地理方面的考虑外，另一个不容忽视的原因就是马克思、恩格斯都站在欧洲传统的反对"泛斯拉夫主义"的立场上，在著名的有关支持波兰摆脱沙皇俄国侵略的几次讲演中，他们都

---

① 转引自［英］佩里·安德森：《绝对主义国家的系谱》，496—497页，上海，上海人民出版社，2001。

② 同上，499页。

从西欧国家无产阶级利益和西欧国家利益角度攻击反动腐朽的沙皇俄国，恩格斯在《德国的革命与反革命》一文中，甚至可以看出欧洲中心主义和种族优劣的情绪①。但如果我们不考虑到这个显而易见的偏见具有不可避免的时代局限，而把他们关于俄罗斯土地制度的相互通信②看作是带有普遍意义的、经过深思熟虑的观点，甚至由此以为马克思、恩格斯"不仅认为'亚细亚的或印度的所有制形式'是'原始形式'，这种原始形式不限于东方，而且普遍存在于欧洲各地，所以它后来在罗马发展为公有和私有并存的双重所有制形式，在日耳曼发展为私有为主的形式"③。就远远背离了他们本来的含义，如果非要把这种显而易见的偏见说成马克思、恩格斯的观点，其实是对他们的贬低。

在廓清了以上这些问题后，我们才能够进入西双版纳土地制度问题本身。我们考虑的第一个问题就是西双版纳土地制度产生的历史前提，如果说它是古代傣族原始村社制度"长入"封建农奴制，那么，我们就面临两个问题：一个是原始村社制度是不是"原始形态"？一个是为什么西双版纳的这种独特的原始份地制能够保存到解放前？传统研究当中根本就没有把第一个问题作为"问题"，因为，马克思把"亚细亚生产方式"中的最主要特点"土地公有"归于原始公社的集体所有制或氏族部落的公共所有制。这是原始社会最典型的所有制形式，而"亚细亚生产方式"由于各种原因使这种原始的土地所有制得以留存，所以，人们当然就把它看作原始社会形态。然而，如果从马克思主义与时俱进的科学观点来看，马克思对人类社会初始形态的见解，是缺乏充

---

① 《马克思恩格斯选集》，第1卷，522—530页，北京，人民出版社，1995。
② 参见马克思1868年给恩格斯的信。
③ 马曜、缪鸾和：《西双版纳份地制与西周井田制比较研究》，338页，昆明，云南人民出版社，1989。

分历史根据的。当代人类学、历史学和考古学证明原始公社制或部落所有制是原始社会向阶级社会的过渡形态之一,而在此之前和在此之后,处在不同分工发展阶段的国家或民族都以不同方式进入阶级社会,因而,可能保留着过渡形态当中的土地制度。但是,把原始村社没有土地私人所有与原始共产主义相混淆,其实是把生产资料私人占有之前的历史看得太短暂、太简单了,这是时代的局限。

从原始村社制和部落所有制中我们可以看出生产资料已经具有一定种类和规模,不管它们是集体占有还是共同所有,达到这个程度,人类经历了自己进化史上最漫长的时期,大约50万年或更长,而从典籍、史诗、神话等记载中推算村社制和部落制最多几万年。但在此之前决不是原始共产主义,而是无产可私。"原始共产主义"给人的感觉似乎是人类一开始过着财产共同占有的美好的黄金时代,后来越来越丰富的财产刺激了人的私欲,阶级产生了,人类开始进入了黑暗的奴隶时代。这种发端于近代欧洲早期空想共产主义的幻想有时支配了我们的理智。无论如何,在村社制和部落制的土地制度之前,人类还存在过比这种土地制度落后的生产资料占有形式,到了村社土地集体占有或部落公有时期,人类社会已经开始向私有制社会过渡,对发展生产力来说,这是人类的一个伟大的历史进步。什么时候开始过渡,这里没有一个数学意义上的分界线,而对有些民族来说,私人占有生产资料导致的阶级分化没有那么激烈,或由于生存环境的局限,使生产出的剩余产品是有限的,因而,剥削或占有别人的劳动产品也就有一个限度,起码让劳动者活下去。如果过渡形态中的村社土地制度既能满足占有最大剩余劳动产品又能够发挥出劳动者的全部劳动力,它就有可能延续下去,保留下来,并具有较强的生命力。

第一,西双版纳独特的份地制起源于原始公社制向阶级社会过渡阶段。在西双版纳特有的地理环境下，由采集、狩猎为主的血缘氏族公社经过漫长的发展进入较为稳定的部落公社所有制，农业劳动逐渐成为主要生产活动，土地制度也经过漫长的实践经验稳定下来。这种公社所有的土地制度确定下来的基础不是符合某些部落家长的想法，而是它最大限度地发挥了当时人们的劳动生产力，问题也就从这里开始。当人们充分发挥出自己的劳动力，并从土地中获取产品的剩余越来越多时，这种土地制度就必然孕育新的生产关系，以调整由于占有产品多寡而出现的新的人与人之间的关系。可以肯定，西双版纳份地制之前更早的更为原始的土地耕种方式已经存在了相当长的时间，到阶级社会出现时它已经十分完善了。原因：一是农村公社所有制没有个人财产，但在份地制前，除了土地公有外，住房和房子周围的园地开始私人占有使用；二是定期的重分建立在对土地的精细认识上，公有土地的轮换和水利设施的产生是这种土地调整的必然结果；三是外来人员的加入已经出现了剩余劳动。

第二，西双版纳社会制度发展历史中没有经过奴隶制。有奴隶存在并不能证明它就是奴隶制社会，甚至在今天一些西方发达国家还存在着家庭奴隶，我们并不能认为它们就是奴隶制国家。西双版纳没有经过奴隶制的原因：最基本的原因是采集产品丰富发达，这源于气候和地理环境；其次是地域偏狭，由氏族发展为民族的人员构成比较单纯；其三是在民族形成以前的文明程度高于当地的入侵的民族。奴隶制度最主要的特征是奴隶劳动是社会产品的主要来源，奴隶没有任何个人财产和人身权利。西双版纳历史上显然没有经历这样的历史过程。有的学者认为西双版纳存在封建农奴制，这种观点的理论依据是马克思、列宁对俄罗斯农奴制度的分析，问题在于：一是西双版纳的封建农奴制度是在什么时间产生和存在的？二是农奴与奴隶的差别是什么？事实上，西双版纳的封建农奴制的根本特征是村社制下的人身依附关系，严格地说它根本不是农奴制，而且这种人身依附关系的基础是氏族部落制，所以，尽管说它是农奴制，但农奴拥有生产工具和作为实物工资的份地，这是维持生产不断延续下去的基本条件，否则西双版纳的土地制度应该早就解体了。如果没有任何生产工具并直接寄居在地主家里，被迫提供全部劳动并只获得维持活下去的食物，那就是农奴制，如解放前西藏的农奴制就是如此。因此，如果我们强调西双版纳的土地制度是"份地制"，就必然与农奴制不相符，只能是封建的土地关系。西双版纳封建领主拥有家奴是肯定的，但家奴在社会生产力中并没有起到主要作用，不是当时社会生产力的主体。把农奴理解为干农活的奴隶是从它的残酷性角度说的，并没有区别他们的本质。

第三，西双版纳份地制的实质是私有制，即所谓的"寨公田"、"土司田"、"波郎田"、"家族田"、"负担田"。总之，土地所有权的实质不是公有，"公有"的真正主人是封建领主，"土地王有，集体占有"，恰好说明了这种土地的实质，而不是相反。如果用两重性解释这种土地性质，显然把"集体"权利的虚拟化当作真正的权利主体，实际上这里的集体仍然有一个封建领主的代表行使着管理权，失去了原始公社时期或部落联盟时期"长老会"、"氏族首领"、"部落大会"等反映集体意志的组织结构，从这里我们也可以明显看到西双版纳份地制是发展到阶级社会的一种土地制度。土地的细致划分证明了西双版纳份地制在从公社所有制向私有制过渡中保留了适应新生产关系的土地划分方式，而不是生产方式中的核心。因此，从本质上说，它属于生产方式中的生产关系领域，借以调整生产力与生产关系的制度内容。正由于西双版纳特殊的地理和社会环境，使这种与中国西周井田制相似的封建土地制度得以留存，为探索古代东方专制主义提供了"活标本"。但是，马克思讲的东方专制主义的社会基础是存在土地公有，并把"亚细亚生产方式"看作是东方专制主义的独特经济基础。这里就出现了矛盾：如果我们把西双版纳的份地制看作是一种土地公有制而与马克思的观点相对应，就违背了这种土地制度的实质；如果我们抓住份地制的实质是私有制而研究"东方专制主义"，就违背了马克思关于"亚细亚生产方式"的经典论述。事实上，我们阅读马克思关于东方专制主义和"亚细亚生产方式"的标准公式时，会发现他们对古代东方历史的了解是片面的，如果说他们了解波斯和印度的话，对中国则了解的更少。

马克思认为："中国人自古以来就对从海上来到他们国家的一切外国人抱有反感，而且并非毫无根据地把他们同那些看起来总是出没于中国沿海的海盗式冒险家相提并论。然而俄国人却自己独享内地陆路贸易，这就成了他们被排除于海上贸易之外的一种补偿。"[①] 然而，历史上中国的海上贸易十分发达，并拥有泉州这样的世界海上贸易中心。俄罗斯与中国的官方贸易往来却是清中叶以后的事情。马克思对太平天国革命的评价[②]，表现出他把任何外部世界爆发的革命是否能够引起欧洲内部的无产阶级革命作为根本出发点，至于这种革命本身的意义马克思、恩格斯并没有给予太多的关注。"中国'这块活的化石'，就开始革命了。这种现象本身并不含有什么特殊的东西，因为在东方各国我们总是看到，社会基础停滞不动，而夺得政治上层建筑的人物和种族却不断更迭，中国是被外族王朝统治着，为什么过了三百年不能来一个推翻这个王朝的运动呢？"[③] "现在如果中国的门户也被打

---

① 《马克思、恩格斯论中国》，42—43 页，北京，人民出版社，1997。

② 《马克思、恩格斯论中国》，114—116 页，北京，人民出版社，1997（马克思在他的《中国记事》中直接引用了英国驻中国领事的报告，对 19 世纪世界最大规模的农民革命运动作了相当不公正的评价，如"在每个地区，所有的流氓、游民和坏蛋都自愿归附太平军，军纪只要求在执行任务时服从命令……作为补偿，太平军在攻下一个居民未及逃离的城市后的头三天里，可以任意凌辱妇女"）。

③ 《马克思、恩格斯论中国》，114 页，北京，人民出版社，1997。

开，那么不仅生产过剩的最后一个安全阀门损坏，而且还会导致中国大规模向外移民，仅仅这一点就会在整个美洲、澳洲和印度的生产条件方面引起革命，甚至也许会触及欧洲——如果这里的情况到那时一直持续不变的话。"[①] 因此，如何正确理解马克思、恩格斯关于古代东方专制主义的论述并与中国历史的客观状况结合起来，是正确认识中国封建专制制度的前提。

首先，中国古代封建专制制度不是东方专制主义的典型形式，与马克思依照波斯和印度状况提出的东方专制主义有很大不同。事实上，用一种制度模式来概括古代东方各国社会制度本身就是值得认真考虑的问题，而中国不同于其他东方国家，除了地理环境的多样性外，历史发展的独特性是一个重要因素。这种独特性归纳起来：一是进入阶级社会以前已经拥有较发达的农业。"夏商断代史"的历史考古学成果证明，中国文献典籍记载的夏商以前的社会，拥有发达的农业和水利，农业技术和工具也有相当的水平。它说明我们以往对中国原始社会史的研究需要以更为宏大的眼光看待，特别是氏族公社制前的社会形态的历史过程应该放在一个更加长久的时间内考察。二是发达的、定居的农业使中国原始社会进入阶级社会后没有产生典型的奴隶制国家形式，而是带着氏族部落发达的土地所有制很快进入到封建专制主义国家中。三是亚洲大陆多民族特性及不同发展程度的多民族之间的战争交往，使中国封建专制主义具有发达的国家形式，配合这种发达的中国特色的封建国家专制统治形成了一套完整系统的国家理论体系和国家精神，使之成为贯穿整个封建历史时期的意识形态，中国封建时期所达到的这种精神文明是空前绝后的，绝不是马克思讲的"半野蛮人"状态。

其次，"中国式"东方专制主义的土地制度形式上是国家私

[①] 《马克思、恩格斯论中国》，126页，北京，人民出版社，1997。

有制。从王朝更迭而国家统辖范围基本不变就可以看出这一点，但具体占有土地的情况却十分复杂，单纯用土地公有制或村社占有制都是无法概括的。一是在王朝更迭后，随着新的统治阶级上台，大量调整土地所有权，使世袭土地私有制成为不可能。二是与地主阶级实际占有土地的变更不同，耕种土地的中国农民阶级始终以劳役、各种地租形式拥有土地的使用权，哪一轮的统治阶级都把稳定农民的劳动作为国家稳定的基本前提。三是适应这种生产关系，产生了"社稷为重"、"以民为天"的统治精神，中国封建的土地关系制度获得了国家的保护，就是形式上的国家私有制。四是中国土地制度因为统治方式和区域的不同具有多样性，在宗藩关系、朝贡制度下，很多地区保持着自己原有的土地制度和生产关系不变，补充和巩固了自给自足的中原土地制度，丰富了中国封建农业商品生产。否认中国封建社会拥有相当的商品生产和市场，是对西方资本主义商品生产的误解造成的，是把农业和手工业的牢固结合是东方专制主义的特点的模式移植到中国来的结果。无数的大量事实证明，中国封建社会商品生产和市场十分发达，但主要不是为了追求利润而是消费，这大概是资本主义商品生产与中国封建商品生产的不同。

其三，中国封建专制制度下的土地制度与波斯、印度、俄罗斯都有重大区别，根本点在于所处的社会发展道路不同。因此，不能普遍地把东方专制主义套用在古代东方国家，并由此考察他们的土地制度。或许西双版纳份地制对理解中国古代封建土地制度有相当的对比作用，或许西双版纳份地制就是西周井田制的前身，目前云南历史考古发现不断证明那里是古代中国文明的发源地之一。但无论如何不能把古代印度的土地制度与中国封建土地制度从渊源上加以比较，更不能以为俄罗斯的村社制度就是俄罗斯原始公社土地公有制的残余，这种思维方式上的机械主义与马克思主义与时俱进的精神背道而驰。

二、重新理解和认识中国的民族与跨界民族

1. 民族演变的历史不是"民族"概念演变的历史。当我们进入课题研究的入口,发现首先要面对的就是关于什么是"民族"、什么是"族群",以及什么是"跨界民族"的概念争论,而且争论的时间之长和争论的激烈程度,在理论研究领域都是罕见的。如果要分析民族与跨界民族,不对以往研究成果进行总结,就难以从逻辑角度匡正我们课题研究的范围,找到准确的"切入点"。归纳以往研究成果,我们可以做出如下总结[1]:

总结一,不能以西文中关于"民族"概念的含义"套用"在中文概念上。这是以往争论中较为常见的一种倾向,一些研究家熟悉西方某种或某几种语言,在使用过程中深感汉语中民族的概念与西文中关于民族的概念对应不上,他们在力图寻找到一个能够对应的上的汉语词语来代替民族的概念,于是,试图用类似"族群"、"国民"、"国族"等概念来取代不同语境下的民族概念[2]。这种努力忽视了汉语"民族"概念产生的历史和现实含义,不自觉地把自己放在了一个被动适应的角色上,去适应西文的相关概念。甚至有人认为汉语"民族"是外来语,是近代从日文翻译中借鉴过来的。这种观点的错误在于,仅以西文为轴心来

---

[1] 有关国内民族概念争论的综述性文章如下。崔明德、曹鲁超:《近十年来传统民族观及民族思想研究述评》,载《齐鲁学刊》,2005年第5期;与这篇风格不同的另一篇综述文章是黄仲盈:《中国特色民族定义的历史演化》,载《广西民族研究》,2006年第4期。

[2] 朱伦:《论"民族-国家"与"多民族国家"》,载《世界民族》,1997年第3期;《人们共同体的多样性及其认识论》,载《世界民族》,2000年第1期;《走出西方民族主义古典理论的误区》,载《世界民族》,2000年第2期。

对应汉语，忽略了词语形式掩盖下的本质内容。

事实上，汉语"民族"概念的含义是清楚的，在实际使用过程中没有出现认识对象的误解[①]。中国几千年民族融合的历史，就是以不同民族共同生活和建设同一个国家而形成的各民族发展史，"华夷"之别本质上区别于西方的种族之别，所以，是西文无法准确地反映汉语民族概念的含义。产生这个问题的根本原因是早期西方资本主义民族国家形成过程中"资产阶级民族"对其他民族的排斥和灭绝。他们不愿意承认文化异于他们的民族拥有建立"民主国家"的权力，不愿意看到那些"落后民族"居然拥有更加文明的国家，因而，以"公民"来指称他们自己，而以族群或部族指称那些弱小的却和他们生存在一个国家里的"国民"，从"公民"、"国民"到"族群"概念中潜含的种族差别和文明等级是显而易见的。

总结二，改革开放以后谈到"民族"概念，很多人的兴趣似乎是在反思和批判，首当其冲的当然就是斯大林的民族概念。其实，这当中存在一个前提，就是阶级意识，我们不要忘记斯大林的民族概念是以阶级意识为前提的，取消了这个前提，他的提法当然存在片面性。然而，如果我们回到斯大林提出民族概念的时代特点和历史要求，就会发现，斯大林针对近代资产阶级民族和他们建立的国家，提出无产阶级民族和他们建立的国家，那么，就有一定的历史合理性[②]。而且，如果我们回到对"阶级"完全是一个经济学范畴的正确理解上，那么，仅仅把无产阶级推翻资产阶级统治而进行的革命看作是"阶级历史"的全部，我们就犯了一个致命的错误：用"经济全球化"、"全人类利益"、"普世价

[①] 翟胜德：《"民族"译谈》，载《世界民族》，1999年第2期。
[②] 斯大林：《马克思主义与民族问题》，载《斯大林全集》，第2卷，北京，人民出版社，1953。

值"来陶醉我们自己,这也是一些人热衷于与国际接轨,看不清今天发生的世界经济危机和国际冲突本质上依然是哪个阶级执掌统治权的斗争,看不清西方发达国家制定的国际经济和政治秩序的游戏规则的本质含义。

事实上,一些人想利用"族群"或"国族"概念来消除国内民族矛盾,是典型的形而上学"狂想"①,甚至认为,因为西方国家没有中国这样的民族概念,所以,避免了发生我们这样的民族矛盾。这种本末倒置的"概念演绎",说明国内少数民族理论研究脱离实际。任何事物的产生和发展必然有其客观存在为基础,人们只有真实地感受和理解它们,才能在实践当中认识其根源和发展轨迹,从而把握事物的发展规律。民族问题更是如此,人们永远不要忘记,前苏联共产党从赫鲁晓夫到勃列日涅夫,几次在苏共中央全会上宣布:我们已经一劳永逸地解决了资本主义国家根本无法解决的民族问题;我们已经组成了一个新型的民族:苏联民族。这种离开实际情况而宣布空想结果的结果,就是历史给予无情的嘲笑。

1980年7月15日,《人民日报》发表了由中央统战部撰写的题为《评所谓"民族问题的实质是阶级问题"》的特约评论员文章,以大量事实论证了社会主义时期民族问题基本上是各族劳动人民之间的关系,从而否定了"民族问题实质是阶级问题"这个所谓的"普遍真理"。事实上,十一届三中全会公报指出:大规模的阶级斗争已经结束,剥削阶级作为一个阶级已经不存在,其目的是为了证明以阶级斗争为形式的"文化大革命"已经结束,避免重蹈文化大革命的覆辙。但只要社会集团利益差别存在,并且一部分人控制着另一部分人的劳动,阶级斗争就不会自

---

① 龚永辉:《论和谐而有中国特色的民族概念》,载《广西民族研究》,2005年第3期。

行消失,那么,民族矛盾当中的阶级斗争因素也就不会消失。放弃从阶级角度认识社会矛盾,就是放弃从政治经济学角度认识社会矛盾,结果就是永远认识不到社会矛盾的实质。这不是放弃不放弃马克思主义阶级理论的问题,也不是陈旧与革新的问题,更不是一些人栽赃为"缺乏人性"的保守派,而是实事求是。大家不要忘记在前苏联戈尔巴乔夫主张"全人类利益"的口号下,俄罗斯人得到的是什么结果。西方政治经济学家对这个问题的认识是如此深刻,以至他们创造了一套又一套"现代民主"理论来掩盖马克思主义的真知灼见,而他们自己却深谙其中的奥秘,永远视阶级利益唯此为大。我们不能由于急于忘却痛苦的历史而"掩耳盗铃"。

总结三,对国内不同民族发展历史和趋势的判断,要放在中国各民族"多元一体格局"的历史过程中,而不能套用近代"资产阶级民族"开疆拓土和建立"公民国家"的历史轨迹。只有这样,我们才能正确认识中国的"民族概念",合理把握中国跨界民族的发展趋势和解决民族问题的正确途径。因为,如果按照西方民族学理论,认为民族首先是一个空间的或领土的概念,一个"nation"(民族)必须具有明确的地理边界,人群与其传统居住的土地(也许并不是其最初的发源地)之间有着密不可分的关系,那么,我们就无视中国民族史。同样,如果我们把"minority"译成中国少数民族,就忽视了他们是中华人民共和国在法律上具有平等地位的公民,他们和其他任何人一样拥有公共事务和法律权利、政治权利与义务、社会经济权利等各种各样的"公民权"。

"族群"概念依然不能解决这个问题[①]。首先,这个概念显

[①] 石奕龙:《Ethnic Group 不能作为"民族"的英文对译》,载《世界民族》,1999 年第 4 期。

然是出自"正统公民"对少数族裔的概括,其中所包涵的核心意义是否定这些人拥有完全自主的公民权利,正如美国政府规定:纯种的美国印第安人的后代,从出生起就可以享受政府提供的津贴,条件是必须是纯种的。这种本质上属于灭绝性的"优惠政策"就是针对少数族群的。其次,"ethnic group"反映了英文词语无法准确包含"多元一体"的内容,根本原因还在于,历史上组建现代西方国家的民族从来就没有打算与其他"族群"分享国家的历史与权利,所以,不管他们的人多还是人少,他们从来不把自己归到"族群"中去。其三,"族群"是"思维苍白"的表现,反映到汉语中更加突出了其缺乏历史感和亲和力,那些对"族群"概念津津乐道的人,恐怕并没有认真地思考这个"舶来品"的真实含义,只是以为它的逻辑涵盖范围比较广而已。事实上,这只是一种误解,对那些使用英语熟练程度超过汉语的人来说,最好是把英文原著直接"拿来主义",还有更多的新名词供人们争论,他们还能得到首位"二传手"的名誉。

总之,对民族概念的认识和理解,实质上并不是一个纯粹的学术问题,如果有些人认为他们只是在纯粹学术意义上讨论"民族概念",那只能是一厢情愿,也根本不可能讨论清楚这个问题[①]。中文"民族"概念内含丰富且含义清晰。2005年5月,中央民族工作会议对民族概念进行了新的阐释:"民族是在一定的历史发展阶段形成的稳定的人们共同体。一般来说,民族在历史渊源、生产方式、语言、文化、风俗习惯以及心理认同等方面具有共同的特征。有的民族在形成和发展的过程中,宗教起着重要的作用。"可以肯定,它标志着我国对民族概念及其定义的中国化探索进入了一个新阶段。

[①] 马戎:《评安东尼·斯密斯关于"NATION"(民族)的论述》,载《中国社会科学》,2001年第1期。

2. 跨界民族和跨界民族问题是一个范畴与概念的问题①。在跨界民族范畴内存在跨界民族问题,不能简单地认为是两个概念或者是两个问题。跨界民族具备范畴的主要特征:一是跨界民族是一个"知性概念",也就是说它是从具象中得出并提升为一般性的认识。二是它是一个"综合概念",也就是说它是民族与跨界的组合。三是它是一个"实体概括",也就是说跨界民族拥有确切的存在对象。四是它是一个"知识扩展源",也就是说围绕"跨界民族"可以进行相关领域的理论研究,类似康德的"纯粹知性概念"。因为,范畴具有普遍可能性而包含"先验"内容在内,理论上讲,范畴可以在所有经验范围内构造自己的理论体系。

关于范畴的哲学意义原本不是我们涉及的问题,但由于在讨论民族和跨界民族概念时,争论的深入已经到了我们必须清楚范畴和概念的差距,才能理解什么是跨界民族,更重要的是,确立了"跨界民族"属于一个范畴,我们才能在"跨界民族"范畴下,创造跨界民族与中国地缘安全的理论体系。一些教科书简单地把范畴解释为"最高概念"或"普遍意义"的概念,误导了很多人,以为"概括性"就是范畴的主要特点,殊不知,习惯"归纳"和"分级"思维方式的理解,恰恰把"范畴"的理性拓展和思维源泉的特性丢掉了,没有真正理解范畴是"知性认识论"的一个概念。因此,创建任何一个理论体系,寻找这个体系的范畴就成为理论构造的前提,如"中国边疆政治学"中,"边疆政治"

---

① 曹兴:《跨界民族问题及其对地缘政治的影响》,载《民族研究》,1999年第6期(这篇文章是国内研究跨界民族问题的一个理论起点和总结,以较为全面和系统的观点提出跨界民族问题,并具有敏锐的政治性,后来的一些文章基本上受启发于此文)。

就是一个范畴①，因为，它具备了范畴所必须的实体对象"边疆"，具备了综合性"边疆政治"，具备了"先验的"的理论拓展性"学"，同时具备了"理性抽象"的特征。"跨界民族"与"中国地缘安全研究"共同架构一个时代特征鲜明的理论研究体系。

首先，我们使用的"跨界民族"范畴中的"民族"，是传统中国汉语语义中的"民族"，其含义可以用2005年5月中央民族工作会议对民族概念进行的新的阐释："民族是在一定的历史发展阶段形成的稳定的人们共同体。一般来说，民族在历史渊源、生产方式、语言、文化、风俗习惯以及心理认同等方面具有共同的特征。有的民族在形成和发展的过程中，宗教起着重要的作用。"

其次，在跨界民族与中国地缘安全研究范畴里，"跨界民族"主要针对中国跨界民族，那么，我们的"跨界民族"含义应该简略概括为：跨国界而居的中国少数民族和移民群体。具体内含主要指：一是中国少数民族；二是与中国存在陆界或者海界相连；三是跨界民族的主体或者部分居住在相邻国家；四是国外存在的译名不同但与国内某一少数民族确为同一民族的，仍然属于跨界民族；五是居住在国外的中国华人群体和移民群体，被视为本课题的特殊研究对象②。

其三，由于中国是世界移民输出大国，由移民构成的侨民和

---

① 吴楚克：《中国边疆政治学》，1—10页，北京，中央民族大学出版社，2004。

② 刘稚：《关于跨界民族若干理论的思考》，载《云南社会科学》，2004年第5期（这篇文章系统地总结和论述了国内关于跨界民族的理论研究状况，提出了自己的观点。她认为"由于历史的原因，中国传统的民族观与西方国家的民族观有明显的差异。当人们用'跨界'这一动词来修饰某个民族时，实际上已经指出了这个人们共同体历史上在族源、社会、经济、文化、地理上的密切关系"。因此，她提出跨界民族的三个要素是：历史上形成的原生态民族；二是同一民族的人们居住在两个或两个以上的相近国家；三是民族传统聚集地被国界分割但相互毗邻）。

当地华人社团的"跨地缘"影响力增强,我们把这一部分特殊的"跨国中国人"作为专门一节,包括在研究范围内。同时,这部分人的居住国是否与中国相互毗邻并不是一个必要条件。

其四,根据我们对跨界民族的理解,起源地在中国境内并聚居的少数民族,其成员跨界而居或者移民国外,属于特殊"跨界民族"。也就是说,他们在中国是少数民族,但同时这个民族的主体就在中国,如藏族、维吾尔族。他们本身不是跨界民族,但这两个民族的人们跨国界而居或移民国外,形成中国少数民族的"跨界群体"。由于他们身份特殊,对中国地缘安全的影响力大,所以,也属于跨界民族和中国地缘安全的研究范围内。

上述对中国跨界民族的鉴定,符合目前中国少数民族的状况,同时,也包括了世界"华人族群"在内,符合目前中国地缘安全与国际关系的研究需要。实际上,任何理论存在和发展的前提是研究对象的存在和发展。研究中国的跨界民族,他们的各种"演变形态"体现了跨界民族的发展动态,更加准确地反映了跨界民族在不同地区和不同时间的作用和影响。跨界民族与中国地缘安全的研究正是要通过跟踪中国与周边国家关系中的复杂民族关系,把握来自跨界民族正反两方面影响的原因,以便做出合理的判断和决策。

中国跨界民族是中国社会发展的正常现象,任何一种人类社会存在首先也必然表现为组成社会主体的人的存在,而人类的存在正如其他物质存在一样,是多种多样的。尽管种族起源的原因被宗教和传说演绎为"先天"的或者"神"的意旨,但现代科学越来越有充分的证据证明,人类起源于共同的祖先;尽管种族的差距被一些人类学者定性为"智商"的优劣,但越来越多的事实说明,物质文明条件是人智商高低的决定因素;尽管在当今世界西方文明的优势与白人种族优越的结论被各种各样的媒体铺天盖地地宣传,但越来越多的其他国家的迅速发展和对西方所谓文明的了解证明，任何一个民族都能够达到和超过西方文明的程度并建立更加文明的标准。

中国跨界民族的现象在新中国成立以前，更多地表现为大多数少数民族处在不自觉地"融合"过程中，而少数拥有自己的语言、文字、历史传统和地域范围的民族，处在动荡和分裂当中，造成这种现象的外部原因是帝国主义侵略和周边大国的干涉挑拨。如近代中国西藏的局势受英国帝国主义的侵略，而后来继承殖民主义衣钵的印度政府横加干涉中国内政，对中国西藏局势产生破坏性影响。此外，沙俄时代就对中国外蒙古地方政府和宗教上层进行挑拨，十月革命后，苏联出于自己的目的支持外蒙古革命和独立，斯大林利用第二次世界大战后对苏联极为有利的时机，强迫中国国民政府承认外蒙古独立，并迫使新中国政府接受外蒙古现状[①]。

新中国成立后，中国共产党坚持马克思主义关于社会主义的民族平等和民族扶持政策，把少数民族的团结、繁荣和平等放在第一位，通过民族识别，充分保证了那些在过去根本不被官方认可的民族身份和地位。在社会发展条件、教育、医疗和人口政策上都给予政策优惠，并坚持民族地区经济发展的国家财政转移支付的方式，支持民族地区经济文化建设。

改革开放后，跨界民族问题越来越突出，特别是进入21世纪，中国跨界民族问题与国家安全问题的关系也日渐明显。基本原因是中国跨界民族自身发展达到了能够对跨界民族主体或者外在部分施加影响的程度；客观原因是跨界民族所处边疆的地域特点，引起试图干涉和破坏中国国家安全的某些别有用心国家的注意，特别是极端宗教势力和恐怖主义分子的注意；主要原因是由

---

① 吴楚克：《东蒙史述与周边关系》，57—68页，北京，中央民族大学出版社，2008。

于前苏联解体的结局，使一些敌视社会主义国家的势力试图借助跨界民族问题继续干涉中国内政，试图引起中国国内动乱，乘机分裂中国或者滞后中国的发展步伐。

毫无疑问，跨界民族这一原本普遍存在的正常现象，在当今中国面临的国际竞争环境和地缘安全环境中，变成敌对势力企图操控的筹码，变成恐怖主义和极端宗教势力经常利用的"民族感情"。因此，如何科学理解和应对中国跨界民族问题与地缘安全的关系，就变成一个重大而又迫切的应用研究，成为指导中国边疆政治和民族地区社会稳定发展的实践理论。

后　记

在美国，最大的收获就是可以安静下来写作，2009年9月1日，当我回到祖国时，不仅完成了本书的书稿，而且完成了本课题计划的论文和资料收集工作，当然，还有我和女儿、妻子共同写作的《美梦是否成真》这样一部散文集。

本书稿是过去教学和研究基础上的一个集成，1992年，我在内蒙古社会科学院工作的时候，曾经与当时美国加利弗尼亚大学玛格丽特合作，研究蒙古族与北美印第安人的文化关系。1998年，我在中国人民大学为硕士研究生开设"文明论"课程。这两项工作都为本课题的研究打下了理论和实践基础。2004年，我在中央民族大学开设"世界文明概论"，进一步完善了关于文明与跨文化研究的理论体系。

这本书的前半部分，凝聚了我在文明研究领域的哲学式的思考，笔下满怀激情与执著。后半部分，代表了在具体实践领域的研究探索，文中包含疑惑和追求。我就是希望阅读本书的人能够从中感受到思维的表达和探索，而不是学习到什么知识，如果真的达到了这一目的，那么，"新论"的意义就真正体现出来了。

本书是教育部重大攻关课题"跨界民族与中国地缘安全研究"的中期成果，关于本书与这一课题研究的理论与实践关系，我在"前言"当中已经明确指出。所以，真正把握这一重大课题的理论高度，就在于对文明本体论和跨界民族文化的正确判断和深入理解。感谢能够在这样一个重大课题研究中体现本书稿的理论价值。

感谢中央民族大学鄂义泰教授、郭卫平教授、宋敏教授、余梓东教授、丁宏教授、白振声教授、王庆仁教授、伊利贵副处长，他们的大力帮助保证了课题的顺利进行。感谢云南大学国际关系学院利稚教授、新疆社会科学院潘志平研究员，他们的加入和合作，是本课题质量的保证。感谢中央民族大学出版社主编莫福山同志及时有效的支持。最后，感谢我的父母、妻子和孩子对我的理解与关怀。

作者
2009年9月9日

参考书目

《文化与人》，[美]克莱德·克鲁克洪等著，浙江人民出版社1986年版。

《佛教与中国文化》，张曼涛主编，上海书店1987年影印版。

《东西方文化差异与对外交流》，庄恩平著，华东理工大学出版社1998年版。

《文化帝国主义》，[英]汤林森著，上海人民出版社1999年版。

《道德的人与不道德的社会》，[美]莱茵霍尔德·尼布尔著，贵州人民出版社1998年版。

《信仰教育与道德教育》，檀传宝著，教育科学出版社1999年版。

《爱国主义与民族精神》，蒲卫忠等著，科学文献出版社2000年版。

《人类精神进步史纲表》，[法]孔多塞著，三联书店1998年版。

《变乱中的文明》，朱宁等著，中国人民大学出版社2000年版。

《民族主义历史遗产与时代风云的交汇》，余建华著，学林出版社1999年版。